AF889239

Georg Ritter von Onciul
Die rechtzeitige Auslösung
des Insolvenzverfahrens

Die rechtzeitige Auslösung des Insolvenzverfahrens

Unternehmenskrise, Insolvenz und die Eröffnungsgründe der InsO

von

Georg Ritter von Onciul

2000
Walter de Gruyter · Berlin · New York

Dr. Georg Ritter von Onciul, Rechtsanwalt in Stuttgart.

⊚ Gedruckt auf säurefreiem Papier, das die US-ANSI-Norm über Haltbarkeit erfüllt.

Die Deutsche Bibliothek – CIP-Einheitsaufnahme

Onciul, Georg /von:
Die rechtzeitige Auslösung des Insolvenzverfahrens : Unternehmenskrise, Insolvenz und die Eröffnungsgründe der InsO / von Georg Ritter von Onciul. – Berlin ; New York : de Gruyter, 2000
Zugl.: Halle, Wittenberg, Univ., Diss., 1999
ISBN 3-11-016701-8

© Copyright 2000 by Walter de Gruyter GmbH & Co. KG, D-10785 Berlin

Dieses Werk einschließlich aller seiner Teile ist urheberrechtlich geschützt. Jede Verwertung außerhalb der engen Grenzen des Urheberrechtsgesetzes ist ohne Zustimmung des Verlages unzulässig und strafbar. Das gilt insbesondere für Vervielfältigungen, Übersetzungen, Mikroverfilmungen und die Einspeicherung und Verarbeitung in elektronischen Systemen.

Printed in Germany

Konvertierung: Arthur Collignon GmbH, Berlin
Druck: WB-Druck, Rieden am Forggensee
Bindung: Lüderitz & Bauer GmbH, Berlin
Umschlagentwurf: Thomas Beaufort, Hamburg

Vorwort

Die Unternehmenskrise bildet das Vorfeld der Insolvenz. Sie ist an verschiedenen Symptomen zu erkennen und mit einem Krankheitszustand vergleichbar, der, sofern frühzeitig diagnostiziert und behandelt, eine Gesundung des Patienten erhoffen läßt. Je nach Schwere der Erkrankung mag für eine ambulante Sanierung im Einzelfall die bloße Stärkung der Immunabwehr des Patienten durch Zufuhr von Eigenkapital genügen; in aller Regel dürfte aber eine weitergehende außergerichtliche Therapie vonnöten sein, so zB durch eine Infusion mit einem neuen Kredit. Wird die akute Erkrankung des Patienten im Zustand fortgeschrittener Auszehrung des Unternehmensvermögens entdeckt, womöglich erst bei Atemstillstand durch Zahlungsunfähigkeit, ist ein Wiederbelebungsversuch nur selten erfolgreich, zumal den behandelnden Ärzten hierfür ohnehin nur eine kurze Frist zur Verfügung steht. Wird der Patient in diesem Fall überhaupt noch ins Krankenhaus eingeliefert und ein Insolvenzverfahren eröffnet, muß er künstlich beatmet und kann nur noch zeitlich begrenzt am Leben erhalten werden. Nach dem Ausscheiden des Patienten aus dem Wirtschaftsleben verbleibt der Mehrzahl der ungeduldig wartenden Gläubiger nur noch ein wertloser Teil am Unternehmensvermögen; denn wie die Erfahrung lehrt, hat der Patient seine lebenswichtigen Organe bereits zu Lebzeiten einigen bevorzugten Gläubigern vermacht.

Das Insolvenzverfahren dient dazu, die Gläubiger eines Schuldners gemeinschaftlich zu befriedigen, indem das Vermögen des Schuldners verwertet und der Erlös verteilt oder in einem Insolvenzplan eine abweichende Regelung insbesondere zum Erhalt des Unternehmens getroffen wird; außerdem wird dem redlichen Schuldner Gelegenheit gegeben, sich von seinen restlichen Verbindlichkeiten zu befreien. Dabei hängt die Leistungsfähigkeit der gerichtlichen Insolvenzabwicklung maßgeblich davon ab, ob das Insolvenzverfahren rechtzeitig eröffnet wird; nur dann kann es die Vermögens- und Haftungsverhältnisse des Schuldners für den Fall des wirtschaftlichen Zusammenbruchs angemessen regeln. Der rechtzeitige Zeitpunkt der Verfahrenseröffnung wird durch die Insolvenzreife des Schuldners bestimmt sowie durch die Insolvenztatbestände der Zahlungsunfähigkeit und der Überschuldung konkretisiert; diese Tatbestände bestätigen die unmittelbare Gefährdung der Gläubigeransprüche.

Das Antragsprinzip stellt das Insolvenzverfahren zur Disposition der Gläubiger und des Schuldners; letzterer hat unter besonderen Voraussetzungen sogar die strafbewehrte Pflicht, die Verfahrenseröffnung zu beantragen. Gleichwohl vermag auch eine solche Pflicht nicht zu garantieren, daß ein Insolvenzverfahren rechtzeitig beantragt und eröffnet wird. Deshalb tritt neben die klassischen Insolvenztatbestände der Zahlungsunfähigkeit und der Überschuldung nunmehr der Eröffnungsgrund der drohenden Zahlungsunfähigkeit; damit soll dem Schuldner ermöglicht werden, eine sich deutlich abzeichnende Insolvenz bereits im Vorfeld abzufangen. Mithin begründet und begrenzt die drohende Zahlungsunfähigkeit den Eigenantrag des Schuldners, mit dem ein Insolvenzverfahren frühzeitig, also noch vor Eintritt der Zahlungsunfähigkeit und/oder Überschuldung, eingeleitet werden soll. Die drohende Zahlungsunfähigkeit entspricht also dem Ergebnis einer Vorsorgeuntersuchung, das auf eine wahrscheinliche Verschlechterung des Gesundheitszustandes hinweist, und dem Patienten die Möglichkeit eröffnet, sich alsbald freiwillig in stationäre Behandlung zu begeben, um eine vollständige Genesung auch zum Wohle der Angehörigen anzustreben.

Stuttgart, im Juli 2000 *Georg Ritter von Onciul*

Inhaltsübersicht

Inhaltsverzeichnis

Kapitel 1: Die Ziele des Insolvenzverfahrens

Das Insolvenzverfahren regelt die Vermögens- und Haftungsverhältnisse des Schuldners für den Fall seines wirtschaftlichen Zusammenbruchs. Es stimmt die Rechtsbeziehungen der Beteiligten aufeinander ab, erlaubt die Sicherstellung des Schuldnervermögens und gewährleistet dessen Verwertung für die gemeinsame, gleichmäßige Befriedigung der Gläubiger. Im Gegensatz zur Einzelzwangsvollstrekkung hat das Insolvenzverfahren Kollektivcharakter; an die Stelle des ungehinderten Zugriffs der Gläubiger tritt die Gesamtvollstrekkung, die das Prioritätsprinzip durch den Grundsatz gleichmäßiger Konkurrenz aller Gläubiger ersetzt. Leitbild für die gerichtliche Insolvenzabwicklung ist § 1 InsO: „Das Insolvenzverfahren dient dazu, die Gläubiger eines Schuldners gemeinschaftlich zu befriedigen, indem das Vermögen des Schuldners verwertet und der Erlös verteilt oder in einem Insolvenzplan eine abweichende Regelung insbesondere zum Erhalt des Unternehmens getroffen wird. Dem redlichen Schuldner wird Gelegenheit gegeben, sich von seinen restlichen Verbindlichkeiten zu befreien." Damit wird deutlich, daß dem Insolvenzverfahren ein Hauptziel zugrundeliegt, nämlich die bestmögliche gemeinschaftliche Befriedigung der Gläubiger;[1] an diesem Ziel hat sich das Handeln aller Verfahrensbeteiligten auszurichten.[2] Das Insolvenzverfahren darf nicht unter den Vorbehalt anderer Ziele gestellt werden, mag dies auch aus sozialstaatlichen oder gesamtwirtschaftlichen Überlegungen berechtigt erscheinen. Es gilt weiterhin das von *Oetker* geprägte Bild des Konkursverfahrens: „Die Befriedigung ist Zweck, nicht lediglich conditio sine qua non für Erreichung eines weiter liegenden Rechtszwecks."[3] Welche Art der Verwertung des Schuldnervermögens im Einzelfall gewählt wird, bleibt indes der Entscheidung der Beteiligten vorbehalten; auf einen gesetzlichen Typenzwang der Verwertungsarten und ein normatives Sanierungsleitbild ist im Rahmen der InsO nämlich verzichtet worden. Sämtliche

[1] Dies unterstreicht auch die Begr zu § 1 RegEInsO, BT-Drs 12/2443 v 15. 4. 92, 108.

[2] Dies gibt *Smid* (in: Smid, Insolvenzordnung-Komm, § 1 InsO Rn 18) zu bedenken.

[3] *Oetker* Konkursrechtliche Grundbegriffe, 20, Fn 1.

Verwertungsarten sind gleichrangig, jede von den Beteiligten angestrebte und legitimierte Art der Masseverwertung ist zulässig.[4] Schließlich wird dem redlichen Schuldner Gelegenheit gegeben, sich von seinen restlichen, im Insolvenzverfahren nicht erfüllten Verbindlichkeiten zu befreien.

I. Die Verwirklichung der Schuldnerhaftung

Im Falle des wirtschaftlichen Zusammenbruchs des Schuldners entbrennt ein Verteilungskampf zwischen den Gläubigern um das verbleibende Haftungsvermögen. Diesen Konflikt vermag die Einzelzwangsvollstreckung nicht zu vermeiden, liegt ihr doch das Prioritätsprinzip zugrunde. Dieses Prinzip erweist sich bei unzureichender Haftungsmasse als ungerecht, erlaubt es schließlich nicht die gleichmäßige Berücksichtigung der Rechte der betroffenen Gläubiger nach Maßgabe ihrer Rechtsstellung. *Oetker* stellt insoweit fest: „Es widerstreitet den Anforderungen der Gerechtigkeit und der Rechtssicherheit, den Gläubigern, welche das Glück haben, zuerst von dem Insolvenzfalle zu erfahren und zuerst zur Exekution zu gelangen, alles, den übrigen nichts zu gewähren."[5] Die Umstellung von der Individual- auf die Gesamtvollstreckung mit Beschlagnahme des pfändbaren Schuldnervermögens dient der gleichmäßigen Befriedigung der Gläubiger durch Verwertung der Haftungsmasse und Verteilung des Erlöses, aber zugleich auch der Befriedung der sozialen Verhältnisse durch Klärung und Koordination der Rechtsbeziehungen der Verfahrensbeteiligten untereinander. Die insolvenzrechtliche Haftungsordnung ist damit Friedensordnung im Dienste der Gläubigergleichbehandlung, die vor dem Hintergrund des Verteilungskonfliktes zwischen den einzelnen Gläubigern das Schuldnervermögen für die gemeinschaftliche Gläubigerbefriedigung ua durch das Beschlagsrecht zugunsten der Gläubigergemeinschaft zu sichern versucht.[6]

Die Verwirklichung der Schuldnerhaftung steht unter dem Grundsatz der Gleichbehandlung der Gläubiger (par conditio creditorum). Dieser Grundsatz besagt, daß in der Insolvenz des Schuldners alle

[4] Allgem Begr zum RegEInsO (Fn 1), 77 f.
[5] *Oetker* (Fn 3), 20.
[6] Näheres bei: *Häsemeyer* Insolvenzrecht, Rn 2.01 ff.

Gläubiger gemeinschaftlich, gleichmäßig und nach Maßgabe ihrer Rechtsstellung anteilig befriedigt werden. Die Ersetzung der zweiseitigen Haftungsordnung des Individualvollstreckungsrechts durch die allseitige Haftungsordnung des Insolvenzrechts und den Grundsatz der Gläubigergleichbehandlung dient dem Ausgleich aus dem ökonomischen Übergewicht herrührender vorkonkurslicher Einflußnahmen der Gläubiger auf den Schuldner.[7] Der Verteilungsgerechtigkeit kommen dabei auch jene Maßnahmen entgegen, die eine Anreicherung der Insolvenzmasse bewirken, so zB die Abschaffung der Konkursvorrechte, die Neustrukturierung der Masseverbindlichkeiten, die Einbeziehung des Neuerwerbs in die Insolvenzmasse, die Verschärfung des Anfechtungsrechts und die Beteiligung der gesicherten Gläubiger an den Feststellungs- und Verwertungskosten des Sicherungsgutes.[8]

II. Die Sanierung des Unternehmens

Nach § 1 S 1 InsO ist die gemeinschaftliche Befriedigung der Gläubiger vorrangiges Ziel des Insolvenzverfahrens. Dies setzt zunächst voraus, daß das Schuldnervermögen verwertet und der Erlös verteilt wird; zugleich wird den Beteiligten aber die Möglichkeit eingeräumt, eine Regelung zu treffen, die dem Erhalt des schuldnerischen Unternehmens dient. Das Insolvenzverfahren geht damit über die bloße Exekutionsfunktion des bish Konkursverfahrens hinaus und verbindet die Haftungsverwirklichung des Schuldners durch Liquidation mit dem Werterhaltungsgedanken, der bislang das Vergleichsverfahren prägte. Denn die institutionelle Verbindung von Konkurs und Vergleich in einem einheitlichen Insolvenzverfahren soll marktwirtschaftlich sinnvolle Sanierungen ermöglichen. (Dies ist nach Aussage des Gesetzgebers jedenfalls der Anspruch, an dem der Erfolg der Insolvenzrechtsreform zu messen sein wird.[9]) Deshalb bietet das Insolvenzverfahren den Beteiligten einen rechtlichen Rahmen, in dem Verhandlungen über Fortführung oder Stillegung des insolventen Unternehmens nach marktwirtschaftlichen Grundsätzen statt-

[7] Vgl hierzu den Beitrag von: *Häsemeyer* KTS 1982, 507 ff.

[8] Zu dieser Einschätzung gelangt auch: *Prütting* Allgemeine Verfahrensgrundsätze der Insolvenzordnung, Rn 58.

[9] Vgl die allgem Begr zum RegEInsO (Fn 1), 77.

finden können.[10] Gleichwohl tritt die Erhaltung des schuldnerischen Unternehmens nicht als (gleichrangiges) Verfahrensziel neben das der Haftungsverwirklichung![11] Wie nämlich § 1 S 1 InsO verdeutlicht, bleibt die gemeinschaftliche Befriedigung der Gläubiger in jedem Fall (vorrangiges) Ziel des Insolvenzverfahrens; zur Erreichung dieses Ziels stehen den Beteiligten aber alle Arten der Vermögensverwertung – gleichrangig – zur Verfügung.[12]

Andererseits war auch das Konkursverfahren nicht nur auf die Liquidation des schuldnerischen Unternehmens ausgerichtet:[13] Nach § 117 Abs 1 S 1 KO war der Konkursverwalter verpflichtet, das gesamte zur Konkursmasse gehörende Vermögen der bestmöglichen Verwertung zuzuführen, um die Gläubiger gemeinschaftlich zu befriedigen (§ 3 Abs 1 KO). Dieser Verpflichtung stand die vorübergehende Fortführung des Geschäftsbetriebes jedenfalls dann nicht entgegen, wenn sie zu besseren Deckungsquoten der Gläubiger führte, so zB bei Fertigstellung von Halbfertigerzeugnissen und bei Abwicklung weiterer Aufträge. (Die erzielten Quoten lagen bei eröffneten Konkursverfahren um so höher, je länger das Verfahren dauerte; eine Tendenz, die erst nach fünf Jahren nachzulassen schien.[14]) Auch bish hatte der Konkursverwalter also die Aufgabe, bestehende Sanierungsmöglichkeiten auszuschöpfen. Allerdings war die Betriebsfortführung im Konkursverfahren nur unter erschwerten Bedingungen möglich; in der Praxis gelang es deshalb nur selten, den Fortbestand eines Unternehmens zu sichern.[15] So wurde den Beteiligten zB kein funktionsfähiger rechtlicher Rahmen für eine gerichtliche Sanierung angeboten; die Entscheidung über Konkurs oder Vergleich mußte zu einem Zeitpunkt getroffen werden, in dem die Sanierungschancen noch nicht beurteilt werden konnten. Dagegen kann unter der Geltung der InsO der vorläufige Insolvenzverwalter

10 Vgl die Begr zu § 1 RegEInsO (Fn 1), 109.

11 Anders beurteilen dies: *Prütting* (Fn 8), Rn 60; *Smid* (Fn 2), Rn 38.

12 Allgem Begr zum RegEInsO (Fn 1), 78.

13 Dies entspricht dem allgem Verständnis: *Smid/Rattunde* Der Insolvenzplan, Rn 68; *Wellensiek*, in: K. Schmidt/Uhlenbruck, Die GmbH in Krise, Sanierung und Insolvenz, Rn 780f.

14 Vgl das Zahlenmaterial bei: *Gessner ua* Die Praxis der Konkursabwicklung in der Bundesrepublik Deutschland, 166, Tab I/89.

15 *Gessner ua* (Fn 14), 218, Tab II/16 und 219, Tab II/17.

bereits im Eröffnungsverfahren prüfen, welche Aussichten für eine Fortführung des schuldnerischen Unternehmens bestehen (§ 22 Abs 1 S 2 Nr 3, 2. Halbs InsO); derweil wird das Unternehmen bis zur Entscheidung über den Eröffnungsantrag fortgeführt (§ 22 Abs 1 S 2 Nr 2 InsO).

Die Befriedigung der absonderungsberechtigten Gläubiger und der Insolvenzgläubiger, die Verwertung der Insolvenzmasse und deren Verteilung sowie die Haftung des Schuldners nach Beendigung des Insolvenzverfahrens können in einem Insolvenzplan abweichend von den allgem Vorschriften der InsO geregelt werden (§ 217 InsO). Mit dem Insolvenzplan wird den Beteiligten ein Rechtsinstitut zur einvernehmlichen Vermögens- und Haftungsabwicklung zur Verfügung gestellt, welches die Regelungsvielfalt gegenüber der des gerichtlichen Vergleichs und Zwangsvergleichs erheblich erweitert. Den Beteiligten soll die Möglichkeit gegeben werden, Insolvenzen auf Grundlage der Gläubigerautonomie flexibel abzuwickeln sowie im Wege von Verhandlungen und privatautonomen Austauschprozessen die für sie günstigste Art der Insolvenzabwicklung zu entdecken und durchzusetzen. Der Insolvenzplan wird damit zu einem universellen Instrument der Masseverwertung.[16] Als Sanierungsinstrument dürfte der Insolvenzplan in aller Regel auf die Wiederherstellung der Ertragskraft des schuldnerischen Unternehmens und die Befriedigung der Gläubiger aus den Erträgen des Unternehmens abzielen; erlaubt ist aber jede Form der Masseverwertung, wie zB die Liquidation oder die übertragende Sanierung des schuldnerischen Unternehmens.[17] Der Anschein trügt übrigens nicht: Das Insolvenzplan-Verfahren ist in wesentlichen Bereichen dem Reorganisationsverfahren des Chapter 11 des US-amerikanischen Bankruptcy Code nachgebildet. Letzteres geht jedoch von anderen Grundprämissen als das deutsche Insolvenzverfahren aus: Das Reorganisationsverfahren soll das schuldnerische Unternehmen vor dem Zugriff der Gläubiger schützen und dem Schuldner einen unbelasteten Wiedereintritt in das Wirtschaftsleben ermöglichen (sog fresh-start-policy);[18] die Befriedigung der Gläubigeransprüche ist nach Chapter 11 also nicht

[16] Vgl die allgem Begr zum RegEInsO (Fn 1), 90 f.
[17] Einzelheiten bei: *Maus* Der Insolvenzplan, Rn 10 ff.
[18] Vgl: *Jackson* The Logic and Limits of Bankruptcy Law, 225 ff.

vorrangiges Verfahrensziel, sondern lediglich Folge einer erfolgreichen Unternehmensreorganisation.

Der Begriff der Sanierung umfaßt alle organisatorischen, finanziellen und rechtlichen Maßnahmen, die ein Unternehmen aus einer ungünstigen wirtschaftlichen Situation herausführen sollen, um dessen Fortbestand zu sichern.[19] Hierunter fallen nicht nur betriebswirtschaftliche Maßnahmen im leistungswirtschaftlichen und finanziellen Bereich des Unternehmens, sondern auch Änderungen und Umstrukturierungen auf gesellschaftsrechtlicher Ebene. In aller Regel zielen Sanierungen auf die Verbesserung der Ertragssituation und die Stärkung der Kapitalstruktur des Unternehmens ab, um eine langfristige Zahlungsfähigkeit zu sichern oder wiederherzustellen.

Ist eine Sanierung vonnöten, werden die geschäftsführenden Gesellschaftsorgane zunächst versuchen, die wirtschaftliche Lebensfähigkeit des Unternehmens durch Maßnahmen im leistungswirtschaftlichen, finanziellen oder rechtlichen Bereich wiederherzustellen. Kostenreduzierend wirken sich vor allem Maßnahmen im Personalwesen aus, wie zB die Einführung von Kurzarbeit und/oder die Entlassung von Mitarbeitern.[20] Liquiditätsverbessernd wirken zB folgende Maßnahmen: der Verkauf nicht betriebsnotwendiger Vermögensgegenstände, der Abbau von Vorräten, der verstärkte Einzug von Forderungen, der Forderungsverkauf im Wege des Factoring und der Verkauf von Anlagevermögen unter Auflösung stiller Reserven mit anschließendem Rückleasing (sog sale-and-lease-back-Geschäfte).

Im Mittelpunkt der meisten Sanierungsversuche steht die Beschaffung neuer Finanzmittel; denn eine Unternehmenskrise kann nur dann als überwunden gelten, wenn die Gefahr einer Zahlungsunfähigkeit und/oder einer Überschuldung langfristig beseitigt ist. Bei

[19] *Flessner* Sanierung und Reorganisation – Insolvenzverfahren für Großunternehmen in rechtsvergleichender und rechtspolitischer Untersuchung, 2.

[20] Zu den arbeitsrechtlichen Aspekten des Personalabbaus: *Moll*, in: K. Schmidt/Uhlenbruck, Die GmbH in Krise, Sanierung und Insolvenz, Rn 368 ff.

der internen Sanierung sind es die Anteilseigner des Unternehmens, die das zur Bewältigung der Krise benötigte Kapital aufbringen. Dabei erfolgt die Zufuhr von Eigenkapital entweder durch eine reguläre Kapitalerhöhung gegen Einlagen (§§ 182 ff AktG, 55 ff GmbHG) oder durch die Gewährung von eigenkapitalersetzenden Gesellschafterdarlehen. Letzterenfalls sind die Regeln zum Eigenkapitalersatz zu beachten, die eine Rückzahlung des Darlehens in der Krise bei bestehender Unterbilanz verbieten.[21] (In einem Insolvenzverfahren über das Vermögen der Gesellschaft wird die Forderung des Gesellschafters auf Rückgewähr des kapitalersetzenden Darlehens lediglich nachrangig berichtigt, § 39 Abs 1 Nr 5 InsO.) Allerdings wird durch die Gewährung eines Gesellschafterdarlehens eine drohende Überschuldung nicht vermieden und eine bereits eingetretene nicht beseitigt; denn nach hM sind Gesellschafterdarlehen in der Überschuldungsbilanz zu passivieren, sofern zwischen Gesellschafter und Gesellschaft kein wirksamer Rangrücktritt vereinbart wurde.[22] Dagegen beseitigt die Kapitalherabsetzung (§§ 222 ff AktG, 58 GmbHG) eine bestehende Unterbilanz durch Anpassung des Grund- und Stammkapitals an das tatsächlich noch vorhandene haftende Kapital; ein solcher Kapitalschnitt kann im Rahmen einer vereinfachten Kapitalherabsetzung erfolgen und ist zu Sanierungszwecken (durch anschließende Kapitalerhöhung) zulässig (§§ 229 ff AktG, 58 a ff GmbHG).[23]

In der Krise sind es aber regelmäßig die Hausbanken, die über eine Liquiditätszufuhr und damit über die Existenz des Unternehmens entscheiden, indem sie bereits gewährte Kredite stehenlassen, ausweiten oder kündigen. Einen neuen Kredit wird die Hausbank nur gewähren, wenn Sicherheiten vorhanden sind oder eine Beteiligung am Unternehmen aussichtsreich erscheint; letzterenfalls besteht allerdings die Gefahr, daß die kreditgewährende Bank die Krise zu ihrem Vorteil nützt und das Unternehmen zu übernehmen ver-

21 S Kap 4, Abschn II, 3.

22 S Kap 6, Abschn IV, 7.

23 Einzelheiten bei: *Maser/Sommer* GmbHR 1996, 22, 25 ff. Zu den Voraussetzungen der vereinfachten Kapitalherabsetzung bei der GmbH nach den §§ 58 a ff GmbHG: *Hirte* Die vereinfachte Kapitalherabsetzung bei der GmbH, 20 ff.

sucht.[24] Die häufigsten Sanierungsbeiträge der Kreditinstitute sind: die Stundung von Zins- und/oder Tilgungsraten, der Erlaß einzelner Forderungen, die Gewährung zusätzlicher Kredite und die Umwandlung von Krediten in Eigenkapital.

Vorübergehende Zahlungsschwierigkeiten können durch eine Stundung behoben werden, denn eine entspr Vereinbarung zwischen der kreditgewährenden Bank und dem Schuldner führt zu einer Verlängerung der bestehenden Zahlungsfristen. (Eine Stundung berührt weder den Bestand der Kreditforderung noch die für diese Forderung bestellten Sicherheiten.) Als Sanierungsbeitrag wird eine Stundungsvereinbarung aber in aller Regel nicht ausreichen, da sie lediglich die (drohende) Zahlungsunfähigkeit des Schuldners zu vermeiden hilft, eine Überschuldung jedoch nicht zu beseitigen vermag. (Sagt der Gläubiger sogar nur zu, seine Forderung zeitweilig nicht geltend zu machen, bleibt die Fälligkeit der Forderung bestehen; in diesem Fall kann nicht einmal die Zahlungsunfähigkeit des Schuldners vermieden werden, finden doch im Rahmen des § 17 Abs 2 S 1 InsO alle fälligen Zahlungspflichten Berücksichtigung.)

Als weiter reichender Sanierungsbeitrag senkt der (teilw) Forderungsverzicht die künftigen Finanzierungskosten des Unternehmens und stärkt dessen Ertragskraft. Ein Forderungsverzicht vermag eine drohende Überschuldung zu vermeiden und eine bereits bestehende zu beseitigen, denn mit Wirksamkeit des Erlasses erlischt die Kreditverbindlichkeit; sie ist sodann weder in der Handels- noch in der Überschuldungsbilanz zu passivieren. Der endgültige Verlust der Kreditforderung betrifft auch die für die Forderung bestellten Sicherheiten; akzessorische Sicherheiten werden frei, nicht-akzessorische sind freizugeben.[25] Somit wird die kreditgewährende Bank nach erfolgreicher Sanierung von der wirtschaftlichen Gesundung des schuldnerischen Unternehmens weitgehend ausgeschlossen; sie wird deshalb nur dann auf ihre Forderung verzichten, wenn die be-

[24] Dieser berechtigten Sorge verleiht auch *Kallmeyer* (Die GmbH in der Insolvenz, Rn 4010) Ausdruck.
[25] Zur sog Erlaßfalle und ihren Folgen für Kreditinstitute: *Wittig*, in: K. Schmidt/Uhlenbruck, Die GmbH in Krise, Sanierung und Insolvenz, Rn 327 f.

rechtigte Hoffnung besteht, mit dem sanierten Schuldner im künftigen Bankgeschäft wieder Gewinne zu erzielen.

In aller Regel wird zwischen Kreditinstitut und Schuldner ein Forderungsverzicht mit Besserungsschein vereinbart.[26] Der Erlaß steht in diesem Fall unter der auflösenden Bedingung, daß er bei Besserung der Vermögensverhältnisse des Schuldners wieder entfällt. Die Forderung erlischt also zunächst mit Wirksamkeit des Erlasses, lebt aber wieder auf, sobald sich Gewinne einstellen. Im Zeitraum zwischen Wirksamkeit des Erlasses und dem Eintritt der auflösenden Bedingung besteht die Forderung (und damit auch die für sie bestellten Sicherheiten) nicht; deshalb ist sie in diesem Zeitraum weder in der Handels- noch in der Überschuldungsbilanz zu passivieren. Allerdings sind die Bedingungen der Besserungsabrede in den Anhang der Handelsbilanz aufzunehmen.[27] (Die Vereinbarung eines Rangrücktritts läßt den Bestand der Kreditforderung dagegen unberührt; deshalb bleiben auch die für die Forderung bestellten Sicherheiten erhalten. Der im Rang zurücktretende Gläubiger unterwirft sich den Rechtsfolgen, wie sie für kapitalersetzende Gesellschafterdarlehen gelten.[28])

Mit der Abwicklung des Kreditengagements, also der Kündigung bereits ausgereichter Kredite, der Verwertung bestellter Sicherheiten und/oder der Vollstreckung in die (noch) vorhandenen Vermögenswerte des Kreditnehmers, verbinden die Banken die Hoffnung, wenigstens einen Teil der zur Verfügung gestellten Kreditmittel vor Eröffnung eines Insolvenzverfahrens zurückzugewinnen. Die Kreditinstitute sind auch noch während des Insolvenzeröffnungsverfahrens berechtigt, bereits gewährte Kreditlinien zu kündigen;[29] eine (ordentliche oder außerordentliche) Kündigung kann dabei auf die allgem Geschäftsbedingungen der Banken und Sparkassen gestützt werden.[30] Unter bestimmten Voraussetzungen ist ein Kündigungsrecht jedoch mit Rücksicht auf die Interessen des Kreditnehmers

26 Einzelheiten bei: *Obermüller* Insolvenzrecht in der Bankpraxis, Rn 1.166ff.
27 Vgl: *Wittig* (Fn 25), Rn 336.
28 S Kap 6, Abschn IV, 7.
29 Dies macht *Obermüller* (Fn 26), Rn 5.213, deutlich.
30 So der Hinweis von: *Wittig* DB 1999, 197, 198.

eingeschränkt; in diesen Fällen ist der Kreditgeber gehalten, von einer Kreditkündigung vorläufig abzusehen.[31] Die Banken sind natürlich nicht verpflichtet, in der Krise des Kreditnehmers die bereits gewährten Kredite zurückzuführen und damit einen Insolvenzantrag des Schuldners zu erzwingen; sie können sich auch darauf beschränken, den bereits vereinbarten Kredit stehenzulassen.[32] Von der Weitergewährung eines vereinbarten Kredits kann aber dann nicht (mehr) gesprochen werden, wenn ein Kreditinstitut in die Geschäftsführung des Kreditnehmers einzugreifen und/oder auf dessen Vertragspartner Einfluß zu nehmen versucht.[33]

Zusätzliche Kredite werden Banken nur geneigt sein zu gewähren, wenn sie im Vorfeld der Krise bereits in einem erheblichen Umfang Kreditmittel bereitgestellt haben. Dann dürfte es im Einzelfall nämlich sinnvoll sein, durch den Zuschuß weiterer Finanzmittel die bereits gewährten Kredite zu retten und die Eröffnung eines Insolvenzverfahrens zu vermeiden, zumal dessen Durchführung in aller Regel nur eine geringe anteilsmäßige Befriedigung der Forderungen erwarten läßt. Die Bereitstellung neuer Kreditmittel erfolgt in der Praxis zumeist durch die Duldung von Überziehungen, durch die förmliche Zusage neuer Kreditlinien oder im Rahmen eines Sanierungskonzepts durch Konsortialkredite aller kreditgebenden Banken.[34] Allerdings wird durch die Einräumung neuer Kredite – jedenfalls nach hM – weder eine drohende Überschuldung vermieden noch eine bestehende beseitigt, da bei Aufnahme von Fremdkapital in Form eines Kredits die Rückzahlungsforderung des Kreditgebers in der Überschuldungsbilanz zu passivieren ist; eine bilanziell ausgewiesene Schuldenunterdeckung läßt sich deshalb nicht vermeiden bzw beseitigen. (Zur Vermeidung der Überschuldung eignen sich mE jedoch auch solche Maßnahmen, die der Wiederherstellung der künftigen Zahlungsfähigkeit des Unternehmens dienen.[35])

[31] Fallbsp bei: *Wittig* (Fn 25), Rn 1278.

[32] Dies ist hM; vgl nur: *Wenzel* Rechtliche Risiken der Kreditinstitute bei der Unternehmenssanierung, 240 ff; *Wittig* (Fn 25), Rn 1280 ff.

[33] Einzelheiten bei: *Obermüller* (Fn 26), Rn 5.27 ff.

[34] Vgl: *Wittig* (Fn 25), Rn 305.

[35] S Kap 6, Abschn II, 3.

Dessenungeachtet ist die Hausbank des Schuldners nicht verpflichtet, sich überhaupt an Sanierungsmaßnahmen zu beteiligen; Art und Umfang eines möglichen Sanierungsbeitrages bleiben stets der freien Entscheidung der kreditgewährenden Bank vorbehalten.[36] Deshalb besteht in der Krise auch kein Anspruch des Kreditnehmers auf Erhöhung eines bereits gewährten oder auf Gewährung eines zusätzlichen Kredits.[37] Ist zwischen dem Kreditinstitut und dem insolvenzbedrohten Unternehmen aber ein Sanierungsvertrag geschlossen worden, dürfte zuweilen auch ein Anspruch des Kreditnehmers auf Bereitstellung neuer Kreditmittel zu bejahen sein; in diesem Fall sind die gewährten Neukredite auch dann stehenzulassen, wenn sich die Vermögensverhältnisse des Kreditnehmers verschlechtern. In der Folge darf erst nach erfolgreichem Abschluß oder endgültigem Scheitern der Sanierung die Rückzahlung des Kredits verlangt werden.[38]

In aller Regel bildet erst die Vergabe eines Neukredits die Grundlage für eine erfolgreiche Sanierung in der Krise. Allerdings wird durch die Bereitstellung weiterer Kreditmittel bei anderen Gläubigern eine gegenüber dem Kreditnehmer ungerechtfertigte Vertrauenslage geschaffen; denn es wird der Eindruck vermittelt, der Kreditnehmer sei – trotz drohender Insolvenz! – noch wirtschaftlich lebensfähig.[39] Scheitert in der Folge eine Sanierung, sieht sich die kreditgewährende Bank häufig dem Vorwurf der Insolvenzverschleppung ausgesetzt. Dieser Vorwurf trifft das Kreditinstitut jedoch nicht mit jeder Kreditgewährung in der Krise, denn die Vergabe von Neukrediten ist auch zu diesem Zeitpunkt zulässig und rechtsbeständig, wenn sie Sanierungszwecken dient.[40] (Dies gilt im übrigen auch für einen Überbrückungskredit.[41]) Sittenwidrig ist aber die Gewährung eines Kredits, der den endgültigen Zusammenbruch des Kreditnehmers

[36] Dies betont ua auch: *Wittig* (Fn 25), Rn 301.

[37] Dies ist hM; vgl zB: *Rümker* KTS 1981, 493, 503 ff; *Wenzel* (Fn 32), 236 ff; aA nur: *Canaris* ZHR 1979, 113, 133.

[38] *Picot/Aleth* Unternehmenskrise und Insolvenz, Rn 505; *Wittig* (Fn 25), Rn 302.

[39] Auf diese Gefahr verweist auch: *Smid* Juristische Risiken der Insolvenzabwendung, 3.

[40] BGHZ 10, 228, 233 f.

[41] Vgl: BGH WM 1998, 248, 250 f.

offensichtlich nicht verhindern kann, sondern lediglich hinausschieben soll, um der Bank die Gelegenheit zu geben, sich gegenüber anderen Gläubigern Vorteile zu verschaffen.[42] Liegt eine solche sittenwidrige Kreditvergabe vor, sind die entspr Kreditverträge und Sicherungsabreden nach § 138 BGB nichtig; der Insolvenzverwalter kann sodann die Rückgewähr der bestellten Sicherheiten in die Insolvenzmasse verlangen. Andere Gläubiger können bei Sittenwidrigkeit der Kreditvergabe Schadensersatzansprüche gegen die kreditgewährende Bank nur dann geltend machen, wenn die Bank eine Schädigung der Gläubiger als möglich erkannt und billigend in Kauf genommen hat (§ 826 BGB). Eigennütziges Verhalten mag zwar den Vorwurf der Insolvenzverschleppung indizieren;[43] von diesem Vorwurf kann sich das Kreditinstitut freilich entlasten, wenn es auf Grund sachkundiger und sorgfältiger Prüfung der wirtschaftlichen Verhältnisse des Kreditnehmers davon überzeugt sein durfte, daß die Sanierung Erfolg haben und eine Schädigung Dritter nicht eintreten werde.[44] Den Kreditinstituten ist deshalb in der Krise des Kreditnehmers zu empfehlen, die Vergabe eines neuen Kredits in ein schlüssiges Sanierungskonzept für das insolvenzbedrohte Unternehmen einzubetten.

Die Umwandlung von Forderungen gegen die Gesellschaft in Gesellschaftskapital (Debt-Equity-Swap) stärkt als Sanierungshilfe die künftige Ertragskraft des krisenbefallenen Unternehmens durch die Verringerung der Finanzierungskosten; sie verhindert zugleich eine drohende und beseitigt eine bereits bestehende Überschuldung. In ihrer Folge erhält das Kreditinstitut als Gesellschafter durch die Mitspracherechte im Unternehmen die Möglichkeit, eine Sanierung nach den eigenen Vorstellungen zu gestalten. Diese Form der Sanierungshilfe hat mit dem Gesetz zur Verbesserung der Wettbewerbsfähigkeit deutscher Konzerne an Kapitalmärkten und zur Erleichterung der Aufnahme von Gesellschafterdarlehen (KapAEG) sowie dem Gesetz zur Kontrolle und Transparenz im Unternehmensbereich (KonTraG) an Bedeutung gewonnen. Die Privilegierung von

[42] Vgl: *Kuhn/Uhlenbruck* Konkursordnung-Komm, § 103 KO Rn 14; *Wittig* (Fn 25), Rn 308.

[43] So: OLG Köln WM 1981, 1238 ff.

[44] Ausführlich: *Rümker* (Fn 37), 508 ff.

Kleinbeteiligungen (§ 32a Abs 3 S 2 GmbHG nF) erleichtert die Aufnahme von Gesellschafterdarlehen, da jedenfalls diejenigen Gesellschafter nicht mit der Umwandlung von gewährten Darlehen in Eigenkapital rechnen müssen, die nicht als Geschäftsführer tätig sind und keine mitunternehmerische Verantwortung tragen, wenn ihre Beteiligung an der Gesellschaft nur geringfügig ist.[45] Erwirbt ein Darlehensgeber in der Krise der Gesellschaft Geschäftsanteile zum Zwecke der Überwindung dieser Krise, führt dies für seine bestehenden oder neugewährten Kredite nicht zur Anwendung der Regeln über den Eigenkapitalersatz (§ 32a Abs 3 S 3 GmbHG nF). Dieses Sanierungsprivileg soll die Bereitschaft der Kreditgeber erhöhen, zu einer Unternehmenssanierung durch die Umwandlung von Forderungen in Eigenkapital beizutragen; es erlaubt nämlich, sich in der Krise der Gesellschaft zu Sanierungszwecken am Unternehmen zu beteiligen und Anteile in beliebiger Höhe zu übernehmen, ohne eine Umwandlung der bereits gewährten und in der Krise stehengelassenen Altkredite oder der neugewährten Sanierungskredite in Eigenkapital befürchten zu müssen, unabhängig davon, ob neue Geschäftsanteile aus einer Kapitalerhöhung gezeichnet oder bestehende Anteile von Alteigentümern übernommen werden.[46]

Schlußendlich kann eine Sanierung auch im Wege der Veräußerung des Unternehmens oder von Unternehmensteilen erfolgen. Im Rahmen eines eröffneten Insolvenzverfahrens darf eine übertragende Sanierung sowohl mittels eines Insolvenzplans als auch nach dem Regel-Insolvenzverfahren durchgeführt werden.[47] (Letzterenfalls ist die übertragende Sanierung keine Sanierungs-, sondern eine Verwertungsmaßnahme, und bedarf gem § 160 Abs 2 Nr 1 InsO der Zustimmung des Gläubigerausschusses bzw der Gläubigerversammlung.) Bei der übertragenden Sanierung wird das krisenbefallene oder bereits insolvente Unternehmen an eine Fortführungsgesellschaft veräußert, deren Zweck in der Fortführung und Rettung des Geschäftsbetriebes liegt.[48] Dabei versucht die Sanierungsgesellschaft, das Krisenunternehmen durch eine zusätzliche Kapitalbeteiligung zu sanie-

[45] S Kap 4, Abschn II, 3.
[46] S Kap 4, Abschn II, 3.
[47] Vgl hierzu: *Wellensiek* WM 1999, 405 ff.
[48] Einzelheiten bei: *Picot/Aleth* (Fn 38), Rn 517 ff.

ren; hierzu zählen auch der Beitritt eines neuen Gesellschafters und die Sanierungsfusion, bei der das Krisenunternehmen mit einem anderen Unternehmen zu einer Sanierungsgesellschaft verschmilzt.[49] (Zwischen dem Träger des Krisenunternehmens und der Sanierungsgesellschaft besteht in aller Regel Rechtsidentität; damit tritt die Sanierungsgesellschaft in die Stellung des Krisenunternehmens ein und bleibt für die Regulierung der Alt-Verbindlichkeiten verantwortlich.) Die Betriebsübernahmegesellschaft zielt mit der Herauslösung des Betriebes aus dem Krisenunternehmen auf die Trennung des Unternehmensvermögens von den Verbindlichkeiten. In diesem Fall erwirbt ein zu diesem Zweck neu geschaffener Rechtsträger oder eine bereits existierende Gesellschaft das ertragsfähige Erfolgspotential des Krisenunternehmens; die Schulden werden nicht übernommen. Die erworbenen Vermögensgegenstände werden idR im Wege der Einzelrechtsnachfolge nach den Grundsätzen des Unternehmenskaufs (Asset-Deal) auf die Übernahmegesellschaft übertragen. Zugleich versucht das Krisenunternehmen, das nicht übertragene Betriebsvermögen im Rahmen einer Liquidation zu verwerten. (Diese Form der Betriebsübernahme kann zwar auch durch Spaltung gem §§ 123 ff UmwG erfolgen;[50] die an der Spaltung beteiligten Rechtsträger haften aber gem § 133 Abs 1 S 1 UmwG gesamtschuldnerisch für die Verbindlichkeiten des übertragenden Rechtsträgers, die vor der Spaltung begründet worden sind.) Wird das Krisenunternehmen im Wege der Gesamtrechtsnachfolge auf die erwerbende Gesellschaft übertragen, so zB durch Verschmelzung (§§ 2–122 UmwG), gehen sämtliche Alt-Verbindlichkeiten auf den Erwerber über. Nach § 25 HGB haftet der Erwerber für die betrieblichen Verbindlichkeiten des früheren Inhabers, wenn er das erworbene Handelsgeschäft unter der bisherigen Firma fortführt; in der Praxis wird deshalb versucht, eine Firmenfortführung zu vermeiden. Beim Erwerb des Krisenunternehmens im eröffneten Insolvenzverfahren besteht keine Haftung gem § 25 HGB.[51] Gleichwohl ist § 613 a BGB zu beach-

[49] Zu den Problemen der Sanierungsfusion im neuen Umwandlungsrecht: *Limmer* Unternehmensumstrukturierungen vor und in der Insolvenz unter Einsatz des Umwandlungsrechts, Rn 16 ff.

[50] Darauf macht auch *Limmer* (Fn 49), Rn 43, aufmerksam.

[51] Vgl: BGHZ 104, 151, 153 f; *Wellensiek* (Fn 13), Rn 787.

ten:[52] Gem § 613 a Abs 1 S 1 BGB tritt der Erwerber eines Betriebs in die Rechte und Pflichten aus den im Zeitpunkt des Übergangs bestehenden Arbeitsverhältnissen ein; eine Kündigung dieser Arbeitsverhältnisse ist unwirksam, soweit sie auf den Betriebsübergang gestützt wird (§ 613 Abs 4 S 1 BGB). Zur Erleichterung der außergerichtlichen Sanierung wurde die Haftung wegen Vermögensübernahme gem § 419 BGB durch Art 33 Nr 16 EGInsO aufgehoben.

III. Die Entschuldung des redlichen Schuldners

Der Grundsatz des unbegrenzten Nachforderungsrechts erlaubt den im Insolvenzverfahren nicht oder nur teilw befriedigten Gläubigern, nach Verfahrensaufhebung ihre Forderungen gegen den Schuldner unbeschränkt geltend zu machen (§§ 164 Abs 1 KO, 201 Abs 1 InsO). Nach Einstellung des Insolvenzverfahrens haftet der Schuldner also für alle Verbindlichkeiten, die er vor Eröffnung des Insolvenzverfahrens begründet hat; den Gläubigern dieser Ansprüche steht insoweit auch das vom Schuldner neu erworbene Vermögen zur Verfügung. In der Praxis erlangt das Nachforderungsrecht nur gegenüber natürlichen Personen Bedeutung; denn bei juristischen Personen, so den Gesellschaften mit beschränkter Haftung, führt das Insolvenzverfahren idR zur Auflösung und Löschung der Gesellschaft im Handelsregister. Allerdings steht der geringe wirtschaftliche Wert des Nachforderungsrechts bei natürlichen Personen in keinem Verhältnis zu den Folgen der häufig lebenslangen Schuldenhaftung.[53] Gleichwohl war nach bish Rechtslage eine Befreiung von den Restschulden nur zu erlangen, wenn die Gläubiger einem entspr Schuldentilgungsplan mehrheitlich zustimmten.

Nach § 1 S 2 InsO wird dem redlichen Schuldner nun die Gelegenheit gegeben, sich von seinen restlichen Verbindlichkeiten zu befreien. Deshalb wird mit dem Insolvenzplan zunächst ein Rechtsinstitut angeboten, mit dem die Verwertung der Insolvenzmasse und deren Verteilung sowie die Haftung des Schuldners nach Beendigung

[52] Zur Anwendbarkeit des § 613 a BGB in der Insolvenz: *Hanau/Berscheid* Übertragende Sanierung vor und in der Insolvenz, Rn 5 ff; *Lohkemper* ZIP 1999, 1251 ff; *Moll* (Fn 20), Rn 879 ff.

[53] Dies kritisiert auch der Gesetzgeber: Allgem Begr zum RegEInsO (Fn 1), 81.

des Insolvenzverfahrens abweichend von den allgem Vorschriften der InsO geregelt werden können; diese einvernehmliche Haftungsabwicklung wird in aller Regel der Sanierung und dem Erhalt des schuldnerischen Unternehmens dienen. Ist im Insolvenzplan nichts anderes bestimmt, wird der Schuldner mit der im gestaltenden Teil vorgesehenen Befriedigung der Insolvenzgläubiger von seinen restlichen Verbindlichkeiten befreit (§ 227 Abs 1 InsO). Ist der Schuldner eine natürliche Person, wird er im Rahmen des Verfahrens der Restschuldbefreiung auch ohne Zustimmung der Insolvenzgläubiger von den im Insolvenzverfahren nicht erfüllten Verbindlichkeiten befreit. (Das Verfahren der Restschuldbefreiung leistet also einen maßgeblichen Beitrag zur Annäherung an die Rechtsstellung juristischer Personen.[54])

[54] *Balz* (Die Ziele der Insolvenzordnung, Rn 35) spricht in diesem Zusammenhang von der beschränkten Haftung natürlicher Personen.

Kapitel 2: Die Beantragung des Insolvenzverfahrens

Die Leistungsfähigkeit der gerichtlichen Insolvenzabwicklung hängt maßgeblich davon ab, zu welchem Zeitpunkt das Insolvenzverfahren eingeleitet wird. Das Insolvenzverfahren wird gem § 13 Abs 1 S 1 InsO nur auf Antrag eröffnet; antragsberechtigt sind die Gläubiger und der Schuldner (§ 13 Abs 1 S 2 InsO). Das Insolvenzverfahren wird seine Aufgabe somit nur erfüllen können, wenn ein Eröffnungsantrag rechtzeitig gestellt wird.[1] Das Antragsprinzip stellt das Insolvenzverfahren zur Disposition der Gläubiger und des Schuldners; letzterer hat unter bes Voraussetzungen zudem die Pflicht, die Eröffnung eines Insolvenzverfahrens zu beantragen. Antragspflichtige Personen, wie zB die geschäftsführenden Vertretungsorgane von Kapitalgesellschaften, müssen bei Zahlungsunfähigkeit und/oder Überschuldung unverzüglich einen Insolvenzantrag stellen, spätestens aber drei Wochen nach Eintritt der Insolvenzreife. Gleichwohl vermag auch diese strafbewehrte Pflicht nicht zu garantieren, daß ein Insolvenzverfahren rechtzeitig beantragt und eröffnet wird.[2] Deshalb sollen schuldnerfreundliche Regelungen das Insolvenzverfahren für den Schuldner attraktiver machen und seine Bereitschaft erhöhen, frühzeitig einen Eigenantrag zu stellen. Die einzelnen Gläubiger werden ihre Entscheidung über die Stellung eines Insolvenzantrages vor allem von ihren wirtschaftlichen Interessen und davon abhängig machen, was sie sich von der Durchführung eines Insolvenzverfahrens versprechen; eine Antragspflicht trifft sie jedenfalls nicht. Das Antragsprinzip vereint damit Elemente einer „Innenlösung" (der Schuldner ist verpflichtet, bei Zahlungsunfähigkeit und/oder Überschuldung rechtzeitig einen Eigenantrag zu stellen, im übrigen kann

[1] Mit dieser Frage haben sich ua bereits befaßt: *Hax/Marschdorf* BFuP 1983, 112, 113; *Kölsch* Vorverlegte Insolvenzauslösung; *Landfermann* KTS 1989, 763, 770; *Meyer-Cording* ZIP 1989, 485 ff; *ders* BB 1985, 1925 ff; *Steiner* BFuP 1986, 420, 421 ff; *Vormbaum/Baumanns* DB 1984, 1971, 1973 ff.

[2] Nach der Untersuchung von *Gessner ua* (Die Praxis der Konkursabwicklung in der Bundesrepublik Deutschland, 112, Tab I/34) sind 38 vH des mit Unternehmensinsolvenzen befaßten Gerichtspersonals von der Wirkungslosigkeit einer Antragspflicht und 45 vH von der Wirkungslosigkeit strafrechtlicher Sanktionen überzeugt. *Schlosser* (Die Eröffnung des Insolvenzverfahrens, 15 f) stellt das Prinzip der strafbewehrten Antragspflicht insges in Frage.

er bei drohender Zahlungsunfähigkeit frühzeitig die gerichtliche Insolvenzabwicklung beantragen) mit denen einer „Außenlösung", wonach die Stellung eines Insolvenzantrages der freien Entscheidung jedes einzelnen antragsberechtigten Gläubigers überlassen bleibt. Dieses Antragsprinzip ist der Alternative amtswegiger Eröffnung stets vorzuziehen gewesen.[3]

I. Die Antragstellung durch die Gläubiger

Gewiß, den einzelnen Gläubigern steht ein Antragsrecht im eigenen wie auch im Interesse der Gläubigergemeinschaft zu. Dies bedeutet aber beileibe nicht, daß die Stellung eines Insolvenzantrages durch einen einzelnen Gläubiger stets dem Interesse aller Gläubiger entsprechen wird.[4] Im Gegenteil: Die Stellung eines Insolvenzantrages ist nur eine von mehreren möglichen Maßnahmen in der Insolvenz des Schuldners; ob und wann ein Gläubiger einen Insolvenzantrag stellt, dürfte vor allem von den Erwartungen abhängen, die er mit der Eröffnung und Durchführung eines Insolvenzverfahrens verbindet.

1. Der Insolvenzantrag als Problem des Gläubigerkalküls

In der Krise des Schuldners werden die Gläubiger zunächst versuchen, entweder ihre Forderungen zu realisieren (ggf im Wege der Einzelzwangsvollstreckung) und sich aus dem Kreditengagement zu lösen oder weitere Sicherheiten zu erlangen bzw bestehende zu erweitern.[5] (Gerade die Banken ergreifen im Vorfeld einer drohenden Insolvenz ihres Kunden Maßnahmen, die ausschließlich der Sicherung eigener Interessen dienen.[6] Deshalb überrascht es nicht, wenn Kreditinstitute in der Insolvenz ihrer Kunden auf Grund der ihnen

3 Derselben Ansicht: *Häsemeyer* Insolvenzrecht, Rn 7.02.

4 Anders scheinen dies *M. Kühn* (Insolvenzindikatoren und Unternehmenskrise, 81) und *R. H. Schmidt* (Ökonomische Analyse des Insolvenzrechts, 48 f) zu beurteilen.

5 In 42 vH der Konkursfälle wurde ein Kredit unmittelbar vor dem Zeitpunkt der Insolvenz gekündigt; in 57 vH dieser Fälle kam es dann zur Abweisung mangels Masse: *Gessner ua* (Fn 2), 257, Tab III/20.

6 Einzelheiten bei: *Drukarczyk/Duttle/Rieger* Mobiliarsicherheiten, 126, Tab K-44.

gestellten Sicherheiten eine Deckungsquote von durchschnittlich 85 vH erreichen.[7]) Gleichzeitig werden die Gläubiger die Zahlungsfähigkeit des Schuldners durch entspr Maßnahmen (wie der Gewährung einer Stundung) so lange zu erhalten versuchen, wie eine Kreditrückzahlung noch möglich erscheint; denn viele Gläubiger hoffen auf weitere Geschäfte mit dem Schuldner.[8] Kommt es in der Folge – womöglich trotz Sanierungsversuche – dennoch zum Eintritt von Zahlungsunfähigkeit und/oder Überschuldung, erlaubt dies den Gläubigern zudem die Stellung eines Insolvenzantrages. In der Praxis bestimmen demnach (auch) einzelne Gläubigerstrategien den Auslösezeitpunkt von Insolvenzverfahren. Stellten die Gläubiger einen Insolvenzantrag zu einem früheren Zeitpunkt als bish üblich und möglich, könnte sicherlich in einer Vielzahl der Insolvenzfälle eine Ablehnung der Verfahrenseröffnung wegen Massearmut vermieden werden, wenngleich die Aushöhlung der frei verteilbaren Vermögenssubstanz des Schuldners (durch die Gewährung zusätzlicher Sicherheiten für weitere Kredite) im selben Maße zunehmen dürfte, wie sich das Wissen der Gläubiger um das wirtschaftliche Scheitern des Schuldners verdichtet. Deshalb sollten immer auch die im Vorfeld einer Insolvenz verbleibenden Sanierungschancen genutzt werden, zumal von der Eröffnung eines Insolvenzverfahrens kein wesentlicher Zuwachs an verfügbarer Vermögensmasse zu erwarten ist.[9]

Die Gläubiger werden die gerichtliche Insolvenzabwicklung als Möglichkeit zur Durchsetzung ihrer Interessen nicht in Anspruch nehmen (müssen), wenn ihnen der Schuldner Sicherheiten gewährt hat, die sie entweder im Vorfeld der Insolvenz und/oder nach Eröffnung des Insolvenzverfahrens verwerten können. Im Einzelfall werden die gesicherten Gläubiger sogar die Eröffnung eines Insolvenzverfahrens so lange zu verzögern versuchen, bis ihre im Vorfeld der Insolvenz bestellten Sicherheiten anfechtungsfest sind und in einem späteren Insolvenzverfahren vom Insolvenzverwalter nicht zurück-

7 Vgl: *Gessner ua* (Fn 2), 243, Tab III/7.

8 Wie auch *Kressin* (Die Einleitung eines Insolvenzverfahrens für Unternehmen, 180) bemerkt, läßt sich damit die Annahme eines „übervorsichtigen" Gläubigers weder theoretisch noch empirisch belegen.

9 So auch die Einschätzung von: *Bretzke* DBW 1985, 405, 409f.

verlangt werden können. (Im übrigen dürfen die gesicherten Gläubiger nur den bei der Verwertung ihrer Sicherheiten erlittenen Ausfall als Insolvenzgläubiger geltend machen.) Ungesicherte Gläubiger schützen sich bislang nicht durch ein Konkursverfahren, sondern vor einem Konkursverfahren.[10] (Unter denen, die einen Konkursantrag stellten, machten die nicht-staatlichen Gläubiger die zahlenmäßig kleinste Gruppe aus.[11]) In Anbetracht der im Konkursverfahren zu erwartenden Deckungsquoten von nur drei vH für nicht bevorrechtigte, ungesicherte Gläubiger überrascht dies auch nicht.[12] (Verantwortlich hierfür ist insb die Praxis der nahezu grenzenlosen Bestellung von Mobiliarsicherheiten, die den haftungsrechtlichen Ausgleich mit den anderen, ungesicherten Gläubigern zugunsten der Inhaber der Sicherheiten ausschließt.[13] Reicht das Schuldnervermögen zur Befriedigung aller Gläubiger nicht aus, erlauben es die Kreditsicherheiten, die Folgen des eigenen Einflusses auf die Vermögens- und Haftungsverhältnisse des Schuldners auf die anderen, ungesicherten Gläubiger abzuwälzen.[14])

2. Die Antragsberechtigung der Gläubiger

§ 13 Abs 1 S 2 InsO erlaubt jedem Gläubiger eines Schuldners, einen Insolvenzantrag zu stellen. (Nach § 103 Abs 2 KO bestand ein Antragsrecht nur für die Konkursgläubiger und die in § 59 Abs 1 Nr 3 KO genannten Massegläubiger.) Antragsberechtigt sind damit zunächst die Insolvenzgläubiger iSd § 38 InsO, also die persönlichen Gläubiger, die einen zur Zeit der Eröffnung des Insolvenzverfahrens begründeten Vermögensanspruch gegen den Schuldner haben. Deren gleichmäßiger Befriedigung dient die Insolvenzmasse; deswegen findet das Insolvenzverfahren statt. Unechte Massegläubiger, die bislang nach § 103 Abs 2 KO iVm § 59 Abs 1 Nr 3 KO antragsbefugt waren, sind dies unter Geltung der InsO nicht mehr. Nachrangige Insolvenzgläubiger iSd § 39 Abs 1 Nr 1 und Nr 2 InsO sind schon

[10] Diese Erkenntnis ist mittlerweile nicht mehr neu; vgl zB bereits: *Kressin* (Fn 8), 193; *Vormbaum/Baumanns* (Fn 1), 1974.
[11] Vgl die Übersicht bei: *Gessner ua* (Fn 2), 126, Tab I/46.
[12] Vgl hierzu: *Gessner ua* (Fn 2), 44.
[13] Darauf hat bereits *Henckel* (Referat, 18) aufmerksam gemacht.
[14] Vgl: *Häsemeyer* (Fn 3), Rn 18.04 ff.

deshalb nicht antragsberechtigt, weil ihre Forderungen nicht vorkonkurslich entstanden sind. Dagegen sind die Gesellschafter antragsberechtigt, wenn sie Inhaber von Forderungen gegen die Gesellschaft sind, wie zB bei Gewährung eines eigenkapitalersetzenden Gesellschafterdarlehens; dies gilt im übrigen unabhängig davon, daß sie in einem eröffneten Insolvenzverfahren nur nachrangig zu befriedigen sind (§ 39 Abs 1 Nr 5 InsO). Absonderungsberechtigte Gläubiger sind nach § 52 S 1 InsO Insolvenzgläubiger und antragsberechtigt, wenn ihnen der Schuldner persönlich haftet.

Eine Einschränkung der Antragsbefugnis ergibt sich aber aus dem Erfordernis des rechtlichen Interesses;[15] denn der Insolvenzantrag ist nach § 14 Abs 1 InsO nur zulässig, wenn der antragstellende Gläubiger ein bes Rechtsschutzbedürfnis hat. So ist zB der Insolvenzantrag eines Gläubigers unzulässig, der Rechte als Aussonderungsberechtigter gem § 47 InsO innerhalb wie außerhalb des Verfahrens gleichermaßen geltend machen kann.[16] Ein Insolvenzantrag ist auch unzulässig, wenn er zur Verfolgung insolvenzfremder Zwecke gestellt wird.[17] Im Einzelfall mögen auch rechtlich zweifelhafte Forderungen auf ein mangelndes Rechtsschutzbedürfnis hinweisen, wenn der antragstellende Gläubiger im Insolvenzverfahren lediglich das Bestehen der Forderung geklärt wissen möchte und der Eröffnungsgrund ausschließlich auf diese Forderung gestützt wird.[18] Die Höhe der Forderung hat für das Rechtsschutzinteresse des antragstellenden Gläubigers allerdings ebensowenig Bedeutung wie deren Stundung.[19]

15 Begr zu § 15 RegEInsO, BT-Drs 12/2443 v 15. 4. 92, 113.

16 Ebd.

17 So jedenfalls: *Bork* Einführung in das neue Insolvenzrecht, Rn 80, Fn 4. Kritisch hierzu aber: *Häsemeyer* (Fn 3), Rn 7.08.

18 Vgl: *Smid*, in: Smid, Insolvenzordnung-Komm, § 14 InsO Rn 11.

19 Hinsichtlich der Höhe der Forderung ist dies hM: LG Würzburg BB 1984, 95; *Gerhardt* Aspekte zur Wechselwirkung zwischen Konkursrecht und Wirtschaftsleben, 189 ff; *Häsemeyer* (Fn 3), 7.08; *Hess/Kropshofer* Komm zur Konkursordnung, § 105 KO Rn 4; *Schmerbach*, in: Wimmer, Frankfurter Komm zur Insolvenzordnung, § 14 InsO Rn 39. AA nur: *F. Weber*, in: Jaeger, Konkursordnung-Komm, § 103 KO Rn 6. AA hinsichtlich der Stundung der Forderung: *Schmerbach* s o, § 17 InsO Rn 10.

3. Die Forderungen der Gläubiger im Insolvenzverfahren

Die Insolvenzmasse iSd § 35 InsO dient nach § 38 InsO der Befriedigung der Insolvenzgläubiger, also der persönlichen Gläubiger, die einen zur Zeit der Eröffnung des Insolvenzverfahrens begründeten Vermögensanspruch gegen den Schuldner haben. Die insolvenzrechtliche Haftungsordnung sichert die gemeinschaftliche Befriedigung der Insolvenzgläubiger dadurch, daß die Insolvenzforderungen gem § 87 InsO nur nach den Vorschriften über das Insolvenzverfahren eingetrieben werden können, also im Feststellungs- und Verteilungsverfahren nach den §§ 174 ff, 187 ff InsO; die Vollstreckung in die Insolvenzmasse bleibt den Insolvenzgläubigern verwehrt (§ 89 Abs 1 InsO). Die Insolvenzgläubiger müssen also ihre Forderungen im Feststellungsverfahren anmelden (§§ 174 ff InsO) und ggf gerichtlich feststellen lassen (§§ 179 ff InsO).[20] Nachrangige Insolvenzforderungen iSd § 39 InsO können gem § 174 Abs 3 S 1 InsO nur nach entspr Aufforderung des Insolvenzgerichts angemeldet werden. Sonstige Forderungen werden nicht berücksichtigt, wie zB Masseforderungen iSd §§ 53 ff InsO und Forderungen, die zur Aufrechnung gem §§ 94 ff InsO oder zur abgesonderten Befriedigung gem §§ 49 ff InsO berechtigen.[21] Im anschließenden Verteilungsverfahren werden die mit der Verwertung der Insolvenzmasse erzielten Erlöse nach Maßgabe der vorherigen Feststellung der Forderungen unter den Insolvenzgläubigern verteilt.[22]

Zunächst ist zwischen vorrangigen und nachrangigen Insolvenzforderungen zu unterscheiden: Die vorrangigen Insolvenzforderungen gewähren den Insolvenzgläubigern volle Rechte im Feststellungs- und Verteilungsverfahren sowie bei der Verabschiedung eines Insolvenzplans; sie teilen untereinander den gleichen Rang und werden nach dem Verhältnis ihrer Beträge anteilig befriedigt. Die vorrangigen Insolvenzforderungen müssen vollständig befriedigt sein, bevor die nachrangigen (nach eigener Rangordnung) berücksichtigt werden. Nachrangige Insolvenzforderungen sind die in § 39 InsO aufge-

[20] Einzelheiten bei: *Eckardt, Diederich* Die Feststellung und Befriedigung des Insolvenzgläubigerrechts, Rn 11 ff, 22 ff, 48 ff.

[21] Vgl: *Eckardt, Diederich* (Fn 20), Rn 5; *Häsemeyer* (Fn 3), Rn 22.05.

[22] Weitere Einzelheiten bei: *Eckardt, Diederich* (Fn 20), Rn 62 ff.

führten; sie können zwar mittlerweile im Rahmen eines Insolvenzverfahrens geltend gemacht werden, gewähren aber nur beschränkte Rechte im Feststellungs- und Verteilungsverfahren sowie bei Verabschiedung eines Insolvenzplans. Außerdem haben die Gläubiger nachrangiger Insolvenzforderungen kein Stimmrecht in der Gläubigerversammlung (§ 77 Abs 1 S 2 InsO).

Von den Insolvenzgläubigern sind diejenigen Gläubiger zu unterscheiden, die auf Grund gewährter Sicherheiten ein Aussonderungs- oder Absonderungsrecht in der Insolvenz des Schuldners geltend machen können. Als Absonderung wird das Recht bezeichnet, Forderungen aus dem Verwertungserlös einzelner massezugehöriger Gegenstände zu befriedigen (abgesonderte Befriedigung gem §§ 49 ff InsO). Der Erlös steht den absonderungsberechtigten Gläubigern – abzüglich etwaiger Kostenbeiträge (§§ 170, 171 InsO) – bis zur vollen Höhe ihrer Ansprüche zu, unabhängig davon, wer die mit den Absonderungsrechten belasteten Gegenstände verwertet (§§ 165 ff InsO). Absonderungsrechte sind also die auf den Verwertungserlös gerichteten insolvenzfesten Vorzugsrechte an einzelnen, haftungsrechtlich der Insolvenzmasse zugehörigen Gegenständen.[23] Haftet der Schuldner den absonderungsberechtigten Gläubigern persönlich, sind die Absonderungsberechtigten gem § 52 S 1 InsO auch Insolvenzgläubiger; sie nehmen an der anteilsmäßigen Befriedigung aus der Insolvenzmasse jedoch nur teil, wenn sie auf eine abgesonderte Befriedigung verzichten oder hierbei ausgefallen sind (§ 52 S 2 InsO). Absonderungsrechte werden durch rechtsgeschäftliche Vereinbarungen zwischen Gläubiger und Schuldner sowie durch Vollstreckungsmaßnahmen oder kraft Gesetzes (gesetzliche Pfandrechte) begründet.[24]

Wer auf Grund eines dinglichen oder persönlichen Rechts geltend machen kann, daß ein Gegenstand nicht zur Insolvenzmasse gehört, darf dessen Herausgabe aus der Insolvenzmasse nach den allgem Gesetzen verlangen (Aussonderung gem § 47 InsO). Ein Gegenstand fällt nämlich nur dann in die Insolvenzmasse, wenn sein Substanz-

23 Vgl: *Häsemeyer* (Fn 3), Rn 18.03.

24 Bsp bei: *Gottwald/Adolphsen* Die Rechtsstellung dinglich gesicherter Gläubiger in der Insolvenzordnung, Rn 44 ff; *Häsemeyer* (Fn 3), Rn 18.08 ff.

wert auch im Vermögen des Schuldners umgesetzt wird. Die Aussonderung erlaubt also die haftungsrechtliche Trennung eines Gegenstandes von der Insolvenzmasse und bestimmt damit zugleich die Grenzen der haftungsrechtlichen Vermögenszuweisung an alle Insolvenzgläubiger.[25] Dies ist idR der Fall beim Fremdeigentum, wie zB bei hinterlegten, vermieteten oder verliehenen Sachen, die gem § 148 Abs 1 InsO in den Besitz des Insolvenzverwalters gelangt sind. Gleichwohl bestimmt sich die Aussonderungsfähigkeit von Vermögensgegenständen nicht allein nach deren dinglicher, sondern vorrangig nach deren haftungsrechtlicher Zuordnung.[26] Dieser feine, aber wichtige Unterschied offenbart sich deutlich bei sicherungsübereigneten Gegenständen: Der Sicherungsnehmer erlangt durch die Übereignung des Sicherungsgutes dinglich vollwertiges Eigentum, während der Sicherungsgeber unmittelbarer Besitzer bleibt. Der Sicherungsgegenstand soll jedoch nicht endgültig in das Vermögen des Sicherungsnehmers übergehen, sondern nur vorübergehend, nämlich bis zur Erfüllung der in der Sicherungsvereinbarung bestimmten Forderung; die haftungsrechtliche Zuordnung des Eigentums zum Vermögen des Sicherungsgebers soll weiterhin bestehen bleiben. Wenngleich der Sicherungsnehmer Eigentümer des Sicherungsgutes ist, steht ihm gem § 51 Nr 1 InsO iVm § 50 Abs 1 InsO in der Insolvenz des Sicherungsgebers nur ein Recht zur abgesonderten Befriedigung aus dem sicherungsübereigneten Gegenstand zu; obwohl der Sicherungsgeber lediglich Besitzer des Sicherungsgutes ist, darf er in der Insolvenz des Sicherungsnehmers gem § 47 InsO die Aussonderung des sicherungsübereigneten Gegenstandes verlangen.[27]

In der Insolvenz des Eigentumsvorbehalts-Käufers kann der Insolvenzverwalter ein Wahlrecht nach § 103 InsO ausüben und entscheiden, ob er den Vertrag fortzuführen und die noch ausstehenden Kaufpreisraten zu begleichen beabsichtigt.[28] Lehnt der Verwalter die Fortführung des Vertrages ab, ist der Verkäufer zur Aussonderung

[25] Vgl hierzu: *Häsemeyer* (Fn 3), Rn 11.02.
[26] Zu dieser Unterscheidung: *Häsemeyer* (Fn 3), Rn 11.04 f.
[27] Dies ist hM: *Gottwald/Adolphsen* (Fn 24), Rn 27 ff; *Spieker/Nisters*, in: Weisemann/Smid, Handbuch Unternehmensinsolvenz, Kap 13 Rn 52 ff.
[28] S Kap 3, Abschn III, 1.

der unter einfachem Eigentumsvorbehalt gelieferten Sache berechtigt; andernfalls erstarkt das Anwartschaftsrecht des Käufers mit Zahlung des Restkaufpreises zum dinglichen Volleigentum, das in der Folge der Verwaltungs- und Verwertungsbefugnis des Insolvenzverwalters unterliegt.[29] (*Häsemeyer* möchte das Vorbehaltseigentum dagegen entweder wie das Sicherungseigentum als Absonderungsrecht behandelt oder als aussonderungsfähiges Volleigentum durch die Anwartschaft des Käufers beschränkt wissen.[30]) Die Verlängerungs- und Erweiterungsformen des Eigentumsvorbehalts berechtigen nur zur abgesonderten Befriedigung, weil sie entspr § 51 Nr 1 InsO den Pfandrechten gleichzustellen sind.[31] Für die Insolvenz des Eigentumsvorbehalts-Verkäufers gilt § 107 Abs 1 S 1 InsO, wonach der Käufer die Erfüllung des Kaufvertrages verlangen kann; dem Käufer wird damit eine insolvenzfeste Anwartschaft am Vorbehaltsgut gewährt.[32] Das Wahlrecht des Insolvenzverwalters ist eingeschränkt; der Verwalter kann weder die Erfüllung des Kaufvertrages ablehnen, noch die gelieferte Sache zurückverlangen.

In der Praxis schließen sich gesicherte Gläubiger häufig zu Sicherheiten-Pools zusammen, um durch die Zusammenfassung ihrer Sicherheiten und deren Trennung von den gesicherten Forderungen ihre Interessen gemeinsam dem Schuldner gegenüber vertreten zu können.[33] Der Sicherheiten-Pool ermöglicht eine kostengünstige gemeinsame Verwaltung, Durchsetzung und Verwertung der Sicherheiten.

Nach hM kann der Leasinggeber in der Insolvenz des Leasingnehmers sowohl beim Finanzierungsleasing als auch beim Operating-

[29] Dies ist hM: *Bork* (Fn 17), Rn 238; *Gottwald/Adolphsen* (Fn 24), Rn 13; *Liebelt-Westphal,* in: Huntemann/Graf Brockdorff, Der Gläubiger im Insolvenzverfahren, Kap 8, Rn 15; *Wellensiek* Die Aufgaben des Insolvenzverwalters nach der Insolvenzordnung, Rn 36.

[30] *Häsemeyer* (Fn 3), Rn 18.34 ff. Ihm zust: *Smid* (Fn 18), § 47 InsO Rn 17 ff.

[31] Begr zu § 58 RegEInsO (Fn 15), 125.

[32] Vgl: *Pape* Ablehnung und Erfüllung schwebender Rechtsgeschäfte durch den Insolvenzverwalter, Rn 44 f.

[33] Einzelheiten bei: *Häsemeyer* (Fn 3), Rn 18.66 ff; *Smid* Grundzüge des neuen Insolvenzrechts, § 2 Rn 46 ff. Zur Frage, inwieweit ein Sicherheiten-Pool die Aushöhlung der Insolvenzmasse zuungunsten der ungesicherten Gläubiger verstärkt: *Bohlen* Der Sicherheiten-Pool, 64 ff.

Leasing das Leasinggut als Eigentümer aussondern. (Unter Finanzierungsleasing fallen auch sale-and-lease-back-Geschäfte.[34]) Verlangt der Insolvenzverwalter gem § 103 Abs 1 InsO jedoch die Fortführung des Leasingvertrages, besteht ein Recht zum Besitz am Leasinggut, das eine Aussonderung (zunächst) verhindert; die nach Verfahrenseröffnung fällig werdenden Leasingraten sind dann sonstige Masseverbindlichkeiten iSd § 55 Abs 1 Nr 2 InsO.[35] (Das Recht des Leasinggebers zur Kündigung des Leasingvertrages ist mittlerweile eingeschränkt, § 112 InsO; ein Sonderkündigungsrecht für den Fall der Insolvenz des Leasingnehmers besteht nicht mehr.) Wenn der Vertrag beim Finanzierungsleasing eine Kaufoption vorsieht, die der Leasingnehmer im Zeitpunkt der Insolvenzeröffnung bereits wirksam ausgeübt hat, besteht ein selbständiger Kaufvertrag über das Leasinggut; der Leasingnehmer vergütet dann nicht nur die Gebrauchsüberlassung, sondern auch den Substanzwert des Leasinggutes.[36] Wählt der Insolvenzverwalter in diesem Fall die Fortführung des Leasingvertrages, ist die Rechtslage mit der beim einfachen Eigentumsvorbehalt vergleichbar; das Anwartschaftsrecht des Leasingnehmers am Leasinggut erstarkt mit vollständiger Bezahlung der Leasingraten und des Restkaufpreises zum dinglichen Volleigentum, das in der Folge der Verwaltungs- und Verwertungsbefugnis des Insolvenzverwalters unterfällt. In der Insolvenz des Leasinggebers kommt es nicht mehr wie bish auf den Zeitpunkt der Übergabe des Leasinggutes an; vielmehr gilt einheitlich § 103 InsO, also ein Wahlrecht des Insolvenzverwalters. Für Fälle der Refinanzierung von Leasingverträgen durch Kreditinstitute ist die Vorschrift des § 108 Abs 1 S 2 InsO zu beachten.[37]

II. Die Antragspflichten des Schuldners

Beim Eigenantrag des Schuldners ist zwischen Antragsrecht und Antragspflicht zu unterscheiden: Während § 15 InsO das Antragsrecht

[34] *Gottwald/Adolphsen* (Fn 24), Rn 102.
[35] Vgl: *Gottwald/Adolphsen* (Fn 24), Rn 73.
[36] So auch: *Smid* (Fn 18), § 47 InsO Rn 12. Nach *Häsemeyer* (Fn 3), Rn 18.39 f, soll dies nicht nur für den Leasingvertrag mit wirksam ausgeübter Kaufoption gelten, sondern für alle Formen des Finanzierungsleasings.
[37] Zur Rechtslage bei Insolvenz des Leasinggebers im allgem und zur Bedeutung des § 108 InsO im bes: *Sinz* Leasing und Factoring im Insolvenzverfahren, Rn 45 ff.

bei juristischen Personen und Gesellschaften ohne Rechtspersönlichkeit regelt, befinden sich die Vorschriften zu den Antragspflichten des Schuldners im BGB sowie im Gesellschafts- und Genossenschaftsrecht.

1. Der antragspflichtige Personenkreis

Bei Vorliegen von Zahlungsunfähigkeit und/oder Überschuldung sind folgende Personengruppen zur Stellung eines Insolvenzantrages verpflichtet: die Vorstandsmitglieder und die Abwickler einer AG (§§ 92 Abs 2, 268 Abs 2, 278 Abs 3, 283 Nr 14 AktG) sowie die Geschäftsführer und die Abwickler einer GmbH (§§ 64 Abs 1, 71 Abs 4, 84 GmbHG), die Vorstandsmitglieder und Liquidatoren einer eingetragenen Genossenschaft (§§ 99 Abs 1, 148 GenG) sowie die Geschäftsführer der Komplementärgesellschaft bei einer offenen Handelsgesellschaft oder einer Kommanditgesellschaft ohne eine natürliche Person als persönlich haftende Gesellschafterin (§§ 177 a, 130 a, 130 b HGB), zudem die Vorstandsmitglieder und die Abwickler einer juristischen Person des bürgerlichen oder öffentlichen Rechts (§§ 42 Abs 2, 48, 53, 86, 88, 89 Abs 2 BGB); außerdem die Erben und der Nachlaßverwalter bzw -pfleger (§§ 1980 Abs 1, 1985 Abs 2 BGB) sowie der überlebende Ehegatte bei Fortsetzung einer Gütergemeinschaft (§ 1489 BGB iVm § 1980 Abs 1 BGB).

Jeder Geschäftsführer einer GmbH und jedes Vorstandsmitglied einer AG ist zur Stellung eines Insolvenzantrages verpflichtet, unabhängig von der internen Geschäftsverteilung und der eigenen Sachkenntnis.[38] Legt ein Geschäftsführer oder Vorstandsmitglied vor Eintritt der Insolvenzreife und vor Beginn der Antragsfrist von drei Wochen sein Amt nieder, entfällt nach hM nicht nur seine Antragsbefugnis, sondern auch die Pflicht, bei Zahlungsunfähigkeit und/ oder Überschuldung der Gesellschaft einen Insolvenzantrag zu stel-

[38] Dies ist hM: BGH GmbHR 1994, 460; *Henssler* Die verfahrensrechtlichen Pflichten des Geschäftsführers im Insolvenzverfahren über das Vermögen der GmbH und der GmbH & Co. KG, Rn 18; *Henze/Bauer* Pflichtenstellung und Haftung des GmbH-Geschäftsführers im früheren und gegenwärtigen Insolvenzrecht, Rn 11; *Kallmeyer* Die GmbH in der Insolvenz, Rn 4063; *Lutter* GmbHR 1997, 329, 332.

len.[39] Eine Amtsniederlegung nach Eintritt der Insolvenzreife führt jedoch nicht zur Befreiung von einer bereits entstandenen Antragspflicht: Denn entweder ist die Amtsniederlegung durch den Geschäftsführer oder das Vorstandsmitglied nach Eintritt der Insolvenzreife unwirksam, weil sie rechtsmißbräuchlich ist und „zur Unzeit" erfolgt.[40] (Zu diesem Zeitpunkt wäre eine Amtsniederlegung im übrigen nur bei Vorliegen eines anderen, wichtigen Grundes wirksam.[41]) Oder die Amtsniederlegung gilt aus Gründen der Rechtssicherheit zwar als wirksam und führt zum Wegfall der Antragspflicht; der Geschäftsführer bzw das Vorstandsmitglied ist aber verpflichtet, einen Insolvenzantrag noch vor Amtsniederlegung zu stellen oder die verbleibenden Geschäftsführer/Vorstandsmitglieder zur Stellung eines solchen Antrages zu bewegen.[42]

§ 13 Abs 2 InsO erlaubt die Rücknahme eines Insolvenzantrages durch den Antragsteller bis zu dem Zeitpunkt, in dem das Insolvenzverfahren eröffnet oder der Insolvenzantrag rechtskräftig abgewiesen wird. Bei mehrheitlicher Vertretung der Gesellschaft ist – entgegen der hM – die Rücknahme des durch ein einzelnes Mitglied der Geschäftsführung oder des Vorstandes gestellten Eigenantrages nicht nur durch den Antragsteller selbst, sondern auch durch jedes zur Vertretung der Gesellschaft berechtigte Organmitglied zulässig.[43] Nimmt ein Gläubiger den von ihm gestellten Insolvenzantrag zurück, hat er nach hM (entspr § 269 Abs 3 ZPO) die bis zu diesem Zeitpunkt anfallenden Verfahrenskosten zu tragen.[44] Bezahlt der Schuldner die Forderung des Antragstellers nach Stellung des Insolvenzantrages, ist – entgegen der hM – gleichwohl nicht § 91 a ZPO

39 Vgl: *Kallmeyer* (Fn 38), Rn 4064.

40 So die Einschätzung von: *Picot/Aleth* Unternehmenskrise und Insolvenz, Rn 628.

41 Einzelheiten bei: *Trölitzsch* GmbHR 1995, 857, 860.

42 So: *Rowedder*, in: *Rowedder ua* GmbHG-Komm, § 64 GmbHG Rn 12 a; *K. Schmidt*, in: Scholz, Komm zum GmbHG, § 64 GmbHG Rn 23; *Smid* (Fn 18), § 15 InsO Rn 4; *Ulmer*, in: Ulmer, Hachenburg – Großkomm zum GmbHG, § 64 GmbHG Rn 9.

43 Ebenso: *Delhaes* Die Stellung, Rücknahme und Erledigung verfahrensleitender Anträge nach der Insolvenzordnung, Rn 36 ff; *Uhlenbruck* Gesellschaftsrechtliche Aspekte des neuen Insolvenzrechts, Rn 6. AA aber: *Kallmeyer* (Fn 38), Rn 4045; *Smid* (Fn 18), § 13 InsO Rn 15.

44 *Häsemeyer* (Fn 3), Rn 7.06; *Smid* (Fn 18), § 13 InsO Rn 16.

einschlägig, denn die kostenrechtlichen Vorschriften der §§ 91 ff ZPO sind nur auf das streitige Parteiverfahren zugeschnitten;[45] das Insolvenzverfahren ist jedoch ein nichtstreitiges Verfahren gerichtlicher Rechtsfürsorge, das der gleichmäßigen Befriedigung der Gläubigeransprüche dient und der freiwilligen Gerichtsbarkeit zuzuordnen ist.[46] Die Kostenentscheidung des Insolvenzgerichts richtet sich deshalb nach den bei *Smid* aufgeführten Fallgruppen.[47]

2. Der Beginn der Antragsfrist

Der Insolvenzantrag ist durch die antragspflichtigen Personen unverzüglich, ohne schuldhaftes Zögern zu stellen, spätestens aber drei Wochen nach Eintritt der Zahlungsunfähigkeit oder nachdem sich die Überschuldung aus einer entspr Bilanz ergeben hat (§§ 92 Abs 2 AktG, 64 Abs 2 GmbHG, 99 Abs 1 GenG, 130 a Abs 1, 161 HGB, 278 Abs 2 AktG).

Nach hM ist für den Beginn der Antragsfrist auf die positive Kenntnis der antragspflichtigen Personen vom Insolvenzgrund abzustellen.[48] Dabei ist freilich nicht entscheidend, ob die Zahlungsunfähigkeit und die Überschuldung mittels eines Finanzplans oder einer bes Überschuldungsbilanz tatsächlich festgestellt wurden; der positiven Kenntnis steht es nämlich auf Grund der allgem Pflicht zur laufenden Überwachung der wirtschaftlichen Verhältnisse des Unternehmens gleich, wenn die Geschäftsführer einer GmbH oder die Vorstandsmitglieder einer AG es unterlassen, sich vom Eintritt einer Insolvenz Kenntnis zu verschaffen.[49] Denn die Kontrollverantwortung umfaßt auch die Pflicht, für ein leistungsfähiges internes Über-

45 Vgl: *Smid* (Fn 18), § 13 InsO Rn 16; aA: *Häsemeyer* (Fn 3), Rn 7.06.
46 Dieser Ansicht ua: *Häsemeyer* (Fn 3), Rn 3.05; *Heilmann/Smid*, Grundzüge des Insolvenzrechts, § 2 Rn 33 ff. AA aber: *Hess/Weis* WM 1998, 2349, Fn 1.
47 *Smid* (Fn 18), § 13 InsO Rn 18.
48 *Graf Brockdorff*, in: Huntemann/Graf Brockdorff, Der Gläubiger im Insolvenzverfahren, Kap 2, Rn 77; *Kallmeyer* (Fn 38), Rn 4057; *Maser/Sommer* BB 1996, 65, 68; *Rowedder* (Fn 42), Rn 7; *Schulze-Osterloh*, in: Baumbach/Hueck, GmbHG, § 64 GmbHG Rn 9; *Smid* (Fn 18), § 15 InsO Rn 5; *Ulmer* (Fn 42), Rn 25.
49 Vgl: *Kallmeyer* (Fn 38), Rn 4058; *Lutter/Hommelhoff* GmbH-Gesetz-Komm, § 64 GmbHG Rn 26; *Schulze-Osterloh* (Fn 48); *Smid* (Fn 18), § 15 InsO Rn 5.

wachungssystem zu sorgen, mittels dessen sich die Geschäftsführer und Vorstandsmitglieder stets ein genaues Bild von der Rentabilität, der Ertragsfähigkeit und der Liquidität des Unternehmens machen können, um Entwicklungen frühzeitig zu erkennen, die den Fortbestand der Gesellschaft gefährden.[50] Bei Vorliegen von Krisenanzeichen ist deshalb eine Insolvenzprüfung mittels eines Finanzplans und einer bes Überschuldungsbilanz vorzunehmen.[51] Verschließen sich die Geschäftsführer und Vorstandsmitglieder der Kenntniserlangung, beginnt die Antragsfrist bereits in dem Zeitpunkt zu laufen, wenn der Insolvenzgrund objektiv vorliegt. (Damit ist für den Beginn der Dreiwochenfrist letztlich immer der Eintritt der Insolvenzreife maßgeblich, also das Vorliegen von Zahlungsunfähigkeit und/oder Überschuldung.)

3. Die Sanierung innerhalb der Antragsfrist

Die Antragspflicht zielt nicht nur auf die rechtzeitige Einleitung des Insolvenzverfahrens, sondern ist zugleich Aufruf zur selbstverantwortlichen Sanierungsprüfung.[52] Ausgangspunkt eines Sanierungsversuchs nach Eintritt der Insolvenzreife muß stets ein schlüssiges Sanierungskonzept sein, das die rechtlichen und tatsächlichen Gegebenheiten ausreichend berücksichtigt und innerhalb der Antragsfrist von drei Wochen durchführbar ist.[53] Gelingt es den antragspflichtigen Gesellschaftsorganen nicht, innerhalb von drei Wochen nach Insolvenzeintritt die Zahlungsunfähigkeit und/oder die Überschuldung durch eine Sanierung zu beseitigen, muß ein Insolvenzantrag gestellt werden.

Die Antragspflicht besteht ab Eintritt der Insolvenzreife, sobald Zahlungsunfähigkeit und/oder Überschuldung vorliegt, und nicht erst mit Ablauf der Dreiwochenfrist.[54] Das Ergebnis bereits eingeleiteter Sanierungsmaßnahmen kann deshalb nicht abgewartet wer-

50 S Kap 4, Abschn I, 1.

51 Ebenso: OLG Celle NZG 1999, 1064; *Altmeppen* ZIP 1997, 1173, 1177.

52 So die Einschätzung von: *K. Schmidt*, in: K. Schmidt/Uhlenbruck, Die GmbH in Krise, Sanierung und Insolvenz, Rn 586.

53 Dies ist hM: *Kallmeyer* (Fn 38), Rn 4007; *Wittig*, in: K. Schmidt/Uhlenbruck, Die GmbH in Krise, Sanierung und Insolvenz, Rn 310 f.

54 Darauf macht auch *K. Schmidt* (Fn 52), Rn 1229, aufmerksam.

den;[55] vielmehr ist ein Eigenantrag bereits vor Fristablauf zu stellen, wenn nicht zu erwarten ist, daß die Sanierung erfolgreich durchgeführt werden kann.[56] Selbst aussichtsreiche Sanierungsbemühungen erlauben keine Überschreitung der Antragsfrist.[57]

Mit der Dreiwochenfrist bestimmt das Gesetz den zeitlichen Rahmen für Sanierungsbemühungen nach Eintritt der Insolvenzreife; eine Pflicht der Geschäftsführer bzw Vorstandsmitglieder zur Unternehmenssanierung besteht im Außenverhältnis zu den Gläubigern allerdings nicht. Eine Sanierungsverantwortlichkeit ergibt sich jedoch gegenüber der Gesellschaft; werden notwendige und mögliche Sanierungsmaßnahmen nicht oder nicht rechtzeitig eingeleitet und durchgeführt, kann dies zu Schadensersatzansprüchen der Gesellschaft führen (§§ 43 Abs 2 GmbHG, 93 Abs 2 AktG). Die verantwortlichen Gesellschaftsorgane sehen sich damit einer bes Konfliktsituation ausgesetzt: Sie haben sich einerseits um eine Sanierung des Unternehmens zu bemühen, andererseits rechtzeitig einen Insolvenzantrag zu stellen.[58]

Das Antragsrecht der Gläubiger besteht unabhängig von einer etwaigen Antragspflicht des Schuldners: Bei Zahlungsunfähigkeit und/oder Überschuldung können die Gläubiger einen Insolvenzantrag stellen, ohne den Ablauf der Dreiwochenfrist abzuwarten;[59] ein Eröffnungsgrund für das Insolvenzverfahren ist ja bereits dann zu bejahen, wenn Zahlungsunfähigkeit oder Überschuldung vorliegt, also zu Beginn und nicht erst nach Ablauf der Dreiwochenfrist. Zu beachten ist außerdem, daß die antragspflichtigen Personen durch einen Gläubigerantrag nicht von ihrer Antragspflicht befreit werden;[60] sie dürfen sich allerdings dem Insolvenzantrag eines Gläubi-

[55] Ebenso: *H.-P. Müller/Haas* Bilanzierungsprobleme bei der Erstellung eines Überschuldungsstatus nach § 19 Abs. 2 InsO, Rn 7; *Uhlenbruck*, in: K. Schmidt/Uhlenbruck, Die GmbH in Krise, Sanierung und Insolvenz, Rn 286.

[56] *Kallmeyer* (Fn 38), Rn 4061; *K. Schmidt* (Fn 42), Rn 14; *Schulze-Osterloh*, (Fn 48), Rn 11.

[57] So auch der Hinweis von: *K. Schmidt* (Fn 52), Rn 587.

[58] Auf diese Konfliktlage macht auch *K. Schmidt* (Fn 52), Rn 587, aufmerksam.

[59] Dies beurteilt *Haas* (Die Eröffnungsgründe: Zahlungsunfähigkeit, drohende Zahlungsunfähigkeit und Überschuldung, 9) offensichtlich anders.

[60] So auch: *Rowedder* (Fn 42), Rn 11; *Schulze-Osterloh* (Fn 48), Rn 12; *Ulmer* (Fn 42), Rn 30; aA aber: *K. Schmidt* (Fn 42), Rn 19.

gers anschließen.[61] Werden die Zahlungsunfähigkeit und die Überschuldung vor Eröffnung des Insolvenzverfahrens beseitigt, ist der Insolvenzantrag eines Gläubigers als unbegründet abzuweisen; gelingt eine Sanierung sogar noch vor Ablauf der Dreiwochenfrist, verletzt der Schuldner zudem seine Antragspflicht nicht. (Außergerichtliche Sanierungsbemühungen dürften aber bereits mit Stellung eines Insolvenzantrages durch einen einzelnen Gläubiger erheblich erschwert werden; das Insolvenzgericht wird nämlich in aller Regel bereits im Eröffnungsverfahren vorläufige Sicherungsmaßnahmen anordnen.[62] Infolgedessen führt zB ein allgem Verfügungsverbot zur Unwirksamkeit von Verfügungen des Schuldners über Vermögensgegenstände der Insolvenzmasse; die Vergabe neuer Kredite zur Behebung einer Zahlungsunfähigkeit dürfte also daran scheitern, daß keine neuen Sicherheiten gestellt werden können.[63])

4. Die Folgen einer Insolvenzverschleppung

Den Geschäftsführern einer GmbH und den Vorstandsmitgliedern einer AG drohen strafrechtliche Konsequenzen wegen Insolvenzverschleppung, wenn sie entgegen ihrer Pflicht aus §§ 64 Abs 1 GmbHG, 92 Abs 2 AktG schuldhaft versäumen, bei Vorliegen von Zahlungsunfähigkeit und/oder Überschuldung die Eröffnung eines Insolvenzverfahrens rechtzeitig zu beantragen (§§ 84 Abs 1 Nr 2 GmbHG, 401 Abs 1 Nr 1 AktG); dies ist bei Verzögerung der Antragstellung selbst dann der Fall, wenn sie um eine Sanierung bemüht sind, den Insolvenzantrag aber bei Scheitern der Sanierungsbemühungen erst nach Ablauf der Dreiwochenfrist stellen.[64] (Da es sich bei der Insolvenzantragspflicht um eine öffentlich-rechtliche Pflicht handelt, können die Gläubiger nicht in eine Verlängerung der Dreiwochenfrist einwilligen.[65]) Ihrer Pflicht werden die verantwortlichen Gesellschaftsorgane allerdings auch durch Stellung eines

[61] Diese Möglichkeit zieht auch *Kallmeyer* (Fn 38), Rn 4062, in Betracht.

[62] S Kap 3, Abschn II, 1.

[63] Diese Befürchtung hat auch: *Wittig* DB 1999, 197, 199.

[64] Vgl: *Fuhrmann/Schaal*, in: *Rowedder ua* GmbHG-Komm, § 84 GmbHG Rn 14 ff.

[65] Einzelheiten bei: *Tiedemann*, in: Scholz, Komm zum GmbHG, § 84 GmbHG Rn 92 ff.

Eigenantrages gerecht, der auf drohende Zahlungsunfähigkeit gestützt wird.[66]

Die §§ 64 Abs 1 GmbHG, 92 Abs 2 AktG sind Schutzgesetze iSd § 823 Abs 2 BGB; die sich hieraus ergebende Haftung besteht gegenüber Alt- und Neugläubigern der Gesellschaft. (Altgläubiger sind diejenigen Personen, die ihre Forderungen gegen die Gesellschaft vor dem Zeitpunkt erworben haben, in dem der Insolvenzantrag hätte pflichtgem gestellt werden müssen.) Die Haftung gegenüber den Altgläubigern beschränkt sich auf den Quotenschaden, also auf den Betrag, um den sich die Quote infolge der Insolvenzverschleppung gegenüber derjenigen verringert hat, die sich bei rechtzeitiger Stellung des Insolvenzantrages ergeben hätte.[67] Der Quoten-Gesamtschaden ist während der Dauer des Insolvenzverfahrens durch den Insolvenzverwalter geltend zu machen (§ 92 InsO) und durch Zahlung in die Insolvenzmasse zu ersetzen. Den Neugläubigern ist sogar ein Anspruch auf Ersatz ihres negativen Interesses zuzubilligen; sie können Ausgleich des Schadens verlangen, der ihnen entstanden ist, weil sie in Rechtsbeziehungen zur insolventen Gesellschaft getreten sind.[68] Dieser über den bloßen Quoten-Gesamtschaden hinausgehende Individualschaden kann (und darf nur) von den Neugläubigern selbst geltend gemacht werden.[69]

Die verantwortlichen Gesellschaftsorgane sind der Gesellschaft zum Ersatz der Zahlungen verpflichtet, die nach Eintritt der Insolvenzreife geleistet wurden, es sei denn, die Zahlungen waren mit der Sorgfalt eines ordentlichen Kaufmanns vereinbar (§§ 64 Abs 2 GmbHG, 92 Abs 3 AktG). Dieser Ersatzanspruch ist gegenüber der Insolvenzanfechtung nicht subsidiär; der Ersatzpflichtige kann also

[66] Dieser Ansicht sind auch: *Kallmeyer* (Fn 38), Rn 4062; *K. Schmidt* (Fn 52), Rn 574.

[67] Vgl hierzu: *Henzel/Bauer* (Fn 38), Rn 19.

[68] Dies ist mittlerweile hM: BGH GmbHR 1994, 539; OLG Naumburg GmbHR 1998, 183; *Altmeppen* (Fn 51), 1182; *Henzel/Bauer* (Fn 38), Rn 19; *Rowedder* (Fn 42), Rn 22.

[69] So die hM: BGH BB 1998, 1277; *Altmeppen* (Fn 51), 1182; *Henzel/Bauer* (Fn 38), Rn 22ff; *Pape* KTS 1998, 367, 369; *K. Schmidt* (Fn 52), Rn 1242f. AA nur: *Hasselbach* DB 1996, 2213, 2215.

nicht einwenden, der Insolvenzverwalter habe versäumt, aussichtsreiche Anfechtungsmöglichkeiten geltend zu machen.[70]

III. Die frühzeitige Antragstellung durch den Schuldner

Erfolgreich durchgeführte Konkursverfahren wurden in der Hälfte der Fälle auf Grund von Eigenanträgen eröffnet.[71] Es erscheint deshalb vielversprechend, daß der Gesetzgeber den Schuldner in den Mittelpunkt des insolvenzrechtlichen Geschehens zu stellen versucht, um mit Hilfe frühzeitiger Eigenanträge sowohl dem Problem der verspäteten Verfahrensauslösung als auch dem der Massearmut zu begegnen. Allerdings gilt es zu bedenken, daß ein Spannungsverhältnis zwischen den Vorstellungen des Schuldners und dem eigentlichen Ziel des Insolvenzverfahrens, also der Verwirklichung der Schuldnerhaftung, besteht; in dem Maße, wie die gerichtliche Insolvenzabwicklung für den Schuldner interessanter wird, dürfte nämlich das Interesse der Gläubiger an der Eröffnung eines Insolvenzverfahrens schwinden. Der Schuldner wird bei drohender Zahlungsunfähigkeit gleichwohl nur geneigt sein, einen Insolvenzantrag zu stellen, wenn er ein bes Interesse an der frühzeitigen Eröffnung des Insolvenzverfahrens zu haben glaubt. Deshalb sollen folgende Regelungen das Insolvenzverfahren für den Schuldner attraktiver machen und seine Bereitschaft erhöhen, frühzeitig einen Insolvenzantrag zu stellen: Im Rahmen des Insolvenzplan-Verfahrens kann eine Verwertung des Schuldnervermögens angestrebt werden, die dem Erhalt des Unternehmens dient. (Die Chancen für eine Sanierung des Unternehmens nach den Vorstellungen des Schuldners erhöhen sich, wenn er bereits bei drohender Zahlungsunfähigkeit einen Eigenantrag stellt, einen vorbereiteten Insolvenzplan vorlegt und einen ausreichenden Massekostenvorschuß leistet.) Soweit im Insolvenzplan nichts anderes bestimmt ist, wird der Schuldner mit der im gestaltenden Teil vorgesehenen Befriedigung der Insolvenzgläubiger von den restlichen Verbindlichkeiten befreit. Der Schuldner behält die Verwaltungs- und Verfügungsbefugnis über die Insolvenzmasse, wenn das Insolvenzgericht die Eigenverwaltung anordnet. Ist der Schuldner eine natürliche Person, kann er auf Antrag von den im Insolvenzverfahren nicht erfüllten Verbindlichkeiten befreit werden.

[70] Vgl hierzu: *Henze/Bauer* (Fn 38), Rn 40ff.
[71] Vgl: *Gessner ua* (Fn 2), 126, Tab I/46.

1. Das Insolvenzplan-Verfahren

Das Insolvenzplan-Verfahren ist Kernstück des neuen Insolvenzverfahrens; es löst sich von den Vorstellungen des Vergleichsrechts und eröffnet den Beteiligten die Möglichkeit, eine Unternehmensinsolvenz auf Grundlage der Gläubigerautonomie flexibel und wirtschaftlich effektiv abzuwickeln.[72] Im Insolvenzplan-Verfahren bleibt der Insolvenzbeschlag zugunsten der Insolvenzgläubiger und die Verwaltungsbefugnis des Insolvenzverwalters über die Insolvenzmasse bestehen. Damit werden die Insolvenzgläubiger einerseits gegen eine Verschlechterung der Vermögenslage des Schuldners wirksam geschützt, andererseits kann bei Scheitern der Verhandlungen um einen Insolvenzplan die Verwertung und Verteilung der Insolvenzmasse zügig fortgesetzt werden.[73] Ist im Insolvenzplan nichts anderes bestimmt, wird der Schuldner mit der im gestaltenden Teil vorgesehenen Befriedigung der Insolvenzgläubiger von den restlichen Verbindlichkeiten gegenüber diesen Gläubigern befreit (§ 227 Abs 1 InsO).

Der Schuldner ist zur Vorlage eines Insolvenzplans berechtigt (§ 218 Abs 1 S 1 InsO). Beauftragt die Gläubigerversammlung den Insolvenzverwalter mit der Erstellung eines Insolvenzplans, hat dieser dem Insolvenzgericht den Plan binnen angemessener Frist vorzulegen (§ 218 Abs 2 InsO); dabei kann dem Insolvenzverwalter auch das Planziel vorgegeben werden (§ 157 S 2 InsO). Außerdem hat der Insolvenzverwalter ein (originäres) Recht zur Vorlage eines Insolvenzplans (§ 218 Abs 1 S 1 InsO).[74] Der Schuldner kann bereits mit Stellung seines Insolvenzantrages einen Insolvenzplan vorlegen (§ 218 Abs 1 S 2 InsO); dem Insolvenzverwalter wird dies idR erst zum Berichtstermin gelingen (§§ 156, 157 InsO).[75] (Zu diesem Zeitpunkt wird die Gläubigerversammlung den Insolvenzverwalter ggf beauftragen, einen weisungsgebundenen Insolvenzplan auszuarbei-

[72] So jedenfalls die Vorstellung des RAussch; vgl den Bericht des RAussch zum RegEInsO, abgedr bei: Balz/Landfermann, Die neuen Insolvenzgesetze, 460.
[73] Vgl: *Häsemeyer* (Fn 3), Rn 28.08.
[74] Dies ist hM: *Maus* Der Insolvenzplan, Rn 32; *Smid/Rattunde*, in: Smid, Insolvenzordnung-Komm, § 218 InsO Rn 7.
[75] Davon geht *Bork* (Fn 17), Rn 332, aus.

ten.) Nach § 255 Abs 1 Nr 1 RegEInsO sollten auch noch einzelne Gläubiger und Gläubigergruppen zur Vorlage eines Insolvenzplans berechtigt sein, versprach man sich dadurch eine höhere wirtschaftliche Effektivität des Insolvenzverfahrens.[76] Schuldner, Insolvenzverwalter und Gläubiger sollten das Planinitiativrecht nutzen, um im Wege einer Konfrontationsstrategie die beste Verwertungsart des Schuldnervermögens zu bestimmen.[77] Allerdings hätte eine Vielzahl miteinander konkurrierender Insolvenzpläne mehr praktische Schwierigkeiten als wirtschaftlichen Nutzen gebracht.[78] (Nach dem US-amerikanischen Reorganisationsverfahren des Chapter 11 Bankruptcy Code hat nur der Schuldner das Recht, einen Reorganisationsplan aufzustellen; hierfür wird ihm zunächst eine Frist von 120 Tagen gewährt, die durch das zuständige Gericht freilich großzügig verlängert werden kann.[79])

Im Einzelfall können dem Insolvenzgericht also drei verschiedene, miteinander konkurrierende Insolvenzpläne (nämlich ein Schuldnerplan und zwei Verwalterpläne) vorliegen, die sich nicht nur hinsichtlich des Sanierungsvorhabens, sondern auch in der Art der Bildung von Gläubigergruppen unterscheiden. Und dennoch kann dem Verwalter nicht das Recht zur Vorlage und Aufrechterhaltung eines eigenen Insolvenzplans versagt werden, nur weil er auch von der Gläubigerversammlung mit der Erstellung eines Plan beauftragt wurde; denn das Weisungsrecht der Gläubigerversammlung nach § 157 S 2 InsO bezieht sich ausschließlich auf den nach § 218 Abs 2 InsO auftragsgem zu erstellenden Insolvenzplan, nicht aber auf denjenigen, der vom Insolvenzverwalter aus originärem Planinitiativrecht vorgelegt wird.[80] Teilw wird die Ansicht vertreten, bei Vorlage

[76] Vgl hierzu die Begr zu § 255 RegEInsO (Fn 15), 196.

[77] Vgl die allgem Begr zum RegEInsO (Fn 15), 78.

[78] So auch die Einschätzung des RAussch; Bericht des RAussch zu den §§ 254, 255 RegEInsO, (Fn 72), 465.

[79] So weiß *Funke* (Der Insolvenzplan des Entwurfs der Insolvenzordnung, 632) zu berichten, daß die Gläubiger zT bis zu ein Jahr auf einen entspr Sanierungsvorschlag des Schuldners warten müssen.

[80] Wie hier: *Riggert* WM 1998, 1521, 1522, Fn 12; *Onusseit*, in: Kübler/Prütting, Komm zur Insolvenzordnung, § 157 InsO Rn 16; *Warrikoff* KTS 1997, 527, 530 f. AA aber: *Flessner*, in: *Eickmann ua* Heidelberger Komm zur Insolvenzordnung, § 157 InsO Rn 5; *Jaffe*, in: Wimmer, Frankfurter Komm zur Insolvenzordnung, § 218 InsO Rn 82.

konkurrierender Insolvenzpläne seien diese im Verfahren zu belassen und getrennt voneinander zu behandeln; werde einer der Insolvenzpläne im Laufe des Verfahrens rechtskräftig, trete hinsichtlich der anderen Pläne Erledigungswirkung ein.[81] Sollten die verschiedenen Insolvenzpläne im Erörterungs- und Abstimmungstermin mit entspr Mehrheit angenommen werden, läge die Entscheidung letztlich beim Insolvenzgericht, das iZw denjenigen Plan bestätige, der die größte Zustimmung bei den Gläubigern gefunden habe.[82]

Vielmehr sollte das Gericht aber im Interesse der Beschleunigung des Verfahrens von der Möglichkeit Gebrauch machen, wenigstens den Insolvenzplan des Schuldners gem § 231 Abs 1 Nr 2 InsO zurückzuweisen, soweit der Plan keine Aussicht hat, von der Gläubigerversammlung angenommen zu werden. (Dies dürfte dann der Fall sein, wenn der Insolvenzverwalter beauftragt wird, einen Insolvenzplan nach den Vorstellungen der Gläubigerversammlung zu erstellen.[83]) Somit verbleiben noch die beiden Pläne des Insolvenzverwalters, die jedenfalls nicht durch das Insolvenzgericht von einer Abstimmung ausgeschlossen werden dürfen. Allerdings darf die Gläubigerversammlung dem Verwalter zB aus Kostengründen die Ausarbeitung eines eigenen Plans untersagen;[84] außerdem kann sie entweder einen neuen Insolvenzverwalter wählen, der den vom abgewählten Verwalter vorgelegten Plan zurückzieht, oder den alten Verwalterplan im Abstimmungstermin mehrheitlich ablehnen.[85]

Der Insolvenzplan besteht aus einem darstellenden und einem gestaltenden Teil (§ 219 InsO). Im darstellenden Teil (§ 220 InsO) sind die Maßnahmen zu beschreiben, die nach Eröffnung des Verfahrens getroffen worden sind und noch getroffen werden sollen, um die Grundlagen für die geplante Gestaltung der Rechte der Beteiligten zu schaffen; dabei soll der darstellende Teil auch alle sonstigen Angaben zu den Grundlagen und den Auswirkungen des Plans enthalten, die für die Entscheidung der Gläubiger über die Zustimmung

81 So jedenfalls die Ansicht von: *Riggert* (Fn 80), 1525.
82 Vgl: *Riggert* (Fn 80), 1525; ablehnend: *Hess/Weis* (Fn 46), 2359.
83 So auch die Einschätzung von: *Maus* (Fn 74), Rn 35.
84 Dies zieht *Smid* (WM 1996, 1249, 1253) in Erwägung.
85 Beide Möglichkeiten spricht *Maus* (Fn 74), Rn 36, an.

zum Plan und für dessen gerichtliche Bestätigung erheblich sind. Das bedeutet, daß der darstellende Teil bei einer beabsichtigten Unternehmenssanierung erkennen lassen sollte, welche organisatorischen und personellen Maßnahmen zu treffen sind, um die Ertragskraft des insolventen Unternehmens wiederherzustellen (zB durch Stillegung einzelner Betriebe oder Betriebsteile und Entlassung von Teilen der Belegschaft).[86] Zudem sind alle geplanten Eingriffe in die Vermögens-, Finanz- und Ertragssituation des Unternehmens sowie ihre Auswirkungen ausführlich darzustellen. Nur dann lassen sich nämlich die Sanierungsfähigkeit des Unternehmens und die Durchführbarkeit des Insolvenzplans beurteilen.[87] Im gestaltenden Teil (§ 221 InsO) wird festgelegt, wie die Rechtsstellung einzelner Beteiligter durch den Insolvenzplan geändert werden soll, so zB durch Stundung von Haupt- oder Nebenforderungen und durch vollständigen oder teilw Forderungsverzicht.[88] Trifft der Insolvenzplan Regelungen für Absonderungsrechte, ist auch anzugeben, um welchen Bruchteil diese Rechte gekürzt, für welchen Zeitraum sie gestundet oder welchen sonstigen Maßnahmen sie unterworfen werden sollen (§ 223 Abs 2 InsO).

Um ein Höchstmaß an Differenzierung und Individualisierung des Planinhalts zu garantieren, bestehen nur wenige gesetzliche Vorgaben für den sachlichen Inhalt eines Insolvenzplans.[89] Damit wird der Insolvenzplan zu einem universellen Instrument der Masseverwertung;[90] er kann jede Art von Unternehmens- und Unternehmensträgersanierung sowie alle sonstigen Verwertungsformen vorsehen. Allerdings gilt es die formalen Ordnungsvorschriften zu beachten, die Verständlichkeit, Übersichtlichkeit und Abstimmungstauglichkeit des Insolvenzplans betreffen, sowie die Vorschriften der §§ 222,

86 Vgl die Begr zu § 258 RegEInsO (Fn 15), 197.

87 Begr zu § 258 RegEInsO (Fn 15), 197.

88 Einzelheiten bei: *Bork* ZZP 1996, 473, 477; Fachausschuß Recht, Entwurf IDW Standard: Anforderungen an Insolvenzpläne, abgedr in: FN-IDW 1999, 90, 93 ff.

89 Allgem Begr zum RegEInsO (Fn 15), 78.

90 So die Hoffnung des Gesetzgebers; vgl die allgem Begr zum RegEInsO (Fn 15), 90.

226 InsO, welche die Gruppenbildung und die Gleichbehandlung der Gläubiger regeln.[91]

Gem § 235 Abs 1 InsO bestimmt das Insolvenzgericht einen Termin, in dem der Insolvenzplan und das Stimmrecht der Gläubiger erörtert werden sowie über den Insolvenzplan abzustimmen ist. Der Insolvenzplan kommt mit Zustimmung der Gläubiger (§§ 244 ff InsO) und des Schuldners (§ 247 InsO) sowie der Bestätigung des Insolvenzgerichts (§§ 248 ff InsO) zustande.[92] Für die Annahme des Insolvenzplans durch die Gläubiger genügt es, daß in jeder Gruppe der stimmberechtigten Gläubiger eine einfache Kopf- und Summenmehrheit dem Plan zustimmt (§§ 243, 244 Abs 1 InsO).[93] Drohen die Verhandlungen über den Insolvenzplan wegen fehlender Zustimmung einzelner Gläubigergruppen zu scheitern, vermag das Obstruktionsverbot des § 245 Abs 1 InsO die Sanierung im Rahmen des Insolvenzplan-Verfahrens noch zu retten: Unter der Voraussetzung, daß die Mehrheit der abstimmenden Gruppen dem Plan zugestimmt hat, gilt die (fehlende) Zustimmung einer Abstimmungsgruppe als erteilt, wenn die Gläubiger dieser Gruppe wirtschaftlich angemessen beteiligt und nicht schlechter gestellt werden als bei sonstiger Verwertung des Schuldnervermögens. Wie *Smid* treffend beschreibt, wird der Insolvenzplan – der „cram-down-rule" des § 1129 (b) BC entspr – der Gläubigergruppe einfach gegen ihren Willen „heruntergewürgt".[94] (Ähnliches gilt nach § 247 Abs 2 InsO im übrigen auch für die verweigerte Zustimmung des Schuldners.) Damit wird die Gleichbehandlung der Gruppen untereinander zur Disposition von Gläubigermehrheiten gestellt, unabhängig davon, ob Mehrheitsentscheidungen überhaupt ein wirtschaftliches Optimum garantieren.[95] Vor diesem Hintergrund soll § 251 Abs 1 InsO den Gläubigern Schutz bieten;[96] in der Praxis dürfte es einzelnen Gläubigern aller-

[91] Einzelheiten bei: *Bork* (Fn 88), 476 f; Fachausschuß Recht (Fn 88), 96; *Kaltmeyer* ZInsO 1999, 255, 258 ff.

[92] Vgl hierzu: *Graf Brockdorff* (Fn 48), Kap 13, Rn 60 ff.

[93] Zu Strategien der Mehrheitsgewinnung insb aus Sicht absonderungsberechtigter Banken: *Riggert* (Fn 80), 1523 ff.

[94] *Smid* (Fn 33), § 22 Rn 5.

[95] Vgl hierzu die Kritik von: *Häsemeyer* (Fn 3), Rn 28.24 ff.

[96] Ist dabei aber der „Angstparagraph" der InsO: *Smid/Rattunde* Der Insolvenzplan, Rn 644 ff.

dings nur selten gelingen, die Verletzung eines wirtschaftlichen Interesses glaubhaft zu machen.[97] (Bei der außergerichtlichen Sanierung sind die Gläubiger nicht gehindert, ihre Forderungen im vollen Umfang im Wege der Einzelzwangsvollstreckung gegen den Schuldner durchzusetzen; deshalb werden sie einer außergerichtlichen Sanierung womöglich nur dann zustimmen, wenn ihnen bes Vorteile versprochen werden.[98])

Sobald die gerichtliche Bestätigung formell rechtkräftig geworden ist, wirkt der Insolvenzplan unmittelbar für und gegen alle Beteiligten (§ 254 Abs 1 S 1 InsO). Der Plan legt die Vermögens- und Haftungsverhältnisse zwischen dem Schuldner und allen Insolvenzgläubigern verbindlich fest; dies gilt gem § 254 Abs 1 S 3 InsO auch für diejenigen Insolvenzgläubiger, die ihre Forderungen nicht angemeldet, am Insolvenzverfahren nicht teilgenommen oder dem Insolvenzplan widersprochen haben. In der Folge hat das Gericht das Insolvenzverfahren aufzuheben (§ 258 Abs 1 InsO). Es erlöschen die Ämter des Insolvenzverwalters und der Mitglieder des Gläubigerausschusses (§ 259 Abs 1 S 1 InsO). Der Schuldner erhält das Recht zurück, über die Insolvenzmasse frei zu verfügen (§ 259 Abs 1 S 2 InsO). Die Insolvenzgläubiger können aus dem rechtskräftig bestätigten Plan iVm der Eintragung in die Tabelle wie aus einem vollstreckbaren Urteil die Zwangsvollstreckung gegen den Schuldner betreiben (§ 257 Abs 1 S 1 InsO). Für die Erfüllung haften die Insolvenzmasse und das insolvenzfreie, künftige Vermögen des Schuldners.[99] Ist im gestaltenden Teil des Insolvenzplans vorgesehen, daß die Erfüllung des Plans gem §§ 260 ff InsO überwacht wird, bestehen die Ämter des Insolvenzverwalters und der Mitglieder des Gläubigerausschusses sowie die Aufsicht des Insolvenzgerichts gem § 261 Abs 1 InsO so lange weiter, wie das Insolvenzgericht nicht die Aufhebung der Überwachung beschließt (§ 268 Abs 1 InsO). Neben der Überwachung kann der Insolvenzplan auch die Festlegung eines sog Kreditrahmens (§ 264 InsO) vorsehen, um die Bereitschaft zur Vergabe von Sanierungskrediten zu erhöhen; die neugewährten Kredite werden dann in Höhe des vereinbarten Kreditrahmens in einem et-

[97] So auch die Einschätzung von: *Picot/Aleth* (Fn 40), Rn 827.
[98] Zu dieser Problematik: *Uhlenbruck* (Fn 55), Rn 264 ff.
[99] Vgl hierzu: *Häsemeyer* (Fn 3), Rn 28.85.

waigen zweiten, sich anschließenden Insolvenzverfahren gegenüber den Forderungen anderer Insolvenzgläubiger vorrangig befriedigt.[100]

2. Die Eigenverwaltung

Ordnet das Insolvenzgericht die Eigenverwaltung an, kann der Schuldner seine Geschäfte unter Aufsicht eines Sachwalters in eigener Verantwortung fortführen. (Die Vorschriften der §§ 357 ff Reg EInsO erlaubten dies noch ohne Aufsicht eines Sachwalters.) Die Eigenverwaltung kommt in Betracht, wenn der Schuldner die Sanierung des Unternehmens beabsichtigt und dem Eigenantrag einen Insolvenzplan beifügt, welchem die Zustimmung der wesentlichen Gläubigergruppen sicher sein dürfte.[101]

Die Anordnung der Eigenverwaltung führt nicht dazu, daß der Schuldner seine bisherige Verwaltungs- und Verfügungsbefugnis behält; der Schuldner handelt nach Anordnung der Eigenverwaltung nämlich nicht (mehr) kraft eigener Privatautonomie, sondern als Amtswalter mit bestimmten gesetzlichen Rechten und Pflichten, die andernfalls dem Insolvenzverwalter zugeordnet sind.[102] Damit ist die haftungsrechtliche Zuweisung des Schuldnervermögens an die Gläubiger zwar nicht beseitigt; der Schuldner wird aber praktisch zu seinem eigenen Insolvenzverwalter.[103] Der Schuldner bleibt verwaltungs- und verfügungsbefugt (§ 270 Abs 1 S 1 InsO); er kann den gesamten gewöhnlichen Geschäftsbetrieb ohne Mitwirkung des Sachwalters abwickeln (§ 275 Abs 1 InsO). Die Zustimmung des Gläubigerausschusses ist nur einzuholen, wenn der Schuldner

[100] Zu dieser Besonderheit des neuen Rechts: *Braun* Der Kreditrahmen gem. § 264 InsO als Finanzierungsinstrument des Sanierungsplans – Papiertiger oder weiterer „Kostenbeitrag" für absonderungsberechtigte Gläubiger?, Rn 17 ff, 27 ff; *Dinstühler* ZInsO 1998, 243 ff.

[101] Vgl hierzu: *Schlegel* ZIP 1999, 954 ff.

[102] Diese Unterscheidung treffen auch: *Häsemeyer* (Fn 3), Rn 8.13; *Pape* Die Eigenverwaltung des Schuldners nach der Insolvenzordnung, Rn 40; *Smid* (Fn 33), § 25 Rn 6.

[103] Vgl hierzu die kritische Auseinandersetzung bei: *Grub* Die Stellung des Schuldners im Insolvenzverfahren, Rn 26 ff; *Leipold* Die Eigenverwaltung mit Sachwalter und die Eigenverwaltung bei Kleinverfahren, 168 ff.

Rechtshandlungen vorzunehmen plant, die für das Insolvenzverfahren von bes Bedeutung sind (§ 276 S 1 InsO). Dem Sachwalter werden lediglich Aufsichtsaufgaben (§ 274 Abs 2 InsO) sowie einzelne Mitwirkungs- und Anzeigepflichten (§§ 274 Abs 3, 285 InsO) zugewiesen.[104] Nur der Sachwalter kann Haftungsansprüche für die Insolvenzmasse geltend machen und Rechtshandlungen anfechten (§ 280 InsO).

Die Eigenverwaltung ist durch das Insolvenzgericht im Eröffnungsbeschluß (vorläufig) anzuordnen, wenn der Schuldner sie beantragt (§ 270 Abs 2 Nr 1 InsO) und der das Insolvenzverfahren beantragende Gläubiger ihr zustimmt (§ 270 Abs 2 Nr 2 InsO); gem § 270 Abs 2 Nr 3 InsO darf die Anordnung der Eigenverwaltung nicht zu einer Verzögerung des Verfahrens oder zu sonstigen Nachteilen für die Gläubiger führen. Allgem Bedenken gegen die Anordnung der Eigenverwaltung rechtfertigen auch bei umfangreichen Insolvenzverfahren nicht die Ablehnung eines entspr Schuldnerantrages.[105] Schließlich dürfte ein Schuldner, der das Insolvenzverfahren beantragt oder den der antragstellende Gläubiger für vertrauenswürdig hält, in aller Regel auch geeignet sein, bis zur (endgültigen) Entscheidung der ersten Gläubigerversammlung seine Geschäfte in Eigenverwaltung weiterzuführen.[106]

3. Die Restschuldbefreiung

Das Verfahren nach den §§ 286 ff InsO dient der Befreiung natürlicher Personen von der nachkonkurslichen Inanspruchnahme durch die Insolvenzgläubiger. Zudem erhofft sich der Gesetzgeber eine Verbesserung der Befriedigungschancen der Gläubiger im Insolvenzverfahren, weil der Schuldner zur rechtzeitigen Stellung eines Insolvenzantrages und zur Mitwirkung im Verfahren veranlaßt wird.[107] Es ist zu vermuten, daß die Mehrzahl der Schuldbefreiungsanträge

[104] Zu den Prüfungs- und Überwachungspflichten des Sachwalters: *Pape* (Fn 102), Rn 23 ff.

[105] Darauf verweist auch: *Huntemann*, in: Huntemann/Graf Brockdorff, Der Gläubiger im Insolvenzverfahren, Kap 14, Rn 5.

[106] So jedenfalls die Einschätzung des Gesetzgebers; vgl die Begr zu § 331 RegEInsO (Fn 15), 223.

[107] Vgl die allgem Begr zum RegEInsO (Fn 15), 82.

von Verbrauchern gestellt wird, erhält doch der Nichtkaufmann nun die Möglichkeit, die ihn bedrückende Schuldenlast im Rahmen eines gerichtlichen Verfahrens abzustreifen. Das Verfahren der Restschuldbefreiung leistet damit einen maßgeblichen Beitrag für den wirtschaftlichen Neubeginn einkommens- und vermögensschwacher Personen. (Für Verbraucher gelten vorrangig die Vorschriften der §§ 304 ff InsO, wonach der Zugang zum Insolvenzverfahren gem § 305 InsO nur eröffnet ist, wenn zuvor ein außergerichtliches Sonderverfahren durchlaufen wurde.[108]) Die Vorschriften über die Restschuldbefreiung erlangen aber auch Bedeutung für den Einzelkaufmann und den persönlich haftenden Gesellschafter einer Personenhandelsgesellschaft bei einem Verfahren über dessen eigenes, persönliches Vermögen, wenn er von der Mithaftung für die Gesellschaftsschulden befreit werden möchte.[109]

Allerdings führt die Durchführung des Insolvenzverfahrens allein nicht zur Entschuldung; wie bereits § 1 S 2 InsO verdeutlicht, steht die Erteilung der Restschuldbefreiung immer unter dem Vorbehalt der Redlichkeit des Schuldners. Die einzelnen Gründe, die zur Versagung der Restschuldbefreiung führen, benennt § 290 InsO. Vom Schuldner wird zudem verlangt, daß er während einer Wohlverhaltensperiode von sieben Jahren seine pfändungsfreien laufenden Bezüge dem ernannten Treuhänder abtritt, damit diese zur gleichmäßigen Tilgung der Insolvenzforderungen verwendet werden können (§§ 287 Abs 2, 292 Abs 1 InsO). Erst nach Ablauf dieser Frist entscheidet das Gericht durch Beschluß über die Erteilung einer Restschuldbefreiung (§ 300 Abs 1 InsO). Wird die Restschuldbefreiung nicht gewährt, können die Insolvenzgläubiger ihre restlichen, im Insolvenzverfahren nicht erfüllten Forderungen unbeschränkt geltend machen (§ 201 Abs 1 InsO). Andernfalls tritt mit der rechtskräftigen Entscheidung über die Gewährung der Restschuldbefreiung Entschuldung ein:[110] Der Schuldner wird gegenüber sämtlichen Insolvenzgläubigern von den im Insolvenzverfahren nicht erfüllten Ver-

[108] Zur Kritik, die dem Verbraucher-Insolvenzverfahren entgegengebracht wird: *Grote* ZInsO 1999, 383 ff; *Wehr* ZIP 1999, 2000 ff.
[109] Vgl die Begr zu § 235 RegEInsO (Fn 15), 189.
[110] Einzelheiten bei: *Fuchs* Verbraucherinsolvenzverfahren und Restschuldbefreiung, Rn 211 ff.

bindlichkeiten befreit (§ 301 Abs 1 S 1 InsO); dies gilt auch gegenüber denjenigen Gläubigern, die ihre Forderungen nicht angemeldet haben (§ 301 Abs 1 S 2 InsO). Das freie Nachforderungsrecht der Gläubiger geht dann ins Leere (§ 201 Abs 3 InsO). Die Rechte der Insolvenzgläubiger gegen Mitschuldner und Bürgen des Schuldners sowie die Rechte der Gläubiger aus einem Recht, das zur abgesonderten Befriedigung berechtigt, werden durch die Restschuldbefreiung allerdings nicht berührt (§ 301 Abs 2 S 1 InsO).

Kapitel 3: Die Eröffnung des Insolvenzverfahrens

Mit Stellung des Insolvenzantrages wird das Insolvenzgericht tätig. Im Rahmen des Eröffnungsverfahrens prüft das Gericht zunächst die Zulässigkeit des Antrages und ermittelt, ob das Vermögen des Schuldners voraussichtlich ausreicht, die Kosten des Verfahrens zu decken. Ist der Insolvenzantrag zulässig, ordnet das Gericht vorläufige Sicherungsmaßnahmen an, um bis zur Entscheidung über die Eröffnung des Insolvenzverfahrens einer Verschlechterung der Vermögens- und Haftungsverhältnisse des Schuldners vorzubeugen; zu diesen Maßnahmen zählt auch die Bestellung eines vorläufigen Insolvenzverwalters. Erweist sich der zulässige Insolvenzantrag als begründet, beschließt das Gericht die Eröffnung des Verfahrens, wenn das Vermögen des Schuldners die Verfahrenskosten voraussichtlich deckt oder ein ausreichender Kostenvorschuß geleistet wird; andernfalls wird der Insolvenzantrag abgewiesen. Der Erlaß des Eröffnungsbeschlusses führt zur Eröffnung des Hauptverfahrens: Das Vermögen des Schuldners wird vom Insolvenzverwalter unter Beschlag genommen; der Schuldner verliert die Verwaltungs- und Verfügungsbefugnis über sein Vermögen, die Insolvenzmasse wird vor dem Vollstreckungszugriff einzelner Gläubiger geschützt. Der Insolvenzverwalter führt im Wege der Insolvenzanfechtung fremde, aber mithaftende Rechte der Insolvenzmasse zu. Gegenstände, die auf Grund eines dinglichen oder persönlichen Rechts eines Dritten nicht zur Insolvenmasse gehören, werden aus der Insolvenzmasse ausgesondert.

I. Die Prüfung der Eröffnungsvoraussetzungen

Das Insolvenzgericht prüft zunächst, ob der Antrag auf Eröffnung des Insolvenzverfahrens zulässig ist. Dies ist der Fall, wenn die allgem Verfahrensvoraussetzungen vorliegen, der Antragsteller antragsberechtigt (§ 13 Abs 1 S 2 InsO) und der Schuldner insolvenzfähig (§ 11 InsO) ist. Der Insolvenzantrag eines Gläubigers ist darüber hinaus nur zulässig, wenn der Gläubiger ein rechtliches Interesse an der Eröffnung des Insolvenzverfahrens hat und sowohl seine Forderung als auch den Eröffnungsgrund glaubhaft zu machen in der Lage ist (§ 14 Abs 1 InsO). Hält das Gericht die Angaben des Gläubigers für glaubhaft, geht es ohne bes Zwischenentscheidung über die Zulässigkeit des Antrags zur Prüfung der Begründetheit über. In deren Rahmen hat das Gericht dem Schuldner rechtliches Gehör zu gewähren (§ 14 Abs 2 InsO) und von Amts wegen alle Umstände zu ermitteln, die für das Insolvenzverfahren von Bedeutung sind (§ 5 Abs 1 S 1 InsO); letzteres bezieht sich auch auf das Vorliegen eines Eröffnungsgrundes nach § 16 InsO.

1. Beim Gläubigerantrag

Beantragt ein Gläubiger die Eröffnung des Insolvenzverfahrens, hat er gem § 14 Abs 1 InsO seine Forderung als Grundlage seiner Antragsbefugnis sowie die Zahlungsunfähigkeit und/oder die Überschuldung glaubhaft zu machen. Gelingt ihm dies nicht, ist der Insolvenzantrag als unzulässig abzuweisen. An die Glaubhaftmachung sind geringere Anforderungen zu stellen als an den Vollbeweis: Während die Führung des Vollbeweises voraussetzt, daß die zu beweisende Tatsache auf Grund der Würdigung des Beweisergebnisses durch den Richter überzeugend wahrscheinlich ist, genügt zur Glaubhaftmachung die Vermittlung der überwiegenden Wahrscheinlichkeit des glaubhaft zu machenden Umstandes.[1] Für die Glaubhaftmachung sind deshalb alle Beweismittel zulässig, so zB auch die eidesstattliche Versicherung der Partei oder die Vorlage unbeglaubigter Kopien von Schriftstücken.[2] Selbstverständlich hat der Schuldner als Antragsgegner stets die Möglichkeit, die Glaubhaftmachung des Eröffnungsgrundes und/oder der Forderung des Antragstellers durch eine Gegenglaubhaftmachung zu erschüttern;[3] bloßes Bestreiten reicht dafür aber nicht aus.[4]

Die Glaubhaftmachung der Forderung des Gläubigers kann durch Vorlage von Urkunden erfolgen, aus denen sich das Bestehen der

[1] Zu den Unterschieden vgl: *Graf Brockdorff*, in: Huntemann/Graf Brockdorff, Der Gläubiger im Insolvenzverfahren, Kap 2, Rn 86; *Smid* Grundzüge des neuen Insolvenzrechts, § 3 Rn 19 f.

[2] Vgl: *Thomas/Putzo* ZPO, § 294 ZPO Anm 1.

[3] Dies ist hM: *Graf Brockdorff* (Fn 1); *Kuhn/Uhlenbruck* Konkursordnung-Komm, § 105 KO Rn 3 g; *Uhlenbruck* Insolvenzrecht, Rn 431; *ders* GmbHR 1995, 195, 198.

[4] Vgl: OLG Köln ZIP 1988, 664, 665; *Baumbach ua* Zivilprozeßordnung, § 294 ZPO Rn 3.

Forderung ergibt, so zB Protokolle über fruchtlose Pfändungen, Schuldtitel, Wechsel, Schuldscheine oder Rechnungen über Warenlieferungen.[5] Entgegen der hM muß die glaubhaft gemachte Insolvenzforderung nicht fällig sein, zumal nach § 41 Abs 1 InsO auch nicht fällige Forderungen im Rahmen der gerichtlichen Insolvenzabwicklung Berücksichtigung finden; deshalb ist eine dem Schuldner gewährte Stundung für die Zulässigkeit des Gläubigerantrages zunächst einmal unerheblich.[6] (Die Fälligkeit der Forderung kann allerdings für das Vorliegen eines Eröffnungsgrundes von Bedeutung sein; wird der Insolvenzantrag nämlich auf die Zahlungsunfähigkeit des Schuldners gestützt, sind gem § 17 Abs 2 S 1 InsO nur die fälligen Zahlungspflichten zu berücksichtigen.[7]) Auch Gläubiger mit rechtlich zweifelhaften Forderungen sind antragsbefugt, sofern im Einzelfall die Geltendmachung der Forderung zB wegen Verjährung nicht von vornherein ausgeschlossen ist. Ob die Forderung besteht, prüft das Gericht jedoch nur unter dem Aspekt ihrer Glaubhaftmachung; ein Streit zwischen dem antragstellenden Gläubiger und dem Schuldner über das Bestehen der Forderung ist im Erkenntnisverfahren auszutragen.[8]

Eröffnungsgrund für das Insolvenzverfahren ist beim Gläubigerantrag entweder die Zahlungsunfähigkeit oder die Überschuldung, nicht aber die drohende Zahlungsunfähigkeit des Schuldners.[9] Die Glaubhaftmachung erfolgt durch Vorlage von Unterlagen, aus denen sich das Bestehen des Eröffnungsgrundes ergibt. Dabei ist die Zahlungseinstellung durch den Schuldner Ausgangspunkt für die meisten Gläubigeranträge: Denn in diesem Fall reicht der Vortrag von Tatsachen aus, die den berechtigten Schluß zulassen, daß eine Zahlungseinstellung iSd § 17 Abs 2 S 2 InsO vorliegt; die glaubhaft gemachte Zahlungseinstellung läßt dann ihrerseits die Zahlungsun-

5 Einzelheiten bei: *Graf Brockdorff* (Fn 1), Rn 88.

6 Wie hier: *Häsemeyer* Insolvenzrecht, Rn 7.14; aA aber ua: *Graf Brockdorff* (Fn 1), Rn 88; *Kuhn/Uhlenbruck* (Fn 3), Rn 6 d; *Smid* (Fn 1), Rn 22. Für den Fall der Stundung verneint *Schmerbach* (in: Wimmer, Frankfurter Komm zur Insolvenzordnung, § 17 InsO Rn 10) das rechtliche Interesse des Gläubigers an der Einleitung eines Insolvenzverfahrens.

7 S Kap 5, Abschn II, 3.

8 Ebenso: *Häsemeyer* (Fn 6).

9 S Kap 5, Abschn III, 2.

fähigkeit vermuten.[10] (Diese Vermutung kann der Schuldner widerlegen.) Von einer Zahlungseinstellung ist auszugehen, wenn der Schuldner seinen Zahlungspflichten nicht mehr nachkommt, unabhängig von den Gründen. Gewichtige Anzeichen für das Vorliegen einer Zahlungseinstellung iSd § 17 Abs 2 S 2 InsO sind die Nichtzahlung oder die unregelmäßige Zahlung von Löhnen, Gehältern und Sozialversicherungsbeiträgen, die wiederholte Hingabe ungedeckter Schecks, häufig auftretende Wechselproteste und Zahlungsklagen sowie Pfändungen durch den Gerichtsvollzieher und andere (erfolglose) Vollstreckungsmaßnahmen, insb die Abgabe einer eidesstattlichen Versicherung durch den Schuldner.

Den Gläubigern wird es nur selten gelingen, eine Überschuldung glaubhaft zu machen. Die Gläubiger werden eine Überschuldung so lange nicht erkennen, wie der Schuldner nicht zugleich Zahlungsschwierigkeiten hat; sie haben nämlich in aller Regel weder Kenntnis über die interne Rechnungslegung des Schuldners noch über das Ergebnis einer vom Schuldner vorgenommenen Überschuldungsprüfung. Zur Glaubhaftmachung der Überschuldung reicht die Vorlage eines (testierten) Jahresabschlusses, aus dem sich eine Überschuldung zu Handelsbilanzwerten ergibt, jedenfalls nicht aus.[11] Ist es dem Antragsteller allerdings möglich, zugleich eine drohende Zahlungsunfähigkeit des Schuldners und/oder eine Zahlungseinstellung darzulegen, vermag auch die Vorlage der letzten Handelsbilanz des Schuldners für eine Überschuldung zu sprechen, wenn sich aus dieser ergibt, daß das Eigenkapital aufgezehrt ist.[12] Freilich kann diese Annahme mit Hilfe eines Finanzplans oder einer bes Überschuldungsbilanz widerlegt werden, wenn der Schuldner zu zeigen vermag, daß keine Zahlungsunfähigkeit droht und/oder keine (bilanzielle) Schuldenunterdeckung besteht.

Der Gläubigerantrag ist begründet, wenn das Insolvenzgericht davon überzeugt ist, daß ein Eröffnungsgrund vorliegt. Beim zulässigen Gläubigerantrag hat das Gericht von Amts wegen alle Umstände zu ermitteln, die für das Insolvenzverfahren von Bedeutung

10 S Kap 5, Abschn II, 6.
11 AA: *Graf Brockdorff* (Fn 1), Rn 91.
12 S Kap 4, Abschn II, 2.

sind (§ 5 Abs 1 S 1 InsO); hierfür kann es Zeugen und Sachverständige vernehmen (§ 5 Abs 1 S 2 InsO) sowie den vorläufigen Insolvenzverwalter mit der Prüfung des Eröffnungsgrundes beauftragen (§ 22 Abs 1 S 2 Nr 3, 2. Halbs InsO). (Zu diesem Zweck darf der vorläufige Insolvenzverwalter Einsicht in die Bücher und Geschäftspapiere des Schuldners nehmen.[13]) Das Insolvenzgericht hat den Schuldner zu hören (§ 14 Abs 2 InsO); dieser hat die Auskünfte zu erteilen, die zur Entscheidung über den Insolvenzantrag erforderlich sind (§ 20 S 1 InsO).[14] In aller Regel wird der Schuldner dem Gericht einen Finanzplan und eine bes Überschuldungsbilanz zu präsentieren haben, die zu erkennen geben sollten, ob Zahlungsunfähigkeit und/oder Überschuldung vorliegt. Weigert sich der Schuldner, das Gericht und den vorläufigen Insolvenzverwalter bei deren Ermittlungen zu unterstützen und/oder entspr Auskünfte zu erteilen, können gegen ihn Zwangsmaßnahmen verhängt werden (§ 21 Abs 3 InsO iVm § 98 InsO).

2. Beim Eigenantrag des Schuldners

Die Zulässigkeit eines Eigenantrages erfordert zunächst weder die Glaubhaftmachung des Eröffnungsgrundes noch die schlüssige Darlegung einer Gläubigerforderung. Der Eröffnungsgrund ist nur dann glaubhaft zu machen, wenn der Antragsteller für ein Sondervermögen handelt und der Antrag nicht von allen Mitgliedern des Vertretungsorgans, allen persönlich haftenden Gesellschaftern oder allen Abwicklern gestellt wird (§ 15 Abs 2 S 1 InsO); in diesem Fall hat das Insolvenzgericht die anderen Antragsberechtigten zu hören (§ 15 Abs 2 S 2 InsO). Für den auf drohende Zahlungsunfähigkeit gestützten Eigenantrag gilt zudem § 18 Abs 3 InsO, wonach bei juristischen Personen oder Gesellschaften ohne Rechtspersönlichkeit der Insolvenzantrag, der nicht von allen Mitgliedern des Vertretungsorgans, allen persönlich haftenden Gesellschaftern oder allen Abwicklern gestellt wird, nur zulässig ist, wenn der Antragsteller zur Vertretung der juristischen Person oder Gesellschaft berechtigt ist.

[13] Zum Umfang dieser Einsichtsrechte: *Uhlenbruck* Die Rechtsstellung des vorläufigen Insolvenzverwalters, Rn 42.

[14] Zum Umfang dieser Auskunftspflicht: *Smid,* in: Smid, Insolvenzordnung-Komm, § 20 InsO Rn 10ff.

Allerdings ist damit noch nicht die Frage beantwortet, ob das Insolvenzgericht auch beim Eigenantrag des Schuldners vom Vorliegen eines Eröffnungsgrundes überzeugt sein muß. Nach § 5 Abs 1 S 1 InsO hat das Gericht von Amts wegen alle Umstände zu ermitteln, die für das Insolvenzverfahren von Bedeutung sind; nach § 16 InsO setzt die Eröffnung des Insolvenzverfahrens voraus, daß ein Eröffnungsgrund vorliegt. Dies gilt grundsätzlich auch beim Eigenantrag des Schuldners, und zwar selbst dann, wenn der Antrag auf drohende Zahlungsunfähigkeit gestützt wird.[15] Beim Eigenantrag wegen drohender Zahlungsunfähigkeit mag es im Einzelfall sogar notwendig sein, den vorläufigen Insolvenzverwalter mit der Prüfung zu beauftragen, ob nicht auch Zahlungsunfähigkeit und Überschuldung vorliegen. (Die schuldhafte Verletzung der Insolvenzantragspflicht hätte nämlich nicht nur haftungsrechtliche, sondern auch weitreichende verfahrensrechtliche Folgen, wie zB bei Beantragung der Eigenverwaltung durch den Schuldner.)

Schließlich hat der Schuldner dem Insolvenzgericht auch beim Eigenantrag die Auskünfte zu erteilen, die zur Entscheidung über den Antrag erforderlich sind, § 20 InsO. (Diese Vorschrift übernimmt den Gedanken des § 104 KO, wonach dem Eigenantrag des Schuldners ein Verzeichnis der Gläubiger und Drittschuldner sowie eine Vermögensübersicht beizulegen waren.) Je nach Vortrag des Schuldners kann das Insolvenzgericht also die Vorlage eines Finanzplans verlangen, der zeigt, daß Zahlungsunfähigkeit vorliegt oder droht, und die Erstellung einer bes Überschuldungsbilanz, die Aufschluß über das Vermögen und die bestehenden Verbindlichkeiten gibt. Sollte der Schuldner einer entspr Aufforderung nicht nachkommen und das Gericht bei seinen Ermittlungen nicht unterstützen, ist zu unterscheiden: Beim Eigenantrag wegen drohender Zahlungsunfähigkeit stellt sich die Weigerung des Schuldners als Verletzung eigener Sorgfaltspflichten dar;[16] der Eigenantrag ist dann als unbegründet abzuweisen, zumal keine unmittelbare Gefährdung der Gläubigeransprüche besteht und das Insolvenzgericht deshalb die Gläubiger nicht schützen muß. Etwas anderes gilt jedoch für den

[15] Ebenso: *Pape*, in: Kübler/Prütting, Komm zur Insolvenzordnung, § 18 InsO Rn 10; *Schmerbach* (Fn 6), Rn 25.

[16] Dieser Ansicht ist auch: *Smid* (Fn 14), Rn 21.

Eigenantrag, dem Zahlungsunfähigkeit und/oder Überschuldung zugrundeliegt: Das Insolvenzgericht kann in diesem Fall den Eigenantrag nicht einfach als unbegründet abweisen, da die Gläubigeransprüche unmittelbar gefährdet sind; vielmehr hat es den Eröffnungsgrund von Amts wegen zu ermitteln. Dem Schuldner bleibt es natürlich unbenommen, den Eigenantrag zurückzunehmen, solange das Gericht noch nicht über die Verfahrenseröffnung bzw die Abweisung des Antrages entschieden hat. (Bei wirksamer Antragsrücknahme hat das Gericht die Ermittlungen einzustellen, es sei denn, ein Gläubiger hat ebenfalls Insolvenzantrag gestellt oder sich dem Eigenantrag des Schuldners angeschlossen, bevor der Eigenantrag zurückgenommen wurde.)

Stellt der Schuldner einen Eigenantrag im vereinfachten Insolvenzverfahren, ruht das Eröffnungsverfahren bis zur Entscheidung über den Schuldenbereinigungsplan (§ 306 Abs 1 S 1 InsO); in diesem Fall prüft das Insolvenzgericht die Zulässigkeit des Antrags, nicht aber das Vorliegen eines Eröffnungsgrundes.[17]

II. Die Sicherungsmaßnahmen im Eröffnungsverfahren

Bei Zulässigkeit des Insolvenzantrages ordnet das Insolvenzgericht die erforderlichen Maßnahmen an, um eine Verschlechterung der Vermögens- und Haftungsverhältnisse des Schuldners bis zur Entscheidung über die Eröffnung des Insolvenzverfahrens zu verhindern; hierzu zählt auch die Bestellung eines vorläufigen Insolvenzverwalters. Die insolvenzrechtliche Haftungsabwicklung wird damit einerseits vor dem Vollstreckungszugriff einzelner Gläubiger geschützt, die von dem Insolvenzantrag Kenntnis erlangt haben und sich noch vor Verfahrenseröffnung Vorteile zu Lasten anderer Gläubiger zu verschaffen versuchen, andererseits vor dem Schuldner selbst, der ggf Bestandteile seines Vermögens dem Insolvenzbeschlag zu entziehen beabsichtigt. Die Wirkungen der vorläufigen Siche-

[17] Vgl: *Fuchs* Verbraucherinsolvenzverfahren und Restschuldbefreiung, Rn 72; *Landfermann*, in: *Eickmann ua* Heidelberger Komm zur Insolvenzordnung, § 306 InsO Rn 3; *Wittig*, in: K. Schmidt/Uhlenbruck, Die GmbH in Krise, Sanierung und Insolvenz, Rn 1178.

rungsmaßnahmen werden mit Eröffnung des Insolvenzverfahrens vom Insolvenzbeschlag und vom allgem Vollstreckungsverbot ersetzt.

1. Die Anordnung vorläufiger Sicherungsmaßnahmen nach § 21 InsO

Das Insolvenzgericht hat alle Maßnahmen zu treffen, die erforderlich erscheinen, um bis zur Entscheidung über den Insolvenzantrag eine den Gläubigern nachteilige Veränderung in der Vermögenslage des Schuldners zu verhüten (§ 21 Abs 1 InsO). Voraussetzung für die Anordnung von Sicherungsmaßnahmen ist die Zulässigkeit des Insolvenzantrages, auf Grund dessen das Insolvenzgericht tätig geworden ist. An den Antrag eines Gläubigers, solche Maßnahmen zu erlassen, ist das Gericht nicht gebunden; vielmehr entscheidet es immer nach eigenem Ermessen.[18] Das Gericht kann zB einen vorläufigen Insolvenzverwalter bestellen (§ 21 Abs 2 Nr 1 InsO), dem Schuldner ein allgem Verfügungsverbot auferlegen, und anordnen, daß Verfügungen des Schuldners nur mit Zustimmung des vorläufigen Insolvenzverwalters wirksam sind (§ 21 Abs 2 Nr 2 InsO), sowie Maßnahmen der Zwangsvollstreckung gegen den Schuldner untersagen oder einstweilen einstellen (§ 21 Abs 2 Nr 3 InsO).

Das Insolvenzgericht kann dem Schuldner also ein allgem Verfügungsverbot auferlegen, welches das gesamte gegenwärtige und künftige Vermögen des Schuldners betrifft, oder nur ein Verfügungsverbot über einzelne Gegenstände anordnen.[19] Zweck des Verfügungsverbotes ist jedenfalls die Sicherung der Insolvenzmasse für ein zu einem späteren Zeitpunkt eröffnetes Insolvenzverfahren. Verhängt das Gericht ein allgem Verfügungsverbot, geht die Verwaltungs- und Verfügungsbefugnis über das Schuldnervermögen auf den vorläufigen Insolvenzverwalter über, § 22 Abs 1 S 1 InsO. Bei einem Verstoß gegen das allgem Verfügungsverbot gelten nach § 24 Abs 1 InsO die Regeln der §§ 81, 82 InsO; verbotswidrige Verfügun-

[18] *Gerhardt* Verfügungsbeschränkungen in der Eröffnungsphase und nach Verfahrenseröffnung, Rn 23.
[19] Einzelheiten bei: *Gerhardt* (Fn 18), Rn 16f.

gen des Schuldners sind also unwirksam (§ 81 Abs 1 S 1 InsO).[20] Das Insolvenzgericht wird die Insolvenzmasse in aller Regel auch vor dem Zugriff einzelner Gläubiger schützen und Maßnahmen der Einzelzwangsvollstreckung in das bewegliche Vermögen des Schuldners untersagen oder einstweilen einstellen (§ 21 Abs 2 Nr 3 InsO); Zwangsvollstreckungsmaßnahmen in das unbewegliche Vermögen des Schuldners bleiben allerdings privilegiert.[21] (Die Bestellung eines vorläufigen Insolvenzverwalters führt übrigens nicht zwangsläufig zu einem Vollstreckungsverbot.[22]) Bereits vollzogene Vollstreckungsmaßnahmen sind zunächst weder unwirksam, noch können sie im Eröffnungsverfahren aufgehoben oder rückgängig gemacht werden.[23]

Auch diejenigen Gläubiger sind von einem verhängten Vollstreckungsverbot betroffen, denen ein Recht zur abgesonderten Befriedigung an einem Gegenstand der Insolvenzmasse zusteht: Nach Verfahrenseröffnung ist der Insolvenzverwalter zur Nutzung (§ 172 Abs 1 S 1 InsO) und freihändigen Verwertung von beweglichen Sachen berechtigt, an denen ein Absonderungsrecht besteht, wenn diese sich in seinem Besitz befinden;[24] die Nutzungs- und Verwertungsrechte werden deshalb gleichermaßen im Eröffnungsverfahren geschützt.[25] Aussonderungsberechtigte Gläubiger können jederzeit die Herausgabe des aussonderungsfähigen Gegenstandes verlangen,[26] im Rahmen des Eröffnungsverfahrens ebenso wie nach Verfahrenseröffnung.[27] Eine Ausnahme hiervon gilt jedoch für solche Gegenstände, die unter Eigentumsvorbehalt geliefert worden sind: Der Insolvenzverwalter hat in der Insolvenz des Käufers die Entscheidung über eine Vertragsfortführung erst unverzüglich nach dem

[20] Vgl: *Gerhardt* (Fn 18), Rn 4ff; *Häsemeyer* (Fn 6), Rn 7.37; *Uhlenbruck* (Fn 13), Rn 5.

[21] Vgl: *Gerhardt* (Fn 18), Rn 22.

[22] *Lohkemper* ZIP 1995, 1641, 1649.

[23] S aber Abschn III, 2 und 3.

[24] S Abschn IV, 2.

[25] Dieser Ansicht sind auch: *Smid* (Fn 14), § 21 InsO Rn 23; *Uhlenbruck* (Fn 13), Rn 29.

[26] S Abschn IV, 1.

[27] Dies ist hM: *Gerhardt* (Fn 18), Rn 20; *Lohkemper* (Fn 22), 1650; *Vallender* ZIP 1997, 1993, 1997. AA ist aber: *Uhlenbruck* (Fn 13), Rn 28.

Berichtstermin zu treffen, wenn er zur Ausübung des Wahlrechts aufgefordert wird (§ 107 Abs 2 S 1 InsO); damit bleibt dem Verkäufer der Zugriff auf seine Sicherheit auch nach Eröffnung des Insolvenzverfahrens zunächst verwehrt. Letzteres muß deshalb auch für den Zeitraum zwischen der Stellung eines (zulässigen) Insolvenzantrages und dem Zeitpunkt der Verfahrenseröffnung gelten, zumal der vorläufige Insolvenzverwalter nicht berechtigt ist, das Wahlrecht nach § 103 InsO auszuüben.[28]

2. Die Aufgaben des vorläufigen Insolvenzverwalters

Der vorläufige Insolvenzverwalter steht unter der Aufsicht des Insolvenzgerichts (§ 58 Abs 1 S 1 InsO) und unterliegt der allgem Verwalterhaftung (§§ 60 Abs 1 S 1, 61 InsO).[29] Seine Aufgaben und Befugnisse bestimmen sich nach dem Gesetz (§ 22 Abs 1 InsO) oder den gerichtlichen Anordnungen (§ 22 Abs 2 InsO). Wird dem Schuldner ein allgem Verfügungsverbot auferlegt, geht die Verwaltungs- und Verfügungsbefugnis über das Schuldnervermögen zwangsläufig auf den vorläufigen Insolvenzverwalter über (§ 22 Abs 1 S 1 InsO). In diesem Fall hat der vorläufige Insolvenzverwalter das Schuldnervermögen zu sichern und zu erhalten, das schuldnerische Unternehmen bis zur Entscheidung über die Eröffnung des Insolvenzverfahrens einstweilen fortzuführen sowie zu prüfen, ob das Schuldnervermögen die Kosten des Verfahrens decken wird (§ 22 Abs 1 S 2 InsO). Zur Stillegung des Geschäftsbetriebes bedarf es der Zustimmung des Insolvenzgerichts, wobei diese erteilt werden dürfte, wenn eine erhebliche Verminderung des Vermögens durch drohende Verluste zu befürchten wäre.[30] Das Gericht kann den vorläufigen Insolvenzverwalter außerdem beauftragen, als Sachverständiger zu prüfen, ob ein Eröffnungsgrund vorliegt und welche Aussichten für eine Fortführung des schuldnerischen Unternehmens bestehen (§ 22 Abs 1 S 2 Nr 3, 2. Halbs InsO). Beantragt der Schuldner bei drohender Zah-

[28] Ebenso: *Uhlenbruck* (Fn 13), Rn 29.

[29] Einzelheiten bei: *Naumann* Die Aufsicht des Insolvenzgerichts über den Insolvenzverwalter, Rn 24 ff; *Smid* Die Haftung des Insolvenzverwalters in der Insolvenzordnung – Kontinuität und Diskontinuität des Rechts der Haftung des Insolvenzverwalters, Rn 77 ff.

[30] Zur Betriebsfortführung im Insolvenzverfahren: *Feuerborn* KTS 1997, 171, 184 f; *Peters-Lange* ZIP 1999, 421 ff.

lungsunfähigkeit die Eröffnung des Insolvenzverfahrens und die Anordnung der Eigenverwaltung, wird das Gericht in aller Regel einen vorläufigen Insolvenzverwalter bestellen, ohne zugleich ein allgem Verfügungsverbot zu erlassen oder die Wirksamkeit von Verfügungen von dessen Zustimmung abhängig zu machen.

III. Die Wirkungen des eröffneten Insolvenzverfahrens

Der Beschluß über die Eröffnung des Insolvenzverfahrens hat weitreichende Folgen: Das gesamte, der Zwangsvollstreckung unterliegende Vermögen des Schuldners wird vom Insolvenzverwalter unter Beschlag genommen, in der Insolvenzmasse zusammengefaßt und einerseits vor Verfügungen des Schuldners, andererseits gegen Vollstreckungszugriffe einzelner Gläubiger geschützt. Gegenstände sind aus der Insolvenzmasse auszusondern, wenn sie auf Grund eines dinglichen oder persönlichen Rechts eines Dritten nicht zur Insolvenzmasse gehören. Im Wege der Insolvenzanfechtung sind fremde, aber mithaftende Rechte der Insolvenzmasse zuzuführen. Vorzugsrechte an einzelnen Gegenständen der Insolvenzmasse, wie das Recht eines Gläubigers zur abgesonderten Befriedigung, sind bei der Verwertung des Schuldnervermögens zu beachten.

1. Der Insolvenzbeschlag

Das Insolvenzverfahren erfaßt das gesamte, der Zwangsvollstreckung unterliegende Vermögen, das dem Schuldner zur Zeit der Eröffnung des Insolvenzverfahrens gehört und welches er während des Verfahrens erlangt (§§ 35, 36 Abs 1 InsO). Dieses Vermögen unterfällt mit Eröffnung des Insolvenzverfahrens dem Insolvenzbeschlag gem § 80 Abs 1 InsO und wird den Insolvenzgläubigern als Sondervermögen haftungsrechtlich zugewiesen (Insolvenzmasse).[31] Die Insolvenzmasse wird in der Folge gegen Einflüsse des Schuldners durch ein umfassendes Verfügungsverbot geschützt; nach § 81 Abs 1 S 1 InsO ist jede Verfügung des Schuldners über sein massezugehöriges Vermögen unwirksam (absolutes Verfügungsverbot).[32] Zugleich

[31] Vgl: *Häsemeyer* (Fn 6), Rn 9.05.

[32] Einzelheiten bei: *Gerhardt* (Fn 18), Rn 37 ff; *Landfermann* Allgemeine Wirkungen der Insolvenzeröffnung, Rn 5.

schützt ein entspr Verbot vor dem Vollstreckungszugriff einzelner Gläubiger (§ 89 InsO).

Der Insolvenzbeschlag führt zur haftungsrechtlichen Trennung der Insolvenzmasse vom insolvenzfreien Vermögen; letzteres verbleibt in der Verwaltungs- und Verfügungszuständigkeit des Schuldners. Der Schuldner kann nach Verfahrenseröffnung neue Verbindlichkeiten begründen, für die er nicht mit der Insolvenzmasse, sondern mit dem insolvenzfreien Vermögen haftet. Da die Insolvenzmasse mittlerweile auch den Neuerwerb des Schuldners umfaßt, werden die Neugläubiger gegenüber der bish Rechtslage jedoch benachteiligt; ihre Leistungen fließen zwar der Insolvenzmasse zu, der Schuldner haftet ihnen gegenüber aber nur mit dem insolvenzfreien Vermögen.[33] (Für den Neuerwerb sind insb Arbeitseinkünfte von Bedeutung, die eine natürliche Person aus ihrer beruflichen Tätigkeit nach Verfahrenseröffnung bezieht. Gegenstände, die der Insolvenzverwalter mit Mitteln der Insolvenzmasse erwirbt, fallen nicht unter den Neuerwerb; sie gehören kraft Surrogation zur Insolvenzmasse.)

Nach Eröffnung des Insolvenzverfahrens hat der Insolvenzverwalter das gesamte zur Insolvenzmasse gehörende Vermögen sofort in Besitz und Verwaltung zu nehmen (§ 148 Abs 1 InsO). Er hat einen Anspruch auf Herausgabe der Sachen, die sich im Gewahrsam des Schuldners befinden; Herausgabetitel ist die vollstreckbare Ausfertigung des Eröffnungsbeschlusses (§ 148 Abs 2 S 1 InsO). Der Insolvenzverwalter hat des weiteren folgende Ansprüche des schuldnerischen Unternehmens geltend zu machen: Ansprüche auf Einzahlung von (rückständigen) Einlagen auf das Grund- und Stammkapital nebst Nachschüssen sowie Schadensersatzansprüche wegen gesellschafts- oder gläubigerschädigenden Verhaltens und Ansprüche im Zusammenhang mit eigenkapitalersetzenden Darlehen, die der Gesellschaft von den Gesellschaftern oder unternehmerisch beteiligten Aktionären gewährt worden sind.

Der Insolvenzverwalter befindet außerdem über das Schicksal schwebender Vertragsbeziehungen und entscheidet, ob ein gegensei-

[33] Vgl die entspr Kritik bei: *Häsemeyer* (Fn 6), Rn 9.02.

tiger Vertrag, der im Zeitpunkt der Verfahrenseröffnung nicht oder noch nicht vollständig erfüllt worden ist, fortgeführt werden soll (§ 103 Abs 1 InsO). Nach hM führt die Eröffnung des Insolvenzverfahrens zunächst zum Untergang der Hauptleistungspflichten bei Fortbestand des Vertrages als Abwicklungsverhältnis mit Sekundäransprüchen; die Erfüllungswahl durch den Verwalter läßt die Hauptleistungspflichten sodann wieder entstehen.[34] Lehnt der Verwalter die Erfüllung ab, kann der Vertragspartner eine Forderung wegen Nichterfüllung nur als Insolvenzgläubiger geltend machen (§ 103 Abs 2 S 1 InsO).

Das Wahlrecht des Insolvenzverwalters ist an keine Frist gebunden. Fordert allerdings der Vertragspartner zur Ausübung des Wahlrechts auf, hat der Insolvenzverwalter unverzüglich zu erklären, ob er Erfüllung verlangt; unterläßt der Verwalter dies, kann er in der Folge nicht auf Erfüllung bestehen (§ 103 Abs 2 S 2 InsO). Dieser Grundsatz gilt jedoch nicht beim Kauf unter Eigentumsvorbehalt in der Insolvenz des Käufers; in diesem Fall hat der Insolvenzverwalter eine Entscheidung über die Fortführung des Kaufvertrages erst unverzüglich nach dem Berichtstermin zu treffen (§ 107 Abs 2 S 1 InsO). Für die Insolvenz des Verkäufers ist das Wahlrecht des Verwalters eingeschränkt; der Käufer kann die Erfüllung des Kaufvertrages verlangen (§ 107 Abs 1 S 1 InsO). Dem Käufer wird damit eine insolvenzfeste Anwartschaft am Vorbehaltsgut gewährt; der Insolvenzverwalter kann weder die Erfüllung des Kaufvertrages ablehnen, noch das Vorbehaltsgut zurückverlangen.

2. Das allgemeine Vollstreckungsverbot

Nach Eröffnung des Insolvenzverfahrens bleibt den Insolvenzgläubigern während der Dauer des gesamten Verfahrens verwehrt, in die Insolvenzmasse und das sonstige Vermögen des Schuldners zu vollstrecken (§ 89 Abs 1 InsO). Dieses umfassende Vollstreckungsverbot ist das Gegenstück zum Verfügungsverbot für den Schuldner und dient dem Schutz der insolvenzrechtlichen Haftungsabwicklung.

[34] *Pape* Ablehnung und Erfüllung schwebender Rechtsgeschäfte durch den Insolvenzverwalter, Rn 10ff mwN. AA aber: *Häsemeyer* (Fn 6), Rn 20.23; *Tintelnot*, in: Kübler/Prütting, Komm zur Insolvenzordnung, § 103 InsO Rn 8ff.

Ein Verstoß gegen das Vollstreckungsverbot führt zur Anfechtbarkeit der Vollstreckungsmaßnahme; die Pfandsache ist zwar wirksam öffentlich-rechtlich verstrickt, es entsteht aber kein Pfändungspfandrecht des Gläubigers.[35]

Das Vollstreckungsverbot für Gläubiger gilt ab dem Zeitpunkt der Eröffnung des Insolvenzverfahrens; zuvor erlangte Sicherungsrechte sind rechtsbeständig und können allenfalls im Wege der Insolvenzanfechtung rückgängig gemacht werden. In Anlehnung an die Rückschlagsperre der VerglO macht die Vorschrift des § 88 InsO hiervon aber eine Ausnahme: Hat ein Insolvenzgläubiger im letzten Monat vor dem Antrag auf Eröffnung des Insolvenzverfahrens oder nach diesem Antrag eine Sicherung an dem zur Insolvenzmasse gehörenden Vermögen des Schuldners durch Zwangsvollstreckung erlangt, wird diese Sicherung mit Eröffnung des Verfahrens unwirksam; ein entstandenes Pfändungspfandrecht erlischt.[36] (Diese Ausnahme erfaßt indes nicht die aus einem solchen Pfändungspfandrecht vor Verfahrenseröffnung erlangte Befriedigung und die rechtsgeschäftliche Bestellung einer Sicherheit.[37])

3. Die Insolvenzanfechtung

Die insolvenzrechtliche Haftungsordnung mit dem Grundsatz der Gläubigergleichbehandlung wird außerdem durch die Vorschriften zur Insolvenzanfechtung geschützt (§§ 129 ff InsO). Das Insolvenzanfechtungsrecht dient der Wiederherstellung des Bestandes des haftenden Schuldnervermögens durch Rückgängigmachung von Vermögensverschiebungen, die im Vorfeld der Insolvenz zum Nachteil der Gläubigergemeinschaft vorgenommen worden sind und die insolvenzrechtliche Haftungsabwicklung objektiv beeinträchtigen. Im Wege der Anfechtung werden die erlangten Vermögensvorteile den begünstigten Insolvenzgläubigern wieder entzogen. Die Erklärung der Anfechtung hat zwar keine dingliche Wirkung; gem § 143 Abs 1

[35] Dies ist unstr: *App*, in: Wimmer, Frankfurter Komm zur Insolvenzordnung, § 89 InsO Rn 15; *Eickmann*, in: *Eickmann ua* Heidelberger Komm zur Insolvenzordnung, § 89 InsO Rn 5; *Gerhardt* (Fn 18), Rn 47; *Landfermann* (Fn 32), Rn 35.
[36] Vgl: *Landfermann* (Fn 32), Rn 39.
[37] So der zutreffende Hinweis von: *Gerhardt* (Fn 18), Rn 48.

S 1 InsO besteht aber ein schuldrechtlicher Anspruch gegen den Anfechtungsgegner, wonach dieser das durch die anfechtbare Rechtshandlung aus dem Vermögen des Schuldners Erlangte zur Insolvenzmasse zurückgewähren muß.[38] Eine Anfechtung wird nicht dadurch ausgeschlossen, daß für die angefochtene Rechtshandlung ein vollstreckbarer Schuldtitel erlangt oder die Handlung durch eine Zwangsvollstreckung erwirkt worden ist (§ 141 InsO). Das Recht zur Insolvenzanfechtung steht nur dem Insolvenzverwalter zu (§ 129 Abs 1 InsO), im Falle der Anordnung der Eigenverwaltung nur dem Sachwalter (§ 280 InsO). Einzelne Gläubiger können die Rechte aus den §§ 129 ff InsO nicht geltend machen, da diese vorrangig die Gläubigergemeinschaft schützen sollen. (Eine Ausnahme hiervon macht § 313 Abs 2 S 1 InsO.)

Die bes Insolvenzanfechtung entspricht der Konkursanfechtung nach § 30 KO mit den Anfechtungstatbeständen der kongruenten und inkongruenten Deckung (§§ 130, 131 InsO) sowie der Anfechtung wegen unmittelbar nachteiliger Rechtsgeschäfte (§ 132 InsO). Bei kongruenter Deckung ist eine Anfechtung möglich, wenn der begünstigte Gläubiger in Kenntnis der Krise des Schuldners unmittelbar vor oder nach Eröffnung des Insolvenzverfahrens eine Befriedigung oder Sicherung erlangt hat (§ 130 Abs 1 InsO).[39] Bei inkongruenter Deckung sind Rechtshandlungen anfechtbar, wenn der Anfechtungsgegner die Befriedigung oder Sicherung nach dem zwischen ihm und dem Schuldner vereinbarten Schuldverhältnis nicht, nicht in dieser Art oder nicht zu dieser Zeit zu beanspruchen hatte (§ 131 Abs 1 InsO).[40] Der Auffangtatbestand des § 132 InsO erlaubt die Anfechtung von Rechtshandlungen, welche die Insolvenzgläubiger unmittelbar benachteiligen; er schützt die Gläubiger bereits vor Beschlagnahme der Insolvenzmasse.[41] Daneben treten die Anfechtungstatbestände wegen vorsätzlicher Benachteiligung gem § 133 InsO (Absichtsanfechtung, § 31 KO) und wegen unentgeltlicher Lei-

[38] Zur Rechtsnatur und zum Umfang dieses Rückgewähranspruchs: *Smid* (Fn 1), § 14 Rn 49 ff.

[39] Einzelheiten bei: *Henckel* Insolvenzanfechtung, Rn 19 ff.

[40] Einzelheiten bei: *Henckel* (Fn 39), Rn 31 ff.

[41] Vgl hierzu: *Häsemeyer* (Fn 6), Rn 21.66 ff, 21.72 ff.

stungen gem § 134 InsO (Schenkungsanfechtung, § 32 KO) sowie die Anfechtung nach § 135 InsO.

Eine Leistung des Schuldners, für die unmittelbar eine gleichwertige Gegenleistung in dessen Vermögen gelangt, ist gem § 142 InsO nur anfechtbar, wenn die Voraussetzungen der vorsätzlichen Benachteiligung iSd § 133 Abs 1 InsO vorliegen. Die Vorschrift des § 142 InsO entspricht dem Grundsatz, daß Bargeschäfte nicht der bes Insolvenzanfechtung unterfallen, wenn Leistung und Gegenleistung gleichwertig sind sowie ein enger zeitlicher Zusammenhang zwischen Leistungserbringung und Empfang der Gegenleistung besteht. Dies gilt auch für die Bestellung von Sicherheiten für einen in der Krise des Schuldners gewährten Sanierungskredit, wenn die Sicherheitenbestellung in einem engen zeitlichen Zusammenhang zur Kreditgewährung erfolgt.[42] Die Nachbesicherung für einen bereits gewährten Kredit unterliegt dessenungeachtet immer den Vorschriften zur Insolvenzanfechtung, und zwar selbst dann, wenn die nachträgliche Bestellung von Sicherheiten oder die Erweiterung bestellter Sicherheiten für einen bereits gewährten Kredit auf die allgem Geschäftsbedingungen der Banken und Sparkassen gestützt werden kann; denn die Nachbesicherung erfolgt in keinem Fall im zeitlichen Zusammenhang zur Kreditgewährung.[43]

IV. Die Rechtsstellung mobiliargesicherter Gläubiger

Die bish Rechtslage erlaubte mobiliargesicherten Gläubigern, Rechte aus Sicherheiten ohne Rücksicht auf die Bedürfnisse einer wirtschaftlich sinnvollen Verfahrensabwicklung auszuüben.[44] Wie der Gesetzgeber glaubt, ist dies Hauptursache für die Zerschlagungsautomatik des überkommenen Konkursrechts gewesen.[45] Nun werden die mobiliargesicherten Gläubiger in die gerichtliche Insolvenzabwicklung eingebunden, ohne in die Wertsubstanz der Kreditsicherheiten einzugreifen.[46] (Von den weitreichenden Plänen der

42 Einzelheiten bei: *Obermüller* Insolvenzrecht in der Bankpraxis, Rn 6.68 ff.

43 Ebenso: *Wittig* (Fn 17), Rn 110.

44 Dies kritisierte in der Vergangenheit ua auch: *Kilger* Referat, 39.

45 Allgem Begr zum RegEInsO, BT-Drs 12/2443 v 15. 4. 92, 87.

46 So jedenfalls die Einschätzung des Gesetzgebers; vgl hierzu die allgem Begr zum RegEInsO (Fn 45), 86.

Kommission für Insolvenzrecht, die das Recht der Mobiliarsicherheiten tiefgreifend verändert hätten, ist nicht mehr viel geblieben.[47]) Damit sollen möglichst günstige Verwertungsbedingungen geschaffen und die Sanierungschancen für fortführungswürdige Unternehmen verbessert werden. Dabei bestimmt sich der Umfang der wirtschaftlichen Einbindung danach, ob den mobiliargesicherten Gläubigern ein Aussonderungsrecht oder (nur) ein Anspruch auf abgesonderte Befriedigung zusteht. Während die Aussonderung die Grenzen der haftungsrechtlichen Vermögenszuweisung an alle Insolvenzgläubiger festlegt, regelt die Absonderung die Frage, unter welchen Voraussetzungen bestimmte Gläubiger wegen Vorzugsrechten auf den Verwertungserlös einzelner Gegenstände vom Grundsatz der Gläubigergleichbehandlung befreit werden.[48]

1. Gläubiger mit Aussonderungsrechten

Die bish Rechtslage für Aussonderungsrechte bleibt bestehen: Derjenige, der auf Grund eines dinglichen oder persönlichen Rechts geltend machen kann, daß ein Gegenstand nicht zur Insolvenzmasse gehört, darf vom Insolvenzverwalter auch künftig die Herausgabe des aussonderungsfähigen Gegenstandes nach den allgem Gesetzen verlangen (§ 47 InsO).

Allerdings ist beim Kauf unter Eigentumsvorbehalt die Vorschrift des § 107 InsO zu beachten, die das Wahlrecht des Insolvenzverwalters modifiziert. So gilt für die Insolvenz des Verkäufers § 107 Abs 1 S 1 InsO, wonach der Käufer auf Erfüllung des Kaufvertrages bestehen kann. Dem Käufer wird damit eine insolvenzfeste Anwartschaft am Vorbehaltsgut gewährt; der Insolvenzverwalter kann weder die Erfüllung des Kaufvertrages ablehnen, noch das Vorbehaltsgut zurückverlangen. Wird der Insolvenzverwalter vom Vertragspartner des Schuldners zur Ausübung des Wahlrechts aufgefordert, hat er seine Entscheidung über die Vertragsfortführung unverzüglich bekanntzugeben (§ 103 Abs 2 S 2 InsO). Dies gilt jedoch nicht in der Insolvenz des Vorbehalts-Käufers, denn der Insolvenzverwalter muß die Entscheidung über die Fortführung des Kaufvertrages in diesem

[47] Vgl die Zusammenfassung bei: *Eckardt, Dieter* ZIP 1999, 1734ff.
[48] S Kap 2, Abschn I, 3.

Fall erst unverzüglich nach dem Berichtstermin treffen (§ 107 Abs 2 S 1 InsO); damit bleibt dem Verkäufer der Zugriff auf die Sicherheit zunächst verwehrt. Der Grund für diese bes Regelung: Die unter Eigentumsvorbehalt gelieferten Gegenstände werden häufig nicht nur für eine zeitweilige Fortführung des schuldnerischen Geschäftsbetriebes, sondern darüber hinaus auch für eine erfolgreiche Unternehmenssanierung benötigt. (Dieser Gedanke scheint im übrigen nahezulegen, die Verlängerung der Frist zur Ausübung des Wahlrechts auf andere Vertragsarten auszudehnen, so zB auf Leasingverträge in der Insolvenz des Leasingnehmers.[49]) Der Insolvenzverwalter ist entspr § 172 Abs 1 InsO berechtigt, die unter Eigentumsvorbehalt gelieferte Sache bis zur Entscheidung über die Vertragsfortführung einstweilen zu verwenden.[50]

2. Absonderungsberechtigte Gläubiger

Absonderungsrechte sind die auf den Verwertungserlös gerichteten insolvenzfesten Vorzugsrechte an einzelnen Gegenständen, die haftungsrechtlich der Insolvenzmasse unterfallen. Nach § 166 Abs 1 InsO steht das Recht zur Verwertung dieser Gegenstände dem Insolvenzverwalter zu, soweit der Verwalter die Gegenstände nach Übernahme der Insolvenzmasse oder erzwungener Herausgabe in Besitz hat. Dieses Verwertungsrecht des Insolvenzverwalters dient nicht vorrangig dem Schutz des Schuldners vor dem Zugriff absonderungsberechtigter Gläubiger, sondern vor allem der Erhaltung des technisch-organisatorischen Verbundes des Schuldnervermögens. (Zu diesem Verbund gehören solche Gegenstände nicht, die sich bei Eröffnung des Insolvenzverfahrens nicht im unmittelbaren Besitz des Schuldners befinden; erklärt sich nämlich der Schuldner im Zuge der Bestellung einer Sicherheit zur Übertragung des Besitzes an den Sicherungsnehmer bereit, spricht eine Vermutung dafür, daß das Sicherungsgut nicht zur Fortführung des schuldnerischen Unternehmens erforderlich ist.[51]) Im Gegensatz hierzu ist der „automatic-

[49] Dafür spricht sich zB *Tintelnot* (Fn 34), Rn 72, aus. Die hM lehnt dies aber ab; so zB auch: *Obermüller/Livonius* DB 1995, 27, 28.

[50] Vgl: *Smid* BB 1999, 1, 6; *Wellensiek* Die Aufgaben des Insolvenzverwalters nach der Insolvenzordnung, Rn 38 f.

[51] Vgl hierzu die allgem Begr zum RegEInsO (Fn 45), 87 f; und: *Klasmeyer/Elsner/Ringstmeier* Ausgewählte Probleme bei der Verwertung von Mobiliarsicherheiten, Rn 15 f.

stay" nach § 362 (a) des US-amerikanischen Bankruptcy Code ein Werkzeug, das dem Schutz des Schuldners dient. Der allgem Verwertungsstopp verbietet den Gläubigern jedwede Tätigkeit zur Beitreibung ihrer Forderungen, unabhängig davon, ob das Verfahren vom Schuldner oder von einem Gläubiger eingeleitet wurde und welches Ziel (Liquidation nach Chapter 7, Reorganisation nach Chapter 11, Restschuldbefreiung nach Chapter 13) verfolgt wird.[52] Die Beschränkung ihrer Rechte müssen die Gläubiger ohne Entschädigung hinnehmen; sie können beim zuständigen Gericht allenfalls die Aufhebung des „automatic-stay" mit der Begründung verlangen, das Sicherungsgut werde für eine Reorganisation nicht benötigt.

Gläubiger, die ein Recht zur abgesonderten Befriedigung an einem Gegenstand der Insolvenzmasse geltend machen können, dürfen für die Dauer des Insolvenzverfahrens nicht auf ihre Sicherheiten zurückgreifen, wenn sich der Gegenstand im Besitz des Insolvenzverwalters befindet. Der Insolvenzverwalter hat dem absonderungsberechtigten Gläubiger jedoch auf Verlangen Auskunft über den Zustand der mit dem Absonderungsrecht belasteten Sache zu erteilen (§ 167 Abs 1 InsO).[53] Außerdem hat der Insolvenzverwalter über eine bevorstehende Verwertung zu informieren und dem absonderungsberechtigten Gläubiger die Gelegenheit zu geben, auf eine andere Verwertungsmöglichkeit hinzuweisen (§ 168 Abs 1 InsO); ggf ist dem absonderungsberechtigten Gläubiger der Selbsteintritt zu gewähren (§ 168 Abs 3 S 1 InsO). Benötigt und verwendet der Insolvenzverwalter die mit dem Absonderungsrecht belastete Sache bei der Fortführung des schuldnerischen Unternehmens, ist dem absonderungsberechtigten Gläubiger ein entstehender Wertverlust zu ersetzen (§ 172 Abs 1 InsO).

Dem absonderungsberechtigten Gläubiger steht der Verwertungserlös desjenigen Gegenstandes zu, der mit dem Absonderungsrecht belastet ist. Während nach der bish Rechtslage die Kosten von Feststellung und Verwertung der Sicherheit der Konkursmasse zur Last fielen und damit von der Gemeinschaft der nicht gesicherten Insol-

[52] Vgl hierzu: *Baird* The Elements of Bankruptcy, 193 ff.

[53] Zum Umfang dieses Auskunftsanspruchs: *Lwowski/Heyn* WM 1998, 473, 474 f.

venzgläubiger getragen wurden, sind aus dem Verwertungserlös nunmehr vorab die Feststellungs- und Verwertungskosten für die Insolvenzmasse zu entnehmen (§ 170 Abs 1 S 1 InsO), und zwar pauschal in Höhe von insg neun vH des Verwertungserlöses, zzgl der anfallenden Umsatzsteuer, soweit hierdurch die Masse belastet wird (§ 171 InsO).[54] Erst aus dem verbleibenden Betrag ist der absonderungsberechtigte Gläubiger zu befriedigen (§ 170 Abs 1 S 2 InsO).

Besitzlose Mobiliarsicherheiten sind also mit durchschnittlich einem Viertel ihres Wertes durch diesen Kostenbeitrag belastet. Dennoch ist der Kostenbeitrag kein „Sonderopfer“, das die Inhaber besitz- und publizitätsloser Mobiliarsicherheiten unberechtigterweise trifft.[55] Der Neuregelung liegt nämlich der zutreffende Gedanke zugrunde, daß diejenigen die Kosten von Feststellung und Verwertung der Sicherheiten zu tragen haben, zu deren Gunsten die Feststellung und Verwertung erfolgt. (Dessenungeachtet sind Zweifel angebracht, ob die Erhebung eines Kostenbeitrages das Problem der Massearmut zu lösen und/oder die Deckungsquote ungesicherter Gläubiger im Insolvenzverfahren zu erhöhen vermag.) Die absonderungsberechtigten Gläubiger erleiden durch die Erhebung des Kostenbeitrages gewiß keine schwerwiegende Beeinträchtigung ihrer wirtschaftlichen Position.[56] Denn der Gesetzgeber erlaubt ihnen, den durch den Kostenbeitrag verursachten Wertverlust ihrer Sicherheiten aufzufangen; die absonderungsberechtigten Gläubiger dürfen ihre Sicherheiten entweder so bemessen, daß der in einem Insolvenzverfahren anfallende Kostenbeitrag von der Sicherheit umfaßt wird, oder die Höhe des Kreditbetrages entspr anpassen.[57] Solch ein Ausgleich des Kostenbeitrages dürfte allerdings – zugleich – weitreichende Folgen für die Kreditversorgung kleiner und mittelständischer Unternehmen haben.[58] Eine Verkürzung der gesicherten Forderungen fände wegen der Übersicherung nämlich nicht statt; die gesicherten

[54] Zur Höhe des Kostenbeitrages vgl die Übersicht bei: *Wittig* (Fn 17), Rn 969.

[55] So aber: *Beuter* Insolvenzrechtsreform – Eine unendliche Geschichte, 3; *Drukarczyk* Unternehmen und Insolvenz, 222; *Smid* (Fn 1), § 12 Rn 3 ff.

[56] So aber unverständlicherweise die Einschätzung von: *Wittig* (Fn 17), Rn 955.

[57] Allgem Begr zum RegEInsO (Fn 45), 89, Begr zu § 195 RegEInsO (ebd), 181.

[58] So auch die Befürchtung von: *Beuter* (Fn 55); *Lwowski/Heyn* (Fn 53), 483; *Obermüller* ZKW 1993, 394, 396; *ders* WM 1994, 1869 ff; *Wittig* (Fn 17), Rn 962.

Gläubiger würden trotz Übernahme der Feststellungs- und Verwertungskosten in voller Höhe befriedigt. In diesem Fall wären es dann die Kreditnehmer, die über Zinszahlungen oder über die Gewährung zusätzlicher Sicherheiten die Feststellungs- und Verwertungskosten eines möglichen Insolvenzverfahrens zu tragen hätten.[59] (Stellte sich im übrigen noch die Frage, ob die Vereinbarung einer Übersicherung überhaupt der gerichtlichen Nachprüfung standhalten könnte.[60])

[59] Dies gibt auch *Gottwald* (Die Rechtsstellung dinglich gesicherter Gläubiger, 205) zu bedenken.

[60] Dieser Frage widmen sich ausführlich: *Gottwald/Adolphsen* Die Rechtsstellung dinglich gesicherter Gläubiger in der Insolvenzordnung, Rn 131 ff.

Kapitel 4: Im Vorfeld der Unternehmensinsolvenz

Unternehmenskrisen bilden das Vorfeld der Insolvenz. Die frühzeitige Erkennung finanzwirtschaftlicher Fehlentwicklungen mittels interner Frühwarnsysteme liegt deshalb immer im Interesse der geschäftsführenden Gesellschaftsorgane eines Unternehmens. Die Geschäftsführer einer GmbH und die Vorstandsmitglieder einer AG haben die Pflicht, sich stets über die genaue Vermögens-, Finanz- und Ertragslage der Gesellschaft zu informieren; in der Krise sind notwendige Sanierungsmaßnahmen rechtzeitig einzuleiten, bevor Zahlungsunfähigkeit oder Überschuldung eintritt. Die Unternehmenskrise führt zu Auszahlungsverboten und bes Handlungspflichten, wenn eine Unterbilanz vorliegt; bei Zahlungsunfähigkeit und/oder Überschuldung besteht schließlich die Pflicht der geschäftsführenden Gesellschaftsorgane, rechtzeitig einen Insolvenzantrag zu stellen. Dessenungeachtet hoffen auch die Gläubiger eines Unternehmens, die mögliche Gefahr einer Insolvenz auf Seiten des Schuldners frühzeitig zu erkennen, um ihr Kreditrisiko realistisch einschätzen, absichern und ggf begrenzen zu können. Sobald Anzeichen einer Krise auszumachen sind, werden die Gläubiger vom Schuldner den Nachweis erwarten, daß weder Zahlungsunfähigkeit noch Überschuldung vorliegt oder droht. In der Folge werden sie weitere Schritte in Erwägung ziehen, so auch die Stellung eines Insolvenzantrages.

I. Die Erkennung der Unternehmenskrise

Als Krise kann jede Situation bezeichnet werden, in welcher der Bestand eines Unternehmens gefährdet und dessen wirtschaftliche Existenz bedroht ist.[1] Eine Krise kann sich im Strategiebereich ankündigen, wenn zB Maßnahmen aus Gründen der Kostensenkung ergriffen werden, die in der Folge die Ertragslage des Unternehmens schwächen; eine sich anschließende Ertragskrise offenbart sich im Rechnungswesen und ist durch den (teilw) Verlust des Eigenkapitals gekennzeichnet. Unterbleiben Sanierungsmaßnahmen, kommt es

[1] Vgl hierzu: *Krystek* Unternehmenskrisen – Beschreibung, Vermeidung und Bewältigung, 6.

zur Liquiditätskrise; sodann droht Zahlungsunfähigkeit. Die Krise allein berechtigt die Gläubiger freilich nicht, einen Insolvenzantrag zu stellen; Voraussetzung hierfür ist stets, daß das schuldnerische Unternehmen zahlungsunfähig und/oder überschuldet ist. (Dem Schuldner steht es hingegen frei, bereits bei drohender Zahlungsunfähigkeit einen Eigenantrag zu stellen.[2])

1. Anzeichen einer Unternehmenskrise

Die Geschäftsführer einer GmbH und die Vorstandsmitglieder einer AG haben in den Angelegenheiten der Gesellschaft die Sorgfalt eines ordentlichen Geschäftsmannes anzuwenden (§§ 43 Abs 1 GmbHG, 93 Abs 1 S 1 AktG). Hieraus ergibt sich nach allgem Verständnis auch die Pflicht, stets über die genaue Vermögens-, Finanz- und Ertragslage des Unternehmens informiert zu sein. Deshalb ist ein leistungsfähiges System der Unternehmensüberwachung einzurichten, das den Geschäftsführern und Vorstandsmitgliedern erlaubt, eine (drohende) Krise frühzeitig zu erkennen und durch Einleitung geeigneter Maßnahmen zu vermeiden oder schnellstmöglich zu bewältigen, bevor es noch zum Eintritt von Zahlungsunfähigkeit und/oder Überschuldung kommt.[3] Diese Pflicht zur Unternehmensüberwachung und Krisenvorsorge ist für den Vorstand einer AG mittlerweile in § 91 Abs 2 AktG idF des Art 1 Nr 9 KonTraG gesetzlich verankert worden; die Erfüllung dieser Pflicht durch den Vorstand unterliegt der Kontrolle des Abschlußprüfers.[4]

Den Gläubigern ist der Zugang zu internen Informationen, auf deren Grundlage die geschäftsführenden Gesellschaftsorgane ihre Entscheidungen zu treffen pflegen, zumeist versperrt. Ihnen verbleibt in aller Regel nur die Möglichkeit, den Betrieb und das geschäftliche Umfeld des Schuldners zu beobachten sowie nach Anzeichen zu suchen, die für eine Unternehmenskrise und/oder eine drohende Insolvenz sprechen. Jahresabschluß und Lagebericht bilden dabei die Grundlage für die Beurteilung der wirtschaftlichen Situation des

2 S Kap 5, Abschn III, 2.

3 Vgl hierzu: *Scharpf* DB 1997, 737 ff.

4 Zur Ausstrahlungswirkung des § 91 Abs 2 AktG nF auf Gesellschaften anderer Rechtsformen: *Drygala/Drygala* ZIP 2000, 297 ff.

Unternehmens, wenn die gesetzlichen Vertreter einer Kapitalgesellschaft und eines Unternehmens, das unter § 1 Abs 1 PublizitätsG fällt, zur Offenlegung dieser Unterlagen verpflichtet sind (§§ 325 Abs 1 S 1 HGB, 9 Abs 1 S 1 PublizitätsG).

Die häufigsten Krisensymptome können sog Krisenkatalogen entnommen werden.[5] Wichtige Hinweise für das Vorliegen einer wirtschaftlichen Krise sind zB die Verschlechterung der Zahlungsweise, ein erhöhtes Kreditbedürfnis sowie sonstige erkennbare Veränderungen in der Struktur und im Geschäftsgebaren des Schuldners, im leistungswirtschaftlichen Bereich ein abnehmender Marktanteil oder ein rückläufiger Auftragseingang, im Personalbereich Arbeitsniederlegungen wegen Unzufriedenheit und/oder eine hohe Personalumschlagsrate, im produktionswirtschaftlichen Bereich die abnehmende Produktivität;[6] mit Verschärfung der Krise gibt es weitere Anzeichen aus dem betrieblichen Bereich des Unternehmens (wie zB der kurzfristige Austausch der Geschäftsführung). Im Einzelfall kann es für diese Anzeichen aber auch andere Ursachen geben als eine Krise und/oder eine drohende Insolvenz; nur mittels einer Gesamtbetrachtung aller verfügbaren Informationen ist also ein Rückschluß auf die wirtschaftliche Lage des schuldnerischen Unternehmens möglich. Selbst umfangreiche Krisenkataloge erlauben damit nicht immer die zuverlässige Vorhersage einer Insolvenz, sondern vermögen lediglich die Kreditwürdigkeitsprüfung auf Grundlage des Jahresabschlusses zu ergänzen.

Den Kreditinstituten ist es darüber hinaus in aller Regel möglich, aus der Kontoführung und/oder unmittelbar aus der Geschäftsbeziehung mit dem Kreditnehmer weitere Anzeichen für eine Krise und/oder eine drohende Insolvenz auszumachen, so zB den Rückgang des Kontoumsatzes, die angespannte Kontoführung mit Über-

[5] Vgl zB die durch die Schimmelpfeng GmbH veröffentlichte Liste über Frühsignale zum Erkennen von Insolvenzen; abgedr in: Aktuelle Beiträge über Insolvenzen – Berichte namhafter Sachkenner, Frühsignale und Schutzmaßnahmen, Konkursursachen sowie Zahlen, hrsg von: Schimmelpfeng GmbH, 2. Aufl, Frankfurt am Main 1977, 76f.

[6] Vgl außerdem die bei *Picot/Aleth* (Unternehmenskrise und Insolvenz, Rn 246) aufgeführten Krisensymptome.

ziehungstendenz, verspätete Zins- und/oder Tilgungsleistungen durch den Kreditnehmer, die Aufforderung des Kreditnehmers zur Freigabe von Sicherheiten, einen überraschenden Kreditbedarf und/oder die Nichtrückführung befristeter Zusatzkredite, verstärkte Wechsel- und Scheckproteste sowie Zahlungen an den Gerichtsvollzieher und andere Zwangsvollstreckungsmaßnahmen.[7] Im Einzelfall sind Kreditinstitute sogar verpflichtet, während der gesamten Laufzeit eines Kredites die wirtschaftlichen Verhältnisse des Kreditnehmers zu überwachen, insb durch Einsichtnahme in die Jahresabschlüsse, aus denen sich ua folgende Krisenanzeichen ergeben können: Rückgang des Investitionsgrades und der Forschungsintensität, Anwachsen der Vorratsbestände ohne gleichzeitige Ausweitung des Geschäftsvolumens, Eigenkapitalmangel und die Auflösung stiller Reserven oder deren Aufdeckung (zB durch sale-and-lease-back-Geschäfte).[8]

Financial Covenants haben als Krisenindikatoren keine eigenständige Bedeutung.[9] Sie bestehen aus Klauseln im Kreditvertrag, die dem Kreditnehmer bestimmte Handlungs- und Unterlassungspflichten auferlegen. In aller Regel werden diese Klauseln Mindestanforderungen an die Eigenkapitalausstattung, die Verschuldung, den Ertrag oder die Liquidität des Kreditnehmers stellen und diese Anforderungen in Form von Financial Ratios festlegen.[10] Die Vereinbarung solcher Financial Covenants mag zwar das Kreditrisiko des Kreditgebers teilw verringern, zumindest wenn deren Einhaltung tatsächlich überwacht wird. Da sich die Krise und/oder die drohende Insolvenz beim Kreditnehmer aber in gleicher Weise in der Verschlechterung der Kennzahlen niederschlagen dürfte, beschränkt sich die Bedeutung von Financial Covenants darauf, daß auf ein erkanntes Insolvenzrisiko schneller reagiert werden kann; sofern es die Kreditvereinbarung vorsieht, kann der Kreditgeber bei Bedarf eine Nachbesicherung verlangen, eine weitere Kreditauszahlung ver-

[7] Vgl: *Obermüller* Insolvenzrecht in der Bankpraxis, Rn 1.149.

[8] Vgl: *Wittig*, in: K. Schmidt/Uhlenbruck, Die GmbH in Krise, Sanierung und Insolvenz, Rn 24.

[9] So auch die Einschätzung von: *Obermüller* (Fn 7), Rn 1.154 a.

[10] Vgl hierzu: *Wittig* WM 1996, 1381 ff. Zur inhaltlichen Ausgestaltung von Financial Covenants: *ders* (Fn 8), Rn 32 ff, insb Rn 51.

weigern oder bereits gewährte Kredite vorzeitig fällig stellen. (Allerdings bestehen diese Rechte für Kreditinstitute bereits auf Grund der allgem Geschäftsbedingungen der Banken und Sparkassen.)

2. Der Jahresabschluß als Grundlage für die wirtschaftliche Beurteilung eines Unternehmens

Der Kaufmann hat für den Schluß eines jeden Geschäftsjahres einen das Verhältnis seines Vermögens und seiner Schulden darstellenden Abschluß (Bilanz, § 242 Abs 1 S 1 HGB) sowie eine Gegenüberstellung der Aufwendungen und Erträge des Geschäftsjahres (Gewinn- und Verlustrechnung, § 242 Abs 2 HGB) aufzustellen. Die Jahresbilanz als bes Form der Handelsbilanz sowie die Gewinn- und Verlustrechnung bilden den Jahresabschluß (§ 242 Abs 3 HGB), der bei der GmbH den Gesellschaftern und bei der AG dem Aufsichtsrat zur Feststellung und Prüfung vorzulegen ist (§§ 42 a Abs 1 S 1 GmbHG, 170 Abs 1 AktG); entspr gilt nach § 8 Abs 1 PublizitätsG bei Unternehmen, die gem § 1 Abs 1 PublizitätsG zur Rechnungslegung verpflichtet sind. Bei Kapitalgesellschaften ist der Jahresabschluß um einen Anhang zu erweitern, der mit der Bilanz und der Gewinn- und Verlustrechnung eine Einheit bildet; bei mittelgroßen und großen Kapitalgesellschaften ist zudem ein Lagebericht aufzustellen (§ 264 Abs 1 S 1 HGB). Der Inhalt des Jahresabschlusses bei Unternehmen, die gem § 1 Abs 1 PublizitätsG zur Rechnungslegung verpflichtet sind, richtet sich nach § 5 PublizitätsG, wonach im Einzelfall gleichermaßen Anhang und Lagebericht zu erstellen sind. Mittlerweile ist in Anpassung an international übliche Bilanzierungsregeln der Konzernabschluß börsennotierter Unternehmen um eine Kapitalflußrechnung und eine Segmentberichterstattung zu erweitern (§ 297 Abs 1 S 2 HGB nF). Die gesetzlichen Vertreter einer Kapitalgesellschaft haben den Jahresabschluß unverzüglich nach seiner Vorlage an die Gesellschafter, spätestens vor Ablauf des neunten Monats des dem Abschlußstichtag nachfolgenden Geschäftsjahres, mit dem Bestätigungsvermerk des Abschlußprüfers (oder dem Vermerk über die Versagung der Bestätigung) zum Handelsregister des Sitzes der Kapitalgesellschaft einzureichen (§ 325 Abs 1 S 1 HGB); entspr gilt für die gesetzlichen Vertreter eines Unternehmens, das gem § 1 Abs 1 PublizitätsG zur Rechnungslegung verpflichtet ist (§ 9 Abs 1 S 1 PublizitätsG).

Die Ansatz- und Bewertungsvorschriften für den Jahresabschluß ergeben sich aus den §§ 246ff, 252ff HGB. Der Jahresabschluß der Kapitalgesellschaft hat unter Beachtung der Grundsätze ordnungsmäßiger Buchführung ein den tatsächlichen Verhältnissen entspr Bild der Vermögens-, Finanz- und Ertragslage der Gesellschaft zu vermitteln (§ 264 Abs 2 S 1 HGB); führen bes Umstände dazu, daß der Jahresabschluß ein solches Bild nicht vermittelt, sind im Anhang zusätzliche Angaben zu machen (§ 264 Abs 2 S 2 HGB). Die stichtagsbezogene Jahresbilanz gibt Auskunft über die Vermögens- und Finanzlage des Unternehmens, also einerseits über die Vermögenswerte und Schuldposten nach Art, Form und Fristigkeit, andererseits über die Vermögensbindung und Fälligkeit der Schulden, die Liquidität und das finanzielle Gleichgewicht. Die periodenbezogene Gewinn- und Verlustrechnung gibt als Erfolgsrechnung Auskunft über die Art, die Höhe und die Quellen von Aufwand und Ertrag.[11] Der Anhang soll diese Aussagen ergänzen; deshalb sind solche Angaben in den Anhang aufzunehmen, die zu den einzelnen Posten der Bilanz oder der Gewinn- und Verlustrechnung vorgeschrieben oder im Anhang zu machen sind, weil sie in Ausübung eines Wahlrechts weder in der Bilanz noch in der Gewinn- und Verlustrechnung aufgenommen wurden (§ 284 Abs 1 S 1 HGB). Im Lagebericht sind der Geschäftsverlauf und die Lage der Kapitalgesellschaft so darzustellen, daß ein den tatsächlichen Verhältnissen entspr Bild vermittelt wird (§ 289 Abs 1, 1. Halbs HGB); der Lagebericht soll auf die voraussichtliche Entwicklung der Kapitalgesellschaft eingehen und bes Vorgänge schildern, die nach dem Schluß des Geschäftsjahres eingetreten sind (§ 289 Abs 2 Nr 1 und Nr 2 HGB). Im Lagebericht ist nunmehr auch auf die Risiken der künftigen Entwicklung einzugehen (§ 289 Abs 1, 2. Halbs HGB nF), so zB auf Projekt-, Markt-, Innovations-, Währungs- und Strukturrisiken; entspr gilt für den Konzernlagebericht (§ 315 Abs 1, 2. Halbs HGB nF).[12] Die Kapitalflußrechnung bildet die finanzwirtschaftliche Brücke zwischen zwei Jahresbilanzen;[13] aus ihr ergibt sich die periodenbezogene Herkunft

[11] Einzelheiten bei: *Coenenberg* Jahresabschluß und Jahresabschlußanalyse, 307ff.

[12] Zu diesem Themenkomplex: *Dörner/Bischof* WPg 1999, 445ff; *Remme/Theile* GmbHR 1998, 909, 910f.

[13] Vgl: *Coenenberg* (Fn 11), 623ff.

und Verwendung verschiedener liquiditätswirksamer Mittel wie Geld, Güter und Leistungen. Da der Gesetzgeber versäumt hat, die Merkmale der Kapitalflußrechnung näher zu umschreiben, ist auf die den einschlägigen internationalen Grundsätzen entspr Empfehlungen des Arbeitskreises „Finanzierungsrechnung" der Schmalenbach-Gesellschaft und des Instituts der Wirtschaftsprüfer zurückzugreifen.[14]

Die finanzwirtschaftliche Analyse der Jahresbilanz führt zur Gewinnung von Informationen über die Vermögens- und Kapitalstruktur sowie die (statische) Liquidität des Unternehmens; die Erkenntnisse über die finanzielle Stabilität sind zugleich Grundlage für die Analyse der Ertragskraft. Aufschluß über die Vermögensstruktur gibt zunächst das Verhältnis von Anlagevermögen zu Umlauf- oder Gesamtvermögen (sog Anlageintensität); der Vergleich der Bestände mit dem Geschäftsvolumen läßt erkennen, inwieweit die Änderung einzelner Vermögenspositionen auf wachsende oder schrumpfende Geschäftstätigkeit zurückzuführen ist.[15] Die Beurteilung des Finanzierungsrisikos erfordert die nähere Betrachtung der Kapitalstruktur des Unternehmens. Im Mittelpunkt dieser Analyse steht der Verschuldungsgrad, der seinerseits eine Aussage über die Solidität der Kapitalstruktur des Unternehmens zuläßt. Soweit auf Grundlage haftenden Eigenkapitals auch Fremdkapital in Form von Krediten aufgenommen wird, bestimmt sich die relative Höhe der Verschuldung am Verhältnis von Eigenkapital zu verzinslichem Fremdkapital (statischer Verschuldungsgrad I).[16] (Eine Finanzierung mit Fremdkapital bleibt sinnvoll, solange eine nachhaltige Gesamtkapitalrendite erzielt wird, die über dem Zinssatz des Fremdkapitals liegt; die auf das eingesetzte Eigenkapital erzielbare Rendite ist dann um so höher, je mehr sich das Unternehmen verschuldet. Diese Art der Finanzierung findet ihre krisenrelevante Grenze allerdings in einer unzureichenden Eigenkapitalquote bzw einem zu hohen Verschuldungsgrad.)

[14] Stellungnahme HFA 1/1995: Die Kapitalflußrechnung als Ergänzung des Jahres- und Konzernabschlusses – Gemeinsame Stellungnahme des Hauptfachausschusses und des Arbeitskreises „Finanzierungsrechnung" der Schmalenbach-Gesellschaft für Betriebswirtschaft e.V.; abgedr in: WPg 1995, 210ff.

[15] Vgl hierzu: *Coenenberg* (Fn 11), 587ff.

[16] Vgl: *Coenenberg* (Fn 11), 593ff.

Nach dem Grundsatz der Fristenkongruenz muß die Bindungsdauer der Vermögensteile den Fälligkeiten des Kapitals (also den Tilgungsfristen der Schulden) entsprechen; langfristig gebundenes (Anlage-) Vermögen, das im Rahmen normaler Geschäftstätigkeit abgeschrieben und sukzessive zu Geld wird, ist langfristig durch Eigen- und/ oder Fremdkapital zu finanzieren. Die Kapitalbindungsdauer des Vermögens sollte also nicht über den Zeitraum der Kapitalüberlassung hinausgehen.[17] Die aus der Bilanz ermittelten Liquiditätsgrade beschreiben die Liquidierbarkeit einzelner Vermögenspositionen, wobei eine Einteilung in „Liquidität 1./2./3. Grades/Ordnung" erfolgt, je nach Geschwindigkeit und Möglichkeit der Umwandlung der Vermögensgegenstände in Geld.[18] (Die Liquiditätsgrade geben allerdings keine Auskunft über die Zahlungsunfähigkeit des Schuldners, wie sie für die Stellung eines Insolvenzantrages von Bedeutung ist; die Liquidierbarkeit von Vermögensteilen sagt nämlich zunächst nichts darüber aus, ob der Schuldner in der Lage ist, die im Betrachtungszeitpunkt bereits fälligen oder innerhalb des Betrachtungszeitraums fällig werdenden Zahlungspflichten fristgerecht zu erfüllen.)

Die Kennzahlen der Gewinn- und Verlustrechnung dienen der Beurteilung von Zusammensetzung und Quellen des Unternehmensergebnisses.[19] Die beiden wichtigsten Kennzahlen der Gewinn- und Verlustrechnung sind der Cash-flow und die Umsatzrentabilität als Bestandteile eines umfassenden Kennzahlensystems, das der Rentabilitätsanalyse dient sowie das Ergebnis und andere Positionen (Zinsaufwand) aus der Gewinn- und Verlustrechnung mit der Kapitalseite der Bilanz in Beziehung setzt. Der Cash-flow ist Indikator für das Liquiditätspotential (Innenfinanzierungsspielraum) eines Unternehmens; er zeigt die betrieblichen Nettoeinzahlungen an, die unternehmerisch verwendet werden können. In seiner erfolgswirtschaftlichen Zusammensetzung gibt der Cash-flow auch Auskunft über das Verhältnis von Abschreibungen zu erzieltem Gewinn und über die Ertragskraft eines Unternehmens.[20]

17 Vgl: *Coenenberg* (Fn 11), 599 f.

18 Ausführlich hierzu: *Lücke* DB 1984, 2361 ff, 2420 ff; *Vormbaum* Liquidität, Sp 2608 ff.

19 Vgl: *Coenenberg* (Fn 11), 666 ff.

20 Weitere Einzelheiten bei: *Coenenberg* (Fn 11), 618 ff, 679 ff

3. Die Prüfung des Jahresabschlusses durch den Abschlußprüfer

Der Jahresabschluß und der Lagebericht von Kapitalgesellschaften, die nicht kleine iSd § 267 Abs 1 HGB sind, müssen durch einen Abschlußprüfer geprüft werden (§ 316 Abs 1 S 1 HGB); dies gilt auch für den Jahresabschluß und den Lagebericht eines Unternehmens, das gem § 1 Abs 1 PublizitätsG zur Rechnungslegung verpflichtet ist (§ 6 Abs 1 S 1 PublizitätsG). Hat keine Prüfung stattgefunden, kann der Jahresabschluß nicht festgestellt werden (§ 316 Abs 1 S 2 HGB). Bei Fehlen der Abschlußprüfung ist der Jahresabschluß einer AG (§ 256 Abs 1 Nr 2 AktG) und eines Unternehmens, das gem § 1 Abs 1 PublizitätsG zur Rechnungslegung verpflichtet ist (§ 10 S 1 Nr 1 PublizitätsG), ebenso nichtig wie der einer GmbH.

Mit dem Gesetz zur Kontrolle und Transparenz im Unternehmensbereich (KonTraG) wurde die Qualität der Abschlußprüfung verbessert: Die Anforderungen an den Inhalt der Abschlußprüfung und den Prüfungsbericht sind erhöht worden; die Abschlußprüfung soll nun stärker risiko- und problemorientiert durchgeführt werden. Der Abschlußprüfer hat außerdem die Stellungnahme des Vorstandes zur künftigen Entwicklung des Unternehmens zu beurteilen. Schließlich wurde die Prüfung des Lageberichts stärker an die Erwartungen der Öffentlichkeit angepaßt. Und mit den neuen Vorschriften zum Prüfungsbericht und zum Bestätigungsvermerk wird dem Informationsinteresse der Gesellschafter, Anleger und Gläubiger besser Rechnung getragen.

Gegenstand und Umfang der Abschlußprüfung sind umfassend neu geregelt (§ 317 HGB idF des Art 2 Nr 6 KonTraG) und um Sachverhalte erweitert worden, die dem Aufsichtsrat eine bessere Beurteilung der Vorstandstätigkeit ermöglichen sollen. Geprüft wird zunächst, ob die gesetzlichen Vorschriften und die ergänzenden Bestimmungen des Gesellschaftsvertrages oder der Satzung beachtet worden sind (§ 317 Abs 1 S 2 HGB); diese Prüfung ist gewissenhaft vorzunehmen, damit Unrichtigkeiten und Verstöße, die sich auf die Darstellung des sich nach § 264 Abs 2 S 1 HGB ergebenden Bildes der Vermögens-, Finanz- und Ertragslage des Unternehmens wesentlich auswirken, erkannt werden können (§ 317 Abs 1 S 3 HGB).

Außerdem wird geprüft, ob der Lagebericht ein zutreffendes Bild von der wirtschaftlichen Situation des Unternehmens vermittelt sowie mit dem Jahresabschluß und den sonstigen bei der Prüfung gewonnenen Erkenntnissen in Einklang steht (§ 317 Abs 2 S 1 HGB). Schließlich ist zu prüfen, ob die Risiken der künftigen Entwicklung zutreffend dargestellt sind, § 317 Abs 2 S 2 HGB. (Da es sich hierbei um eine zukunftsorientierte Einschätzung durch die Geschäftsführung handelt, muß sich der Abschlußprüfer darüber Gewißheit verschaffen, ob alle verfügbaren Informationen berücksichtigt wurden und die grundlegenden Annahmen realistisch sind;[21] eine eigene Prognose soll er nicht treffen.[22]) Soweit der Vorstand einer AG gem § 91 Abs 2 AktG nF verpflichtet ist, für ein angemessenes Risikomanagement und eine interne Revision zu sorgen, hat der Abschlußprüfer festzustellen, ob entspr Maßnahmen in geeigneter Form getroffen worden sind und das eingerichtete Überwachungssystem seine Aufgaben erfüllen kann (§ 317 Abs 4 HGB).

Der Abschlußprüfer muß gem § 321 Abs 1 S 1 HGB (idF des Art 2 Nr 9 KonTraG) über Art und Umfang sowie das Ergebnis der Prüfung schriftlich und mit der gebotenen Klarheit berichten; dabei ist der Prüfungsbericht so abzufassen, daß er auch von nicht sachverständigen Mitgliedern des Aufsichtsrates verstanden werden kann.[23] Im Prüfungsbericht hat der Abschlußprüfer zur Beurteilung der Unternehmenslage durch die gesetzlichen Vertreter Stellung zu nehmen, wobei insb auf den Fortbestand und die künftige Entwicklung des Unternehmens einzugehen ist, soweit die geprüften Unterlagen und der Lagebericht eine solche Einschätzung erlauben (§ 321 Abs 1 S 2 HGB). Stellt der Abschlußprüfer bei Wahrnehmung seiner Pflichten Unrichtigkeiten, Verstöße gegen gesetzliche Vorschriften oder Tatsachen fest, die den Bestand des Unternehmens gefährden oder seine Entwicklung wesentlich beeinträchtigen können, hat er dies im Prüfungsbericht zu erwähnen (§ 321 Abs 1 S 3 HGB). Aus Gründen der Übersichtlichkeit sind gem § 321 Abs 3 HGB in einem

[21] Begr zu Art 2 Nr 6 RegE KonTraG; abgedr bei: Ernst/Seibert/Stuckert, KonTraG – KapAEG – StückAG – EuroEG – Textausgabe mit Begründungen, 95.

[22] Begr zu Art 2 Nr 9 RegE KonTraG, (Fn 21), 102.

[23] Ebd, 101.

bes Abschn des Berichts Gegenstand, Art und Umfang der Prüfung zu erläutern. Das Ergebnis einer Beurteilung nach § 317 Abs 4 HGB ist gesondert darzustellen (§ 321 Abs 4 S 1 HGB); ggf ist darauf einzugehen, ob Maßnahmen erforderlich sind, um das interne Überwachungssystem zu verbessern (§ 321 Abs 4 S 2 HGB).

Nach § 322 Abs 1 S 1 HGB (idF des Art 2 Nr 10 KonTraG) hat der Abschlußprüfer das Ergebnis der Prüfung in einem Bestätigungsvermerk zum Jahresabschluß zusammenzufassen. Mit diesem Vermerk bestätigt der Abschlußprüfer, daß der Jahresabschluß formell ordnungsgem erstellt wurde; ein Urteil über die Qualität der wirtschaftlichen Verhältnisse des geprüften Unternehmens wird damit allerdings nicht getroffen.[24] Im Gegensatz zum Formeltestat des § 322 Abs 1 HGB aF sieht § 322 Abs 1 S 3 HGB nF (wegen der erweiterten Bestätigung) einen kürzeren Kernsatz für den Bestätigungsvermerk vor. Werden vom Abschlußprüfer keine Einwände gegen den Jahresabschluß erhoben, hat er zu erklären, daß die von ihm nach § 317 HGB durchgeführte Prüfung zu keinen Einwendungen geführt hat und der von den gesetzlichen Vertretern der Gesellschaft aufgestellte Jahresabschluß auf Grund der bei der Prüfung gewonnenen Erkenntnisse unter Beachtung der Grundsätze ordnungsmäßiger Buchführung ein den tatsächlichen Verhältnissen entspr Bild der Vermögens-, Finanz- und Ertragslage des Unternehmens vermittelt. Eine Beschränkung auf den Kernsatz des § 322 Abs 1 S 3 HGB ist nicht möglich, da der Bestätigungsvermerk gem § 322 Abs 1 S 2 HGB sowohl eine Beschreibung von Gegenstand, Art und Umfang der Prüfung als auch eine Beurteilung des Prüfungsergebnisses enthalten muß; auf Risiken, die den Fortbestand des Unternehmens gefährden, ist ebenfalls einzugehen (§ 322 Abs 2 S 2 HGB). Sind Einwendungen zu erheben, hat der Abschlußprüfer seine Erklärung nach § 322 Abs 1 S 3 HGB entweder einzuschränken oder zu versagen; er hat dies sodann zu begründen (§ 322 Abs 4 S 1 und S 3 HGB).

II. Der Eigenkapitalausweis in der Handelsbilanz

Das Eigenkapital umfaßt die von den Eigentümern ohne zeitliche Begrenzung zur Verfügung gestellten Mittel, die dem Unternehmen

[24] Zu dieser Problematik: *Erle* Der Bestätigungsvermerk des Abschlußprüfers, 126 ff.

durch Zuführung von außen oder durch Verzicht auf Gewinnausschüttung von innen zufließen.[25] Das gezeichnete Kapital ist der Teil des Eigenkapitals, auf den die Haftung der Gesellschafter für die Verbindlichkeiten der Kapitalgesellschaft gegenüber den Gläubigern beschränkt ist (§ 272 Abs 1 S 1 HGB); in der Bilanz entspricht das gezeichnete Kapital dem konstanten Eigenkapital, bei der AG also dem Grundkapital (§ 152 Abs 1 S 1 AktG) und bei der GmbH dem Stammkapital (§ 42 Abs 1 GmbHG). Der Umfang der Eigenkapitalausstattung bestimmt sich nach den Vorschriften zur Kapitalaufbringung, wonach ein einheitliches Mindeststammkapital für die GmbH und ein Mindestgrundkapital für die AG unabhängig von der Unternehmensgröße vorgeschrieben sind. Das einmal aufgebrachte Mindeststamm- und Mindestgrundkapital wird vor einer Verringerung durch Auszahlung und/oder Kapitalherabsetzung geschützt. Allerdings bietet das System des Garantiekapitals keinen Schutz gegen einen Vermögensverlust in sonstiger Weise, wie zB durch schlechten Geschäftsverlauf. Das Grund- und Stammkapital als konstanter Teil des Eigenkapitals ist dadurch gekennzeichnet, daß es in der Bilanz in seiner Höhe stets voll ausgewiesen wird und so lange unverändert bleibt, wie nicht durch die Hauptversammlung bei der AG und die Gesellschafterversammlung bei der GmbH eine Kapitalerhöhung oder Kapitalherabsetzung beschlossen wird.[26] Veränderungen des Eigenkapitals, die von innen durch Verluste oder durch nicht ausgeschüttete Gewinne bewirkt werden, sind in der Bilanz auf variablen Eigenkapitalkonten gesondert auszuweisen (Rücklagen, Gewinn- oder Verlustvortrag); der Bestand dieser Eigenkapitalkonten ändert sich entspr der Höhe des einbehaltenen Gewinns oder des erlittenen Verlustes.[27]

1. Die Eigenkapitalhöhe als Maßstab für die Insolvenzanfälligkeit eines Unternehmens

Das Eigenkapital hat die Funktion, Haftungsvermögen in der im Gesellschaftsvertrag vereinbarten Höhe zu binden.[28] Es ist einerseits

[25] Vgl: *Coenenberg* (Fn 11), 183.
[26] Einzelheiten bei: *Coenenberg* (Fn 11), 189 ff, 192 ff.
[27] Vgl: *Coenenberg* (Fn 11), 194 ff.
[28] Zu weiteren Funktionen des Eigenkapitals: *Roguschs* Mindesteigenkapital, Haftungsbeschränkung und Gläubigerschutz bei der GmbH, 234.

Liquiditätsgarant für die Gesellschaft, andererseits Verlustpuffer für die Forderungen der Gesellschaftsgläubiger. In seiner unmittelbaren Finanzierungs- und Haftungsfunktion wirkt das Eigenkapital insolvenzverzögernd, bestenfalls sogar insolvenzverhindernd; denn das Eigenkapital vermag etwaige Verluste aufzufangen und bietet damit Schutz vor dem Eintritt einer Überschuldung.[29] Die Gefährdung der Gläubigerforderungen erscheint deshalb um so geringer, je höher die Eigenkapitalausstattung des Unternehmens ist.

Das Interesse der Eigentümer an der ertragbringenden Fortführung des Unternehmens und das Vertrauen der Gläubiger in dessen Kreditwürdigkeit sind die Voraussetzungen einer angemessenen Außenfinanzierung. Die Ertragsfähigkeit ist Voraussetzung für die Erhaltung und Stärkung des Eigenkapitals; zugleich gewährleistet die Ertragsfähigkeit Innenfinanzierungskraft, da dem Unternehmen liquide Mittel aus seiner wirtschaftlichen Tätigkeit zur Verfügung stehen. Die erwirtschaftete Liquidität dient allerdings nicht als Reserve, sondern wird zu Auszahlungen im Umsatzprozeß, zur Schuldentilgung und zur Eigenkapitalausschüttung verwendet sowie im Investitionsbereich zur Vermögenserhaltung benötigt. Die Ertragskrise, die unter Schwächung der Innenfinanzierungskraft mit einer Auszehrung der Eigenkapitalbasis und des Vermögens verbunden ist, geht somit häufig dem Verlust der Kreditwürdigkeit und einer Liquiditätskrise voraus. Beide Arten von Krisen können aus einer strukturellen Krise hervorgehen und bilden das Vorfeld einer Insolvenz. Ein fortschreitender Eigenkapitalverlust zeigt die mangelnde Ertragsfähigkeit und damit die zunehmende Insolvenzanfälligkeit eines Unternehmens an. Die Ausstattung mit Eigenkapital, dessen Zusammensetzung und Entwicklung im Zeitablauf sowie der Anteil des Eigenkapitals am Gesamtkapital (Eigenkapitalquote) dienen der Beurteilung der Kreditwürdigkeit und der Bestandsfestigkeit bzw Insolvenzanfälligkeit eines Unternehmens. Denn wie sich zeigt, ist das Eigenkapital insolventer Unternehmen bereits in den Jahren vor Eintritt der Insolvenz in aller Regel unzureichend, stark rückläufig oder negativ.[30]

29 So auch die Einschätzung von: *Jährig ua* Handbuch des Kreditgeschäfts, 485.

30 Vgl hierzu: Deutsche Bundesbank, Untersuchung von Unternehmensinsolvenzen, abgedr in: Monatsberichte der Deutschen Bundesbank, Januar 1992, 33 ff.

Dessenungeachtet besteht eine Pflicht zur Ausstattung von Unternehmen mit Eigenkapital lediglich im Rahmen der Vorschriften zur Kapitalaufbringung, wonach ein Mindeststammkapital für die GmbH (§ 5 Abs 1 GmbHG) und ein Mindestgrundkapital für die AG (§§ 6 ff AktG) vorgeschrieben sind. Hieraus ergibt sich jedoch nicht die Pflicht, die Kapitalausstattung eines Unternehmens am tatsächlichen Bedarf auszurichten und dem jeweiligen Geschäftsumfang anzupassen. Vielmehr erlaubt der Grundsatz der Finanzierungsfreiheit den Gesellschaftern, über Art und Umfang der Finanzierung der Gesellschaft frei zu entscheiden; die Gesellschafter können die Höhe der Finanzausstattung (vorbehaltlich des gesetzlich und/oder satzungsmäßig vorgeschriebenen Haftungskapitals) frei bestimmen sowie die Art der Finanzausstattung wählen und entscheiden, ob der Gesellschaft Fremd- oder Eigenkapital zugeführt wird.[31] Allerdings sollte die Eigenkapitalausstattung stets so bemessen sein, daß das Eigenkapital zur Finanzierung notwendiger Maßnahmen der Krisenvermeidung und -bewältigung ausreicht. Mithin sollte sich die Höhe des Eigenkapitals an den Risiken des konkreten Marktumfeldes, dem in der Satzung festgelegten Tätigkeitsbereich und dem Geschäftsvolumen des Unternehmens orientieren.[32] Nach der vertikalen Kapitalstrukturregel wird eine Eigenkapitalquote von mindestens 33 bis 50 vH empfohlen; die durchschnittliche Eigenkapitalquote deutscher Unternehmen liegt indessen bei knapp 20 vH.[33] (Die geringe Eigenkapitalausstattung ist vor allem auf die steuerliche Privilegierung der Aufnahme von Fremdkapital zurückzuführen, die Zinszahlungen auf das Fremdkapital als absetzbare Betriebsausgaben zuläßt.)

Vor diesem Hintergrund erfordert es der Gläubigerschutz, die Grenze der Finanzierungsfreiheit dort zu ziehen, wo eine eindeutig unzureichende Kapitalausstattung von vornherein vorliegt oder später eintritt. Der Zustand der Unterkapitalisierung ist aus dem Mißverhältnis von Eigenkapital zu Geschäftsumfang, Anlagevermögen, Fremdkapital oder Geschäftsrisiko erkennbar. Die Unterkapitalisie-

[31] Zum Grundsatz der Finanzierungsfreiheit: *Hommelhoff*, in: von Gerkan/Hommelhoff, Handbuch des Kapitalersatzrechts, Rn 2.8 ff.

[32] Dieser Ansicht ist auch: *Wellensiek*, in: K. Schmidt/Uhlenbruck, Die GmbH in Krise, Sanierung und Insolvenz, Rn 192 f.

[33] Hierzu: *Wellensiek* (Fn 32), Rn 196 mwN.

rung läßt auf ein hohes Unternehmensrisiko und eine entspr Krisenanfälligkeit schließen. Allerdings begründet der Zustand der Unterkapitalisierung keinen allgem Haftungstatbestand;[34] nur in Ausnahmefällen besteht eine unmittelbare Außenhaftung der Gesellschafter, so zB bei offenkundigen Fällen des Mißbrauchs der Rechtsform der Kapitalgesellschaft oder bei bewußter Schädigung der Gläubiger.[35]

2. Die Unterbilanz als Auslöser von Auszahlungsverboten und Handlungspflichten

Die Gläubiger einer Kapitalgesellschaft sollen darüber hinaus darauf vertrauen können, daß das einmal aufgebrachte Grund- und Stammkapital erhalten bleibt und nicht durch Auszahlungen an die Gesellschafter, Aktionäre oder sonstige, der Gesellschaft nahestehende Personen geschmälert wird. Deshalb schützen bes Vorschriften zur Kapitalerhaltung das aufgebrachte Haftungskapital vor einer Verringerung durch Auszahlung und/oder Kapitalherabsetzung. Das Haftungskapital darf weder offen noch verdeckt an die Gesellschafter zurückfließen. (Lediglich die in einem ordnungsgem Verfahren festgestellten Reingewinne sind davon stets und weitere Leistungen im Rahmen des § 30 Abs 1 GmbHG dann ausgenommen, wenn sie nicht zu Lasten des Stamm- und Grundkapitals gehen.) Schutz gegen einen Vermögensverlust in sonstiger Weise (zB durch schlechten Geschäftsverlauf) vermag das System des Garantiekapitals allerdings nicht zu bieten. Auf jeden Fall führt aber eine Unternehmenskrise zu Auszahlungsverboten und bes Handlungspflichten, wenn eine Handelsbilanz zeigt, daß das Reinvermögen (also die Summe der Aktiva abzüglich der Gesamtschulden) geringer ist als das gezeichnete Kapital (also das Grundkapital bei der AG und das Stammkapital bei der GmbH). Eine solche Unterbilanz entsteht, wenn Verluste nach Aufzehrung des Gewinnvortrags nicht mehr durch Rücklagen kompensiert werden und das haftende Eigenkapital schmälern.

Kern der Kapitalerhaltungsregeln ist das Ausschüttungsverbot des § 30 Abs 1 GmbHG, wonach das zur Erhaltung des Stammkapitals erforderliche Vermögen der Gesellschaft nicht an die Gesellschafter

34 Dies ist hM: BGH ZIP 1999, 1263, 1265.
35 Zu dieser Problematik ausführlich: *Vonnemann* GmbHR 1992, 77ff.

ausgezahlt werden darf.[36] Ist das Stammkapital nicht mehr durch Eigenkapital gedeckt, oder entstünde eine solche Unterdeckung durch eine Auszahlung, besteht ein Auszahlungsverbot; wird diesem Verbot zuwider geleistet, ist das Empfangene der Gesellschaft zu erstatten (§ 31 Abs 1 GmbHG). (Den Aktionären einer AG dürfen ihre Einlagen gem § 57 Abs 1 S 1 AktG auf keinen Fall zurückgewährt werden, also nicht nur bei Vorliegen einer Unterbilanz; ist es dennoch zu einer Rückzahlung gekommen, haftet der Aktionär gem § 62 Abs 1 S 1 AktG.) Den Geschäftsführern, anderen gesetzlichen Vertretern, Prokuristen und zum gesamten Geschäftsbetrieb ermächtigten Handlungsbevollmächtigten darf kein Kredit aus dem zur Erhaltung des Stammkapitals erforderlichen Vermögen der Gesellschaft gewährt werden (§ 43 S 1 GmbHG); ein dennoch gewährter Kredit ist ohne Rücksicht auf entgegenstehende Vereinbarungen sofort zurückzugewähren (§ 43 S 2 GmbHG). Unter das Ausschüttungsverbot des § 30 Abs 1 GmbHG fallen aber nicht nur Geldleistungen, sondern Zuwendungen aller Art, wenn ihnen keine gleichwertige Gegenleistung gegenübersteht und sie eine Unterbilanz herbeiführen oder eine bereits bestehende vergrößern.[37] Deshalb ist auch die Gewährung eines Kredits untersagt, wenn kein vollwertiger Rückgewähranspruch gegen den Gesellschafter wegen Vermögenslosigkeit besteht.[38] (Vereinzelt wird dem Vermögensschutz des § 30 Abs 1 GmbHG auch ein Verbot der Entnahme existenznotwendiger Liquidität entnommen.[39] Dementspr soll die Kreditvergabe und -besicherung zugunsten zahlungsfähiger Gesellschafter nicht aus dem zur Erhaltung des Stammkapitals erforderlichen Vermögen erfolgen.[40])

Ist entgegen § 30 Abs 1 GmbHG eine Leistung an einen Gesellschafter erbracht worden, muß sie der Gesellschaft erstattet werden (§ 31 Abs 1 GmbHG). Die Geltendmachung dieses Rückzahlungsan-

[36] Vgl hierzu zB: *K. Schmidt* Gesellschaftsrecht, § 37 Abschn III.

[37] *Lutter/Hommelhoff* GmbH-Gesetz-Komm, § 30 GmbHG Rn 8.

[38] Zu weiteren Fällen verdeckter Gewinnausschüttung: *Hueck*, in: Baumbach/Hueck, § 29 GmbHG Rn 68 ff.

[39] Vgl zB: OLG Karlsruhe GmbHR 1998, 235.

[40] Zur Frage, ob dieser Liquiditätsschutz entspr § 30 GmbHG oder entspr § 43 a GmbHG besteht: *K. Schmidt*, in: K. Schmidt/Uhlenbruck, Die GmbH in Krise, Sanierung und Insolvenz, Rn 68 ff.

spruchs erfolgt durch die Geschäftsführer, im eröffneten Insolvenzverfahren durch den Insolvenzverwalter. War der Empfänger der Zuwendung gutgläubig, kann die Rückzahlung jedoch nur in der Höhe verlangt werden, wie das Geleistete zur Befriedigung der Gesellschaftsgläubiger benötigt wird (§ 31 Abs 2 GmbHG). Ist von dem Empfänger keine Rückzahlung zu erlangen, haften die übrigen Gesellschafter nach dem Verhältnis ihrer Geschäftsanteile für den zu erstattenden Betrag, soweit dieser zur Befriedigung der Gläubiger benötigt wird (§ 31 Abs 3 S 1 GmbHG).

Ein bes Fall der Unterbilanz liegt vor, wenn ein Verlust in Höhe der Hälfte des Stamm- oder Grundkapitals eingetreten ist; dann tritt ein Frühwarnmechanismus in Kraft, der die rechtzeitige Einleitung geeigneter Sanierungsmaßnahmen ermöglichen soll. Der Vorstand einer AG hat die Hauptversammlung unverzüglich einzuberufen und darüber zu informieren, daß ein Verlust in Höhe der Hälfte des Grundkapitals eingetreten ist (§ 92 Abs 1 AktG); entspr gilt für die Geschäftsführer einer GmbH und die Einberufung der Gesellschafterversammlung (§ 49 Abs 3 GmbHG). Diese Einberufungs- und Verlustanzeigepflicht besteht natürlich nicht nur, wenn eine aufgestellte Handelsbilanz einen solchen Verlust belegt, sondern auch dann, wenn die Geschäftsführer oder die Vorstandsmitglieder unabhängig vom Vorliegen einer solchen Bilanz von einem Verlust in dieser Höhe auszugehen haben.[41]

Ist das Eigenkapital der Gesellschaft durch Verluste sogar aufgebraucht und ergibt sich ein Überschuß der Passivposten über die Aktivposten, muß dieser Betrag gem § 268 Abs 3 HGB am Schluß der Bilanz auf der Aktivseite gesondert unter der Bezeichnung „Nicht durch Eigenkapital gedeckter Fehlbetrag" ausgewiesen werden. (Dieser Aktivposten stellt allerdings keinen Vermögensgegenstand dar, sondern ist als Korrekturposten zum Eigenkapital zu verstehen und dient der Vermeidung eines negativen Kapitalbetrages auf der Passivseite der Bilanz.) In diesem Fall liegt eine Überschuldung nach den Bilanzierungs- und Bewertungsgrundsätzen der Handelsbilanz vor. Diese handelsbilanzielle Überschuldung signalisiert zwar eine schwere Vermögenskrise des Unternehmens, ist aber von der Überschuldung

[41] Darauf verweist auch: *W. Müller* Unterbilanz und Überschuldung, Rn 9.

iSd § 19 InsO zu unterscheiden; nur letztere ist Eröffnungsgrund für das Insolvenzverfahren und wird mit Hilfe einer bes Überschuldungsbilanz festgestellt. Während die Handelsbilanz als Rechenschaftsbericht der Unternehmensführung der Befriedigung vielfältiger Informationsinteressen dient, liegt der Bewertungszweck der Überschuldungsbilanz allein darin, durch die Gegenüberstellung von Vermögen und bestehenden Verbindlichkeiten vor dem Hintergrund der bes Funktion der Überschuldung eine Aussage über den Gefährdungsgrad der Gläubigeransprüche zu treffen.[42] Der vollständige Verlust des Eigenkapitals in der Handelsbilanz führt also nicht zwangsläufig zur Eröffnung eines Insolvenzverfahrens.[43]

Gleichwohl eignet sich der Eigenkapitalausweis in der Handelsbilanz als Ausgangspunkt für eine bes Überschuldungsprüfung: Die Fortbestehensprognose als erste Stufe der (zweistufigen) Überschuldungsprüfung sollte nämlich vernünftigerweise dann erstellt (und in der Folge fortgeschrieben) werden, wenn eine Handelsbilanz zeigt (oder davon auszugehen ist), daß Verluste nach Aufzehrung des Gewinnvortrags nicht mehr durch Rücklagen kompensiert werden und das haftende Eigenkapital schmälern (Unterbilanz); spätestens ist diese Prognose jedenfalls dann vorzunehmen, wenn ein Verlust in Höhe der Hälfte des Stamm- oder Grundkapitals eingetreten ist und eine entspr Informationspflicht der Geschäftsführer und der Vorstandsmitglieder besteht.[44] (Eine Fortbestehensprognose ist also nicht erst zu erstellen, wenn eine Handelsbilanz zeigt, daß das Eigenkapital durch Verluste aufgezehrt ist.[45])

3. Die Bedeutung von eigenkapitalersetzenden Gesellschafterdarlehen

Der Gläubigerschutz macht es außerdem erforderlich, daß das Stammkapital der GmbH und das Grundkapital der AG aus Eigen-

42 S Kap 6, Abschn II, 1.

43 Anders beurteilen dies: *Bitz/Hemmerde/Rausch* Gesetzliche Regelungen und Reformvorschläge zum Gläubigerschutz, 388 f; *Drukarczyk/Schüler* Zahlungsunfähigkeit, drohende Zahlungsunfähigkeit und Überschuldung als Insolvenzauslöser, Rn 95 ff, 98.

44 Dem schließen sich *Lutter/Hommelhoff* (Fn 37), § 63 GmbHG Rn 12, an.

45 So aber: *Götz* ZInsO 2000, 77, 82 f; *Karollus* Die Fortbestehensprognose im Rahmen der Überschuldungsprüfung, 58; *Roth* GmbHR 1985, 137, 142.

mitteln erbracht werden und erhalten bleiben. Entschließt sich ein Gesellschafter dazu, die Gesellschaft durch Fremdkapital zu stützen, zB durch Gewährung eines Darlehens, ist diese Finanzierungsleistung entspr ihrer Funktion haftungsrechtlich dem Eigenkapital gleichzustellen, wenn sie zu einem Zeitpunkt erbracht wird, in dem der Gesellschaft hätte Eigenkapital zugeführt werden müssen. Der Grund für diese haftungsrechtliche Gleichstellung ist einfach: Beabsichtigen die Gesellschafter, die Gesellschaft auch während einer Unternehmenskrise fortzuführen und nicht zu liquidieren, ist die Zufuhr von Eigenkapital notwendig; bei Zufuhr von Fremdkapital besteht nämlich immer die Gefahr, daß die Gesellschafter noch vor Eröffnung eines Insolvenzverfahrens die gewährten Kredite der Gesellschaft durch Kündigung entziehen und die anderen Gesellschaftsgläubiger sodann mit ihren Forderungen ausfallen. Nach dem Prinzip der Finanzierungsfolgenverantwortung werden die Gesellschafter deshalb an die Folgen ihrer Finanzierungsentscheidung gebunden und kapitalersetzende Gesellschafterdarlehen den Regeln zum Eigenkapitalersatz unterworfen.[46] (Die Regeln zum Eigenkapitalersatz finden auch bei der AG Anwendung, wenn der Aktionär Einfluß auf die Leitung des Unternehmens nimmt, als Gesellschafter an der AG unternehmerisch beteiligt ist und nicht nur einen unerheblichen Teil des Grundkapitals, also weniger als 25 vH, hält.[47])

Eigenkapitalersatz ist also gewissermaßen erzwungenes Haftkapital; die von den Gesellschaftern als Fremdkapital gewährten Finanzmittel werden in funktionales Eigenkapital umgewandelt und sind in der Krise gebunden. Die Rückzahlung der Kreditmittel ist deshalb vor Eröffnung eines Insolvenzverfahrens nur in den Grenzen der Kapitalersatzregeln erlaubt. Da auf eigenkapitalersetzende Gesellschafterdarlehen die Grundsätze der §§ 30, 31 GmbHG analog anzuwenden sind, darf die Rückgewähr der Darlehen nicht aus dem zur

[46] Zum Prinzip der Finanzierungsfolgenverantwortung: *Hommelhoff* (Fn 31), Rn 2.20 ff; *Priester* Die Erhöhung des Stammkapitals mit kapitalersetzenden Gesellschafterdarlehen, 480 ff.

[47] Vgl hierzu: *Bayer*, in: von Gerkan/Hommelhoff, Handbuch des Kapitalersatzrechts, Rn 11.5 ff.

Erhaltung des Stammkapitals erforderlichen Vermögen erfolgen.[48] (Dies gilt sinngem auch bei der AG, wobei sich die Rechtsfolgen aus den §§ 57 Abs 1 S 1, 62 Abs 1 S 1 AktG ergeben.[49]) Das Darlehen darf allerdings in der Höhe, in der es nicht zur Auffüllung des Stamm- bzw Grundkapitals benötigt wird, an den Gesellschafter zurückgezahlt werden.[50] Schlußendlich kann in einem Insolvenzverfahren über das Vermögen der Gesellschaft der Anspruch auf Rückgewähr eines Darlehens nach § 32a Abs 1 GmbHG nF vom Gesellschafter nur als nachrangiger Insolvenzgläubiger geltend gemacht werden, wenn das Darlehen der Gesellschaft zu einem Zeitpunkt gewährt wurde, in dem die Gesellschafter als ordentliche Kaufleute Eigenkapital zugeführt hätten.

Gesellschafterdarlehen sind nicht erst dann als funktionales Eigenkapital zu behandeln, wenn die Gesellschaft zahlungsunfähig und/oder überschuldet ist, sondern bereits bei Vorliegen einer Unternehmenskrise. Die hM bejaht eine solche Krise, wenn das Unternehmen kreditunwürdig ist, und die Gesellschaft von dritter Seite einen zur Fortführung des Unternehmens benötigten Kredit nicht oder nicht zu den marktüblichen Bedingungen erhält und liquidiert werden müßte, würde nicht der Gesellschafter mit seiner Kapitalisierungsleistung einspringen.[51] Hierfür sollen zB folgende Anzeichen sprechen:[52] Die letzte Handesbilanz weist einen Verlust von mehr als der Hälfte des Stamm- oder Grundkapitals aus, und die Gesellschaft hat keine geschäftlichen Aktivitäten, die diesen Verlust ausgleichen; die Gesellschaft hat keine stillen Reserven, insb kein Grundvermögen, und langwährende Schwierigkeiten, die bestehenden Verbindlichkeiten zu erfüllen.

Demnach unterfallen den Regeln zum Eigenkapitalersatz zwangsläufig solche Kredite, die nach Eintritt der Insolvenz gewährt wer-

[48] Vgl: *Maser* ZIP 1995, 1319, 1320; *Weisang* WM 1997, 197, 198f.

[49] Zum Umfang der gem §§ 57 Abs 1 S 1, 62 Abs 1 S 1 AktG gewährten Kapitalersatzbindung: *Bayer* (Fn 47), Rn 11.36ff.

[50] Darauf macht *Maser* (Fn 48), 1321, aufmerksam.

[51] Vgl: BGH DB 1999, 1894; *Weisang* (Fn 48), 199f.

[52] Weitere Indizien bei: *Eilers/Wienands* GmbHR 1998, 618, 619; *Picot/Aleth* (Fn 6), Rn 26.

den, schließlich aber auch solche, die zu einem Zeitpunkt bereitgestellt werden, in dem die Gesellschaft als kreditunwürdig zu betrachten ist.[53] Ein vor Kriseneintritt gewährter Kredit unterfällt den Regeln zum Eigenkapitalersatz, wenn der Gesellschafter das gewährte Darlehen bei Eintritt der Krise stehenläßt, obwohl er das Darlehen von der Gesellschaft zurückfordern könnte.[54] (Letzterenfalls kann der Gesellschafter die Umqualifizierung der von ihm zur Verfügung gestellten Kreditmittel in Eigenkapital nur abwenden, wenn er die Kreditmittel durch Kündigung frühzeitig abzieht; Grund für eine außerordentliche Kündigung ist in diesem Fall die drohende Umwandlung in Eigenkapital.[55]) Für andere Rechtshandlungen eines Gesellschafters oder eines Dritten, die wirtschaftlich der Gewährung eines eigenkapitalersetzenden Gesellschafterdarlehens entsprechen, gelten die Vorschriften zum Eigenkapitalersatz sinngem (§ 32 a Abs 3 S 1 GmbHG).

Im Einzelfall sind auch Finanzplankredite nach Eintritt einer Krise gebunden. (Finanzplankredite sind langfristige Kapitalhilfen eines Gesellschafters, die zB im Rahmen einer Geschäftsausweitung oder im Zuge größerer Investitionsvorhaben der Ausstattung der Gesellschaft mit dem benötigten Betriebskapital dienen.) Nach den allgem Grundsätzen unterfallen Finanzplankredite nur dann den Regeln zum Eigenkapitalersatz, wenn sie zu Sanierungszwecken in der Krise der Gesellschaft gewährt oder nach Kriseneintritt stehengelassen werden.[56] Allerdings dürfte dies nur selten der Fall sein, denn Finanzplankredite werden in aller Regel innerhalb eines strategischen Finanzkonzepts gewährt, dienen also nicht der Bewältigung einer akuten Krise. Insofern sind Finanzplankredite auch nicht den eigenkapitalersetzenden Gesellschafterdarlehen gleichzustellen. Finanzplankredite sind jedoch gewillkürtes Haftkapital: Die auf Grund der Finanzplanvereinbarung gewährten Kreditmittel sind zwar als Fremd-

[53] Zu dieser Fallgruppe: *K. Schmidt*, in: Scholz, Komm zum GmbH-Gesetz, §§ 32 a, 32 b GmbHG Rn 39 ff.
[54] Einzelheiten bei: *Johlke*, in: von Gerkan/Hommelhoff, Handbuch des Kapitalersatzrechts, Rn 5.76 ff; *K. Schmidt* (Fn 53), Rn 48 ff.
[55] So: *Weisang* (Fn 48), 202.
[56] Dieser Ansicht ist: *K. Schmidt* ZIP 1999, 1241, 1250; kritisch: *Kallmeyer* GmbHR 1998, 307, 308.

kapital einzuordnen und sowohl in der Handelsbilanz als auch in der Überschuldungsbilanz als Verbindlichkeit der Gesellschaft zu passivieren. (Letzteres übrigens nicht, wenn ein wirksamer Rangrücktritt vereinbart wurde.[57]) Die Kreditmittel haben aber materiellen Eigenkapitalcharakter, weil sie von den Gesellschaftern wie eine Einlage betrachtet und behandelt werden.[58] Die Eigenkapitalähnlichkeit der Kreditmittel ergibt sich also aus der zugrundeliegenden Finanzplanvereinbarung, wenn die Finanzmittel den Gesellschaftsgläubigern wie Eigenkapital zur Verfügung stehen (sollen), wie zB bei einer langfristigen Überlassung der Kreditmittel und/oder beim Ausschluß eines Kündigungsrechts auf Seiten des kreditgewährenden Gesellschafters.[59] Hat der Gesellschafter in diesem Fall die Finanzmittel schon bereitgestellt, bleibt ihm sowohl in der Krise als auch in der Insolvenz der Gesellschaft die Geltendmachung eines Anspruchs auf Rückzahlung des Finanzplankredites verwehrt, solange nicht alle anderen Gesellschaftsgläubiger befriedigt worden sind; wurde der Kredit noch nicht gewährt, können die Kreditmittel auch noch in der Krise oder Insolvenz von der Gesellschaft eingefordert werden. (Letzterenfalls geht die Bindung der Finanzplankredite sogar weiter als beim Kapitalersatz, wo sich aus der zwangsweisen Umwandlung der Gesellschafterdarlehen in funktionales Eigenkapital lediglich ein Rückzahlungsverbot ergibt.)

Nach § 32 a Abs 3 S 2 GmbHG (idF des Art 2 Nr 1 KapAEG) gelten die Regeln über den Eigenkapitalersatz nicht für den nicht geschäftsführenden Gesellschafter, der mit zehn vH oder weniger am Stammkapital der Gesellschaft beteiligt ist. Die Privilegierung solcher Kleinbeteiligungen soll die Aufnahme von Gesellschafterdarlehen erleichtern, da jedenfalls diejenigen Gesellschafter nicht die Umwandlung von gewährten Darlehen in Eigenkapital zu befürchten haben, die nicht als Geschäftsführer tätig sind und keine mitunter-

57 S Kap 6, Abschn IV, 7.

58 Dies dürfte dem allgem Verständnis entsprechen: BGH ZIP 1999, 1263 ff; *Dauner-Lieb*, in: von Gerkan/Hommelhoff, Handbuch des Kapitalersatzrechts, Rn 9.2.

59 Weitere Einzelheiten bei: *Habersack* ZHR 1997, 457 ff; *Sieger/Aleth* GmbHR 2000, 462, 463 f; vgl auch noch: OLG Karlsruhe ZIP 1996, 918, 922 ff; *Oppenländer* GmbHR 1998, 505 ff.

nehmerische Verantwortung tragen, wenn ihre Beteiligung an der Gesellschaft geringfügig ist. Grund für diese Privilegierung ist, daß die Gesellschafter wegen ihrer geringfügigen Beteiligung nur eine untergeordnete Rolle innerhalb der Unternehmensführung spielen und deshalb keine Finanzierungsverantwortung gegenüber den Gläubigern der Gesellschaft zu tragen haben. (Die Privilegierung gilt auch für die Rechtsprechungsregeln, wonach die §§ 30, 31 GmbHG auf eigenkapitalersetzende Gesellschafterdarlehen analog anzuwenden sind.[60])

Der Anwendungsbereich der Eigenkapitalersatzregeln wird außerdem durch das Sanierungsprivileg des § 32 a Abs 3 S 3 GmbHG (idF des Art 10 KonTraG) eingeschränkt: Erwirbt ein Darlehensgeber in der Krise der Gesellschaft Geschäftsanteile zum Zwecke der Überwindung der Krise, führt dies für seine bestehenden oder neugewährten Kredite nicht zur Anwendung der Regeln über den Eigenkapitalersatz. Das Sanierungsprivileg soll die Bereitschaft der Kreditgeber erhöhen, zu einer Unternehmenssanierung durch Umwandlung von Forderungen in Eigenkapital beizutragen; es ermöglicht den Kreditgebern, sich in der Krise der Gesellschaft zu Sanierungszwecken am Unternehmen zu beteiligen und Anteile zu übernehmen, ohne eine Umwandlung bereits gewährter und in der Krise stehengelassener Altkredite oder neugewährter Sanierungskredite in Eigenkapital befürchten zu müssen, unabhängig davon, ob neue Geschäftsanteile aus einer Kapitalerhöhung gezeichnet oder bestehende Anteile von Alteigentümern übernommen werden.[61] Voraussetzung hierfür ist die Seriosität des Sanierungskonzepts, also die Ernsthaftigkeit und Durchführbarkeit der geplanten Sanierung.[62] (Gleiches soll im übrigen dann gelten, wenn ein Gläubiger die Geschäftsanteile auf Grund eines Insolvenzplans erwirbt.[63] Zwar bestimmt § 264 Abs 3 InsO, daß der Nachrang einer Forderung auf Rückgewähr eines kapitalersetzenden Gesellschafterdarlehens nicht durch die Aufnahme dieser Forderung in den Kreditrahmen eines Insolvenz-

60 Begr zu Art 2 Nr 1 KapAEG, (Fn 21), 158.

61 Vgl die Begr aus der Beschlußempfehlung und den Bericht des RAussch zu der im RegE KonTraG noch nicht enthaltenen Änderung, (Fn 21), 118 f.

62 Einzelheiten bei: *Casper/Ullrich* GmbHR 2000, 472, 474 ff.

63 Vgl: *Wittig* (Fn 8), Rn 355.

plans beseitigt werden kann; ob im Einzelfall überhaupt ein solches Darlehen vorliegt, richtet sich jedoch nach § 32 a GmbHG.[64])

Anders als die Privilegierung von Kleinbeteiligungen greift das Sanierungsprivileg unabhängig von der Höhe der Geschäftsanteile, solange die Geschäftsanteile in der Krise der Gesellschaft erworben werden. Das Sanierungsprivileg erlaubt also eine Beteiligung in Höhe von mehr als zehn vH bei der GmbH und 25 vH bei der AG. Besteht bereits vor der Krise eine Beteiligung des Kreditgebers, die gem § 32 a Abs 3 S 2 GmbHG privilegiert ist, fällt auch die Aufstockung dieser Kleinbeteiligung in der Krise über den Schwellenwert von 10 vH bei der GmbH (und 25 vH bei der AG) unter das Sanierungsprivileg.[65] Unterfallen aber gewährte Altkredite bereits dem Eigenkapitalersatzrecht, weil der Kreditgeber Geschäftsanteile nicht geringfügigen Ausmasses besitzt, gelten für alle Kredite in vollem Umfang die Kapitalersatzregeln, und zwar auch dann, wenn der Kreditgeber zusätzlich Neukredite in der Krise gewährt.[66]

Das Sanierungsprivileg schließt die betr Kreditmittel von den Kapitalersatzregeln für die Dauer derjenigen Krise der Gesellschaft aus, zu deren Beseitigung die Geschäftsanteile übernommen werden. Der Darlehensgeber wird also nicht auch in weiteren Krisensituationen der Gesellschaft privilegiert.[67] Der Grund der Privilegierung liegt nämlich im Erwerb von Geschäftsanteilen in der Krise der Gesellschaft zur Unterstützung einer (außergerichtlichen) Sanierung. Dies verdeutlicht bereits der Wortlaut des § 32 a Abs 3 S 3 GmbHG, denn der Anteilserwerb muß „zum Zweck der Überwindung der Krise" erfolgen. Dieser Zweck entfällt jedoch nach erfolgreicher Sanierung und Bewältigung der Krise, weshalb sodann kein Grund mehr be-

64 Darauf macht *Uhlenbruck* (in: K. Schmidt/Uhlenbruck, Die GmbH in Krise, Sanierung und Insolvenz, Rn 615) aufmerksam.

65 Vgl: *Wittig* (Fn 8), Rn 352.

66 Vgl die Begr aus der Beschlußempfehlung und den Bericht des RAussch zu der im RegE KonTraG noch nicht enthaltenen Änderung, (Fn 21), 119.

67 Diese Ansicht entspricht der hM: *Casper/Ullrich* (Fn 62), 480 f; *Dauner-Lieb* (Fn 58), Rn 4.60; *Dörrie* ZIP 1999, 12, 16; *Hirte* ZInsO 1998, 147, 151; *Pichler* WM 1999, 411, 418 f; *Picot/Aleth* (Fn 6), Rn 35; *K. Schmidt* (Fn 53), §§ 32 a, 32 b GmbHG Rn 200. AA sind aber: *Obermüller* ZInsO 1998, 51, 53; *Wittig* (Fn 8), Rn 354.

steht, den Kreditgeber gegenüber anderen Gesellschaftern zu privilegieren. Werden die Finanzmittel aus dem Sanierungskredit in einer sich anschließenden (zweiten) Krise stehengelassen, unterfallen sie den Kapitalersatzregeln nach den allgem Grundsätzen und werden ebenso in materielles Eigenkapital umgewandelt wie neugewährte Gesellschafterdarlehen. Andernfalls könnten einzelne Kreditgeber (insb die Hausbanken!) von Sanierungsversuchen im Vorfeld einer Krise absehen und den Erwerb von Geschäftsanteilen so lange hinausschieben, bis eine Krisensituation iSd § 32 a Abs 1 GmbHG unzweifelhaft vorliegt.[68]

[68] So auch die berechtigte Sorge von: *K. Schmidt* (Fn 40), Rn 94.

Kapitel 5: Die Zahlungsunfähigkeit

Die Zahlungsunfähigkeit ist allgem Eröffnungsgrund für das Insolvenzverfahren und gilt als Insolvenztatbestand für alle Schuldner (§ 17 Abs 1 InsO). Auch bei denjenigen Schuldnern, die zugleich unter den Anwendungsbereich des Überschuldungstatbestandes fallen, erfordert der Gläubigerantrag nur einen (einzigen) Eröffnungsgrund; Zahlungsunfähigkeit und Überschuldung rechtfertigen also jeweils allein die Eröffnung eines Insolvenzverfahrens. In der Praxis dient die Zahlungsunfähigkeit überwiegend der Begründung und Begrenzung von Insolvenzanträgen der Gläubiger; dabei ist die offenkundige Zahlungseinstellung in aller Regel Ausgangspunkt für die Antragstellung der Gläubiger, zumal sie die Zahlungsunfähigkeit des Schuldners vermuten läßt (§ 17 Abs 2 S 2 InsO). Der Eröffnungsgrund der drohenden Zahlungsunfähigkeit (§ 18 Abs 1 InsO) begründet und begrenzt Eigenanträge des Schuldners, mit denen ein Insolvenzverfahren frühzeitig, also noch vor Eintritt der Zahlungsunfähigkeit und/oder der Überschuldung, eingeleitet werden soll. Somit hat der Schuldner bis zum Eintritt der Insolvenzreife zunächst einmal die Wahl, entweder eine außergerichtliche Sanierung durchzuführen, oder die Eröffnung des Insolvenzverfahrens wegen drohender Zahlungsunfähigkeit zu beantragen. Der Schuldner wird bei drohender Zahlungsunfähigkeit gleichwohl nur geneigt sein, einen Insolvenzantrag zu stellen, wenn er ein bes Interesse an der frühzeitigen Eröffnung des Insolvenzverfahrens zu haben glaubt. Der Eröffnungsgrund der drohenden Zahlungsunfähigkeit bezieht sich damit auf ein vom Schuldner eingeleitetes gerichtliches Sanierungsverfahren und erlangt außerdem Bedeutung für die Verbraucherinsolvenz im Hinblick auf die Möglichkeit einer Restschuldbefreiung. Die Insolvenztatbestände der Zahlungsunfähigkeit und der Überschuldung entfalten ihren Sinn dagegen in einem auf Liquidation gerichteten Verfahren, worin versucht wird, das Schuldnervermögen bestmöglich zu verwerten.

I. Der Eröffnungsgrund der Zahlungsunfähigkeit

Die Zahlungsunfähigkeit ist gem § 17 Abs 1 InsO allgem Eröffnungsgrund für Insolvenzverfahren über das Vermögen natürlicher oder juristischer Personen, über das Vermögen von Gesellschaften ohne Rechtspersönlichkeit und das gemeinschaftlich verwaltete Gesamtgut einer Gütergemeinschaft (§ 333 Abs 1, Abs 2 InsO); anders als bish ist nicht mehr nur die Überschuldung Eröffnungsgrund für das Insolvenzverfahren über den Nachlaß und das Gesamtgut einer fortgesetzten Gütergemeinschaft (§§ 215, 236 KO), sondern auch die Zahlungsunfähigkeit (§§ 320 Satz 1 InsO, 332 Abs 1 InsO), im Falle des Eigenantrages sogar die drohende Zahlungsunfähigkeit (§§ 320 Satz 2 InsO, 332 Abs 1 InsO).

Der Insolvenztatbestand der Zahlungsunfähigkeit beschreibt den Zustand des Schuldners am Ende einer wirtschaftlichen Abwärtsentwicklung und bestimmt den Zeitpunkt, zu dem der Schuldner seine fälligen Zahlungspflichten nicht mehr erfüllen kann (§ 17 Abs 2 S 1 InsO). Die Zahlungsunfähigkeit zeigt damit die unmittelbare Gefährdung von Gläubigeransprüchen im spätest möglichen Zeitpunkt an.[1] Dennoch erkennen die Gläubiger den Eintritt einer Zahlungsunfähigkeit nicht sofort, sondern in aller Regel erst, wenn der Schuldner die Zahlungen tatsächlich eingestellt hat. (Deshalb dürften Zahlungsschwierigkeiten im Wege der Kapitalaufnahme durch Überbeleihung – kurzfristig – abzuwenden sein.) Die Bedeutung des Insolvenztatbestandes der Zahlungsunfähigkeit erschöpft sich also darin, Symptom mangelnden Schuldendeckungspotentials zu sein.[2]

Gleichwohl setzt die Zahlungsunfähigkeit keine Überschuldung voraus. Zahlungsunfähigkeit ist nämlich auch dann zu bejahen, wenn das Vermögen die bestehenden Verbindlichkeiten deckt, die Aktivposten aber nicht liquidiert werden können oder sollen; dann stehen auch keine entspr Verwertungserlöse zur Erfüllung der (fälligen)

1 Diese Feststellung entspricht dem allgem Verständnis; vgl zB: *Haas* Die Eröffnungsgründe: Zahlungsunfähigkeit, drohende Zahlungsunfähigkeit, Überschuldung, 27; *M. Kühn* Insolvenzindikatoren und Unternehmenskrise, 117f; *K. Schmidt* AG 1978, 334, 335.

2 So auch das ernüchternde Fazit von: *Bitz/Hemmerde/Rausch* Gesetzliche Regelungen und Reformvorschläge zum Gläubigerschutz, 313f; *Burger/Buchhart* WPg 1999, 155 , 162; *M. Kühn* Insolvenzindikatoren und Unternehmenskrise, 118; *K. Schmidt* Unternehmenskonkurs – Unternehmensträgerkonkurs – Gesellschafterkonkurs, 262f.

Zahlungspflichten zur Verfügung.[3] Zunächst mag es überraschen, in diesem Fall die Gläubiger nicht auf den Weg der Einzelzwangsvollstreckung zu verweisen. Allerdings sind die Gläubigeransprüche ja auch dann unmittelbar gefährdet, wenn der Schuldner nicht (mehr) in der Lage ist, seinen gegenwärtigen Zahlungspflichten fristgerecht nachzukommen, also zahlungsunfähig ist; und dies gilt unabhängig von der Aussage einer bes Überschuldungsbilanz! Andererseits können Maßnahmen, welche der Vermeidung der Zahlungsunfähigkeit dienen, zum Eintritt einer Überschuldung führen. So mag die Veräußerung von Vermögenswerten zwar durchaus Liquiditätsengpässe – kurzfristig – beseitigen; sofern die so geschaffene Liquidität jedoch nicht vollständig zur Schuldenreduzierung verwendet wird, sondern auch zur Deckung laufender Ausgaben, verschlechtert sich das Verhältnis zwischen Vermögen und Schulden. In der Folge kann es zum Eintritt einer Überschuldung kommen. (Im übrigen sind die veräußerten Vermögensgegenstände ggf betriebsnotwendig!)

II. Die Tatbestandsmerkmale der Zahlungsunfähigkeit

Die Rspr bezeichnete die Zahlungsunfähigkeit bislang als das auf dem Mangel an Zahlungsmitteln beruhende dauernde Unvermögen des Schuldners, seine sofort zu erfüllenden und ernsthaft eingeforderten Geldschulden im wesentlichen zu berichtigen.[4] Nunmehr sieht § 17 Abs 2 S 1 InsO vor, daß der Schuldner zahlungsunfähig ist, wenn er nicht in der Lage ist, seine fälligen Zahlungspflichten zu erfüllen. Der Gesetzgeber verzichtet also auf die Tatbestandsmerkmale der Dauer und der Wesentlichkeit und verspricht sich hiervon rechtzeitige Insolvenzanträge. Einerseits soll der bisherigen Neigung entgegengewirkt werden, den Begriff der Zahlungsunfähigkeit übermäßig einschränkend auszulegen; andererseits werden die (verbleibenden) Merkmale der Zahlungsunfähigkeit im Interesse der Rechtsklarheit tatbestandlich festgelegt. Dies erscheint vor dem Hintergrund des andauernden Streites über die Auslegung gerade dieser beiden Tatbestandsmerkmale durchaus sinnvoll. Gleichwohl

[3] Vgl hierzu: *Stree*, in: Schönke/Schröder, Strafgesetzbuch-Komm, § 283 StGB Rn 52; *Temme* Die Eröffnungsgründe der Insolvenzordnung, 122 f; *Uhlenbruck* Insolvenzrecht, Rn 394.

[4] Statt vieler: BGH KTS 1957, 12 ff; OLG Düsseldorf DB 1998, 1856.

bedarf der Begriff der Zahlungsunfähigkeit auch weiterhin der Auslegung, zumal der Gesetzgeber seinem Verständnis der Zahlungsunfähigkeit die Definition zugrundelegt, die bislang Rspr und Literatur geprägt hat.[5]

1. Die Ursache des Zahlungsunvermögens

Während nach dem bish Verständnis das Unvermögen des Schuldners auf einem Mangel an Zahlungsmitteln beruhen mußte, benennt § 17 Abs 2 S 1 InsO die Ursache der Zahlungsunfähigkeit nicht mehr. In der Sache selbst besteht aber kein Unterschied: Für die Nichterfüllung von Zahlungspflichten mögen im Einzelfall auch andere Gründe (wie zB Zahlungsunwilligkeit oder Krankheit des Schuldners) ursächlich sein, von insolvenzrechtlicher Bedeutung sind sie allerdings nicht; die Gläubiger sind in diesen Fällen vielmehr auf die Einzelzwangsvollstreckung zu verweisen. Stellt also ein Gläubiger Insolvenzantrag, rechtfertigt allein die materielle Insolvenz des Schuldners die Einleitung der gerichtlichen Insolvenzabwicklung. Die Ursache der Zahlungsunfähigkeit muß deshalb stets im Mangel an Zahlungsmitteln liegen.[6]

2. Der Zahlungsmittelbegriff

Bei der Zahlungsunfähigkeit iSd § 17 Abs 2 S 1 InsO kommt es auf die Unfähigkeit des Schuldners an, die zu einem bestimmten Zeitpunkt fälligen Zahlungspflichten erfüllen zu können; nach allgem Verständnis geht es um die Liquidität als Eigenschaft von Wirtschaftssubjekten.[7] Die Frage der Liquidität ist deshalb unabhängig davon zu beantworten, ob und in welchem Umfang Vermögensge-

[5] Vgl die Begr zu den §§ 20, 21 RegEInsO, BT-Drs 12/2443 v 15. 4. 92, 114.

[6] Dies ist hM: *Haas* (Fn 1), 4; *Häsemeyer* Insolvenzrecht, Rn 7.18; *Kuhn/Uhlenbruck* Konkursordnung-Komm, § 102 KO Rn 2; *Uhlenbruck*, in: K. Schmidt/Uhlenbruck, Die GmbH in Krise, Sanierung und Insolvenz, Rn 565; *Temme* (Fn 3), 10ff.

[7] *Arians* Sonderbilanzen, 171; *Drukarczyk* Unternehmen und Insolvenz, 74; *Jäger* BB 1997, 1575; *Kirchhof*, in: *Eickmann ua* Heidelberger Komm zur Insolvenzordnung, § 17 InsO Rn 6; *Temme* (Fn 3), 16; *Uhlenbruck* (Fn 3), Rn 389; *Ulmer*, in: Ulmer, Hachenburg – Großkomm zum GmbHG, § 63 GmbHG Rn 19; *Veit* ZIP 1982, 273.

genstände des Schuldners liquidierbar sind;[8] fällige Zahlungspflichten können nämlich nur durch solche Mittel beglichen werden, die sofort abrufbar sind.[9] Zahlungsmittel sind somit der Bargeldbestand und Guthaben bei Kreditinstituten sowie Wechsel und Schecks, außerdem Kredite, soweit diese sofort abrufbar sind.[10] (Auch Kredit ist Geld und damit Liquidität.[11])

3. Die Fälligkeit der Zahlungspflichten

Wie § 17 Abs 2 S 1 verdeutlicht, sind bei der Ermittlung der Zahlungsunfähigkeit allein Geldverbindlichkeiten zu berücksichtigen; die Unfähigkeit des Schuldners, Lieferverpflichtungen zu erfüllen, ist unbeachtlich.[12] Die Zahlungspflichten des Schuldners haben im Zeitpunkt der Ermittlung der Zahlungsunfähigkeit fällig zu sein. Dies galt im übrigen auch nach dem bish Verständnis; gleichwohl meinte *Oetker*, ein Schuldner sei schon „heute" zahlungsunfähig, wenn er die Mittel nicht besitze und sich nicht zu verschaffen vermöge, um eine „morgen" fällige Schuld zu bezahlen.[13] Dementspr bedürfte es auch der Einbeziehung der im Zeitpunkt der Liquiditätsbetrachtung noch nicht fälligen Zahlungspflichten des Schuldners; insoweit würde nicht nur eine (stichtagsbezogene) „Zeitpunkt-Illiquidität" geprüft, sondern vielmehr eine (zukunftsorientierte) „Zeitraum-Illiquidität".[14] Dessenungeachtet sieht § 17 Abs 2 S 1 InsO vor, daß bei Ermittlung der Zahlungsunfähigkeit ausschließlich die im Prüfungszeitpunkt bereits fälligen Zahlungspflichten des Schuldners zu berücksichtigen sind; die Frage der Erfüllbarkeit der im Be-

[8] AA: Kommission Rechnungswesen im Verband der Hochschullehrer für Betriebswirtschaft eV, Stellungnahme zu einem vorbeugenden Sanierungsverfahren und zur Definition des Konkursgrundes der Zahlungsunfähigkeit, abgedr in: DBW 1981, 285 ff, 288.

[9] Ebenso: *Haas* (Fn 1), 5; *Jäger* (Fn 7), 1576; *Temme* (Fn 3), 16 f.

[10] Vgl: *Bork* Einführung in das neue Insolvenzrecht, Rn 85.

[11] Vgl: *Steiner* BFuP 1986, 420, 427.

[12] Dies ist hM: *Haas* (Fn 1), 5. AA nur: *Rowedder*, in: *Rowedder ua* GmbHG-Komm, § 63 GmbHG Rn 4.

[13] *Oetker* Konkursrechtliche Grundbegriffe, 180.

[14] Dieses Verständnis der Zahlungsunfähigkeit vertraten in der Vergangenheit: *Kuhn/Uhlenbruck* (Fn 6), Rn 2 c; *Sprung/Schumacher* JBl 1978, 122, 129.

trachtungszeitpunkt noch nicht fälligen Zahlungspflichten bleibt der Prüfung drohender Zahlungsunfähigkeit vorbehalten.[15]

Die fälligen Zahlungspflichten müssen durch die Gläubiger nicht ernsthaft und dringend eingefordert werden:[16] Zwar werden nicht alle fälligen Forderungen auch ernsthaft eingefordert; entscheidend ist aber, daß die Zahlungsunfähigkeit ein objektiver Zustand ist, der durch das Verhältnis verfügbarer Mittel zu den bestehenden und fälligen Zahlungspflichten bestimmt wird. (Ein Insolvenztatbestand der Zahlungsunfähigkeit, der nicht sämtliche fälligen Zahlungspflichten berücksichtigte, spiegelte die mögliche Gefährdung der Gläubigeransprüche nur unvollkommen wider.[17]) Unterschiede zur bish Konkurspraxis dürften sich deshalb jedoch nicht ergeben, diente doch das Merkmal der ernstlichen Einforderung bislang dazu, jene Forderungen aus der Prüfung der Zahlungsunfähigkeit auszuklammern, die ausdrücklich oder konkludent gestundet wurden.[18] (Nicht eingefordert sind Ansprüche jedenfalls dann, wenn eine Stundung vereinbart wurde; allerdings wird in diesem Fall auch der Fälligkeitszeitpunkt der Forderung hinausgeschoben, so daß dem Merkmal der ernstlichen Einforderung ohnehin keine selbständige Bedeutung zukommt.) Entspr gilt, wenn der Gläubiger stillhält, also die Begleichung seiner Forderungen nach Eintritt der Fälligkeit nicht nochmals durch schriftliche oder mündliche Mahnung vom Schuldner verlangt; auch dann ist nicht davon auszugehen, daß der Gläubiger beabsichtigt, dem Schuldner die Forderung zu stunden.[19]

15 S Abschn III, 1.

16 Dieser Ansicht sind auch: *Drukarczyk/Schüler* Zahlungsunfähigkeit, drohende Zahlungsunfähigkeit und Überschuldung als Insolvenzauslöser, Rn 20; *Pape*, in: Kübler/Prütting, Komm zur Insolvenzordnung, § 17 InsO Rn 6; *Temme* (Fn 3), 24; aA aber: *Kirchhof* Die Zahlungseinstellung nach § 17 Abs. 2 Satz 2 InsO, Rn 11.

17 So auch: *Haas* (Fn 1), 6.

18 Dies war aber auch unter Geltung der KO nicht unumstr; vgl hierzu im einzelnen: BGH KTS 1960, 38, 39; BGH ZIP 1987, 1180 ff; *Giebeler* Die Feststellung der Überschuldung einer Unternehmung, 26; *Kuhn/Uhlenbruck* (Fn 6), Rn 2 c; *Lent*, in: Jaeger, Konkursordnung-Komm, § 30 KO Anm 6; *Sprung/Schumacher* (Fn 14), 131; *Veit* (Fn 7), 276 f.

19 So auch: *Kallmeyer* Die GmbH in der Insolvenz, Rn 4001; *Temme* (Fn 3), 25; *Uhlenbruck* (Fn 6), Rn 567.

4. Das Merkmal der Dauer

Gläubigeransprüche sind im Betrachtungszeitpunkt nur unmittelbar gefährdet, wenn vorhandene Zahlungsschwierigkeiten nicht lediglich vorübergehender Natur sind. Gelingt es nämlich dem Schuldner, eine Liquiditätslücke (kurzfristig) zu schließen, ist die Einleitung der Gesamtvollstreckung nicht gerechtfertigt. Nach dem bish Verständnis konnte sich das Konkursgericht also nicht auf eine stichtagsbezogene Betrachtung der Zahlungs(un)fähigkeit beschränken, sondern hatte zudem eine Prognose zu erstellen, an Hand derer beurteilt wurde, ob mit der Wiederaufnahme der Zahlungen durch den Schuldner in absehbarer Zeit zu rechnen war. Somit berücksichtigte die Prüfung der (gegenwärtigen) Zahlungsunfähigkeit auch die künftige Entwicklung der Liquiditätssituation des Schuldners.

Der Schuldner galt also bish so lange als zahlungsfähig, wie er seinen Zahlungspflichten nur während eines Zeitraums nicht nachzukommen in der Lage war, der nach der Verkehrsauffassung den Mangel an bereiten Geldmitteln als einen vorübergehenden erscheinen ließ.[20] (Für die Beantwortung der Frage, welcher Zeitraum noch als vorübergehend zu verstehen war, kam es auf die Wahrnehmung der jeweiligen Verkehrskreise an.[21]) Von einer vorübergehenden Zahlungsstockung wurde jedenfalls dann nicht mehr gesprochen, wenn während des Betrachtungszeitraums fällige Außenstände nicht rechtzeitig eingingen oder unerwartet Zahlungen im größeren Umfang zu leisten waren und keine weiteren Kredite erteilt wurden. (In diesen Fällen beseitigte auch eine dem Schuldner gewährte Stundung nicht die bereits eingetretene Zahlungsunfähigkeit, es sei denn, sie

20 Vgl hierzu zB: RGZ 50, 39, 41; BGH DB 1975, 147; *Burger* AG 1988, 286, 290; *Lang* Unternehmenskonkurs, 122; *Reimer* JfB 1977, 95, 99; *Uhlenbruck* Gläubigerberatung in der Insolvenz, 229.

21 So reichten die Vorschläge in der Vergangenheit von einem Zeitraum von einer Woche bis zu einem von sechs Monaten: RGZ 132, 281, 282; *Burger* DB 1992, 2149, 2150; *Jäger* DB 1986, 1441, 1445; *Obermüller* DB 1973, 267, 269; *Papke* DB 1969, 735, 736; *Rowedder*, in: *Rowedder ua* GmbHG-Komm, § 63 GmbHG Rn 5; *Uhlenbruck* Die GmbH & Co. KG in Krise, Konkurs und Vergleich, 232; *Veit* (Fn 7), 279; *H. K. Weber* Rentabilität, Produktivität, Liquidität, 69.

führte dazu, daß der Schuldner seine Zahlungspflichten innerhalb absehbarer Zeit wieder erfüllen konnte.[22])

Mittlerweile sollen Zahlungsschwierigkeiten des Schuldners aber frühestmöglich insolvenzrechtlich relevant werden. Deshalb verzichtet der Gesetzgeber im Rahmen des § 17 Abs 2 S 1 InsO auf das Merkmal der Dauer: „Würde im Gesetzestext ausdrücklich verlangt, daß eine andauernde Unfähigkeit zur Erfüllung der Zahlungspflichten vorliegt, so könnte dies als Bestätigung der verbreiteten Neigung verstanden werden, den Begriff der Zahlungsunfähigkeit stark einzuengen, etwa auch eine über Wochen oder gar Monate fortbestehende Illiquidität zur rechtlich unerheblichen Zahlungsstockung zu erklären."[23] Dessenungeachtet unterscheidet der Gesetzgeber weiterhin zwischen Zahlungsunfähigkeit und vorübergehender Zahlungsstockung; liege letztere vor, könne und werde sich der Schuldner durch einen Bankkredit kurzfristig neue Mittel verschaffen.[24] Bedauerlicherweise hat es der Gesetzgeber aber versäumt, einen bestimmten Zeitraum festzulegen, den er für die Beschaffung von Kreditmitteln als noch kurzfristig erachtet. Angemessen erscheint wohl ein Kapitalbeschaffungszeitraum von bis zu drei Wochen:[25] Die bankinterne Bearbeitung von Kreditanträgen nimmt erfahrungsgem ein bis zwei Wochen in Anspruch; darüber hinaus sollte dem Schuldner eine weitere Woche gewährt werden, innerhalb derer die von der Bank angeforderten Kreditunterlagen bereitgestellt werden können. Zahlungsschwierigkeiten des Schuldners sind also erst nach Ablauf

[22] BGH ZIP 1995, 929, 930 f.

[23] Begr zu den §§ 20, 21 RegEInsO (Fn 5). Die Kommission für Insolvenzrecht (Erster Bericht, Leitsatz 1. 2. 5, Abs 2, S 1) wollte dagegen nicht auf das Merkmal der Dauer verzichten.

[24] Vgl die Begr zu den §§ 20, 21 RegEInsO (Fn 5).

[25] So im übrigen auch: *Burger/Schellberg* BB 1995, 261 262 f; *Kirchhof* (Fn 16), Rn 14; *Schmerbach*, in: Wimmer, Frankfurter Komm zur Insolvenzordnung, § 17 InsO Rn 17; *Temme* (Fn 3), 30. Für einen Zeitraum von zwei Wochen: AG Köln ZIP 1999, 1889; *Kallmeyer* (Fn 19); *Möhlmann* WPg 1998, 947, 950. Für einen Zeitraum von einem Monat: Fachausschuß Recht, IDW Prüfungsstandard: Empfehlungen zur Prüfung eingetretener oder drohender Zahlungsunfähigkeit bei Unternehmen (IDW PS 800), abgedr in: FN-IDW 1999, 85, 88. In Strafsachen soll eine Frist von bis zu drei Monaten angemessen sein; so jedenfalls: *Bittmann* wistra 1998, 321, 323 f.

von drei Wochen als nicht mehr vorübergehend anzusehen, so daß sich kaum Unterschiede zur bish Konkurspraxis ergeben sollten.

Die Länge des Kapitalbeschaffungszeitraums möchte *Haas* außerdem von der Rechtsform des Schuldners abhängig machen:[26] Bestehe eine Insolvenzantragspflicht, sei stets zu bedenken, daß den verantwortlichen Gesellschaftsorganen (zusätzlich) eine Antragshöchstfrist von drei Wochen zur Verfügung stehe. Einer Aushöhlung der Antragspflicht sei dadurch zu begegnen, daß dieser ohnehin bestehende Handlungsspielraum mit dem Kapitalbeschaffungszeitraum zu verrechnen sei. Dabei scheint *Haas* aber zu übersehen, daß die Antragsfrist von drei Wochen erst zu laufen beginnt, wenn bereits über das Vorliegen einer Zahlungsunfähigkeit entschieden wurde; schließlich ist zwischen der Antragsfrist gem §§ 64 Abs 1 S 1 GmbHG, 92 Abs 2 S 1 AktG und dem bish durch das Merkmal der Dauer konkretisierten Kapitalbeschaffungszeitraum zu unterscheiden. (Letzterer dient der Feststellung der Zahlungsunfähigkeit und der Abgrenzung zu einer vorübergehenden Zahlungsstockung, während die Antragsfrist von drei Wochen den antragspflichtigen Gesellschaftsorganen eine Sanierung des Unternehmens auch noch nach Eintritt der Insolvenzreife ermöglicht.) Deshalb sind die Gläubiger auch nicht gehindert, bei Vorliegen von Zahlungsunfähigkeit umgehend einen Insolvenzantrag zu stellen, ohne den Ablauf der dem Schuldner gewährten Antragsfrist abzuwarten.[27]

5. Das Merkmal der Wesentlichkeit

Nach dem bish Verständnis galt der Schuldner nur dann als zahlungsunfähig, wenn er den wesentlichen Teil seiner Zahlungspflichten nicht erfüllen konnte. (Für die Feststellung, ob die Nichtzahlung den wesentlichen Teil der Zahlungspflichten ausmachte, war der Anteil der mangels verfügbarer Zahlungsmittel nicht erfüllbaren an den gesamten fälligen Zahlungspflichten maßgeblich.[28]) Im Rahmen

[26] *Haas* (Fn 1), 9.

[27] S Kap 2, Abschn II, 3.

[28] Vgl zu den in der Vergangenheit vertretenen Verhältniswerten: *Hoffmann* MDR 1979, 713, 714; *Jäger* (Fn 21), 1442; *Mathews* WPg 1950, 250, 251; *Obermüller* (Fn 21); *Papke* (Fn 21); *Richter* GmbHR 1984, 137, 139; *Schedlbauer* DB 1984, 2205, 2212; *Uhlenbruck* KTS 1986, 27, 29f; *Veit* (Fn 7), 278; *H. K. Weber* (Fn 21).

des § 17 Abs 2 S 1 InsO wird auf das Merkmal der Wesentlichkeit verzichtet, um einer übermäßig einschränkenden Auslegung des Begriffs der Zahlungsunfähigkeit entgegenzuwirken.[29] Der Schuldner ist im Unterschied zum bish Verständnis bereits dann zahlungsunfähig, wenn er während der Dauer eines kurzfristigen Zeitraums auch nur einen geringen (nicht notwendigerweise wesentlichen) Teil seiner fälligen Zahlungspflichten nicht erfüllen kann. Die Gläubiger sind also nicht dazu verurteilt, mit der Stellung eines Insolvenzantrages zu warten, bis sich die Zahlungsschwierigkeiten des Schuldners zu einem wesentlichen Unvermögen entwickelt haben. Gleichwohl wird der Verzicht auf das Merkmal der Wesentlichkeit nicht zu einer erheblichen Verschärfung der Rechtslage für den Schuldner führen;[30] nach Ansicht des Gesetzgebers sollen nämlich auch weiterhin ganz geringfügige Liquiditätslücken des Schuldners bei der Feststellung der Zahlungsunfähigkeit außer Betracht bleiben.[31] Demnach dürfte die mangelnde Wesentlichkeit eines Zahlungsunvermögens auch künftig auf das Vorliegen bloßer Zahlungsschwierigkeiten hinweisen. (Nur *Temme* berücksichtigt jedes noch so geringe Zahlungsunvermögen des Schuldners, um den Gläubigern die Glaubhaftmachung der Zahlungsunfähigkeit in einem Eröffnungsverfahren zu erleichtern.[32])

6. Die Bedeutung der Zahlungseinstellung

In aller Regel ist die Zahlungseinstellung Ausgangspunkt für die Stellung von Insolvenzanträgen der Gläubiger; deshalb hat sie eine bes Bedeutung für die tägliche Konkurspraxis. Bislang bestimmte § 102 Abs 2 KO, daß Zahlungsunfähigkeit „insbesondere" dann anzunehmen war, wenn Zahlungseinstellung erfolgte. Die hM bejahte eine Zahlungseinstellung immer dann, wenn der Schuldner wegen eines voraussichtlich dauernden Mangels an bereiten Zahlungsmitteln seine fälligen Zahlungspflichten nicht mehr erfüllen konnte und dieser Zustand für die beteiligten Verkehrskreise erkennbar war.[33]

[29] Begr zu den §§ 20, 21 RegEInsO (Fn 5).
[30] So aber die Befürchtung von: *Veit* (Fn 7), 278.
[31] Begr zu den §§ 20, 21 RegEInsO (Fn 5).
[32] *Temme* (Fn 3), 35 f.
[33] Vgl zB: BGH ZIP 1995, 929, 930; *Kuhn/Uhlenbruck* (Fn 6), Rn 2 f; *Uhlenbruck* (Fn 20), 230.

Es hatten also alle Tatbestandsmerkmale der Zahlungsunfähigkeit vorzuliegen, um im Falle der Einstellung von Zahlungen durch den Schuldner von einer Zahlungseinstellung iSd § 102 Abs 2 KO ausgehen zu dürfen. Insofern wurde die Tatsache berücksichtigt, daß nicht jede faktische Zahlungseinstellung eine Zahlungsunfähigkeit des Schuldners voraussetzt, sondern auch andere Gründe haben kann, zumal bei nicht erkennbarer Zahlungseinstellung nicht davon auszugehen ist, daß noch kein gläubigergefährdender Zustand der Illiquidität vorliegt.

Nun sieht § 17 Abs 2 S 2 InsO vor, daß bei Zahlungseinstellung „in der Regel" Zahlungsunfähigkeit vorliegt; das Gesetz stellt damit eine widerlegbare Vermutung für den Eintritt der Zahlungsunfähigkeit auf.[34] Diese Vermutungsregel lehnt sich an die Vorschrift des § 102 Abs 2 KO an, ist mit letzterer aber keinesfalls inhaltsgleich.[35] Deshalb ist mittlerweile eine andere Auslegung der Zahlungseinstellung zulässig und sinnvoll; da die Zahlungseinstellung gem § 17 Abs 2 S 2 InsO das Vorliegen der Zahlungsunfähigkeit lediglich vermuten läßt, setzt sie nicht immer die Zahlungsunfähigkeit des Schuldners voraus.[36] (Betrachtete man die Zahlungseinstellung dagegen weiterhin nur als kundgetane Zahlungsunfähigkeit,[37] wäre sie – abgesehen von ihrer Erkennbarkeit nach außen – mit der Zahlungsunfähigkeit identisch; in diesem Verständnis erleichterte die Zahlungseinstellung den Gläubigern aber weder die Glaubhaftmachung der Zahlungsunfähigkeit im Eröffnungsverfahren, noch erlangte damit die Regelung des § 17 Abs 2 S 2 InsO eigenständige Bedeutung.[38])

Sobald der Schuldner seinen Zahlungspflichten erkennbar nicht mehr nachkommt, können die Gläubiger einen Insolvenzantrag stellen und mit der Zahlungseinstellung begründen. Im Rahmen des

34 So ausdrücklich die Begr zu den §§ 20, 21 RegEInsO (Fn 5).

35 Dies scheint *Uhlenbruck* (Fn 6), Rn 562, offensichtlich anders zu beurteilen.

36 Dieser Ansicht ist auch: *Temme* (Fn 3), 39.

37 So bedauerlicherweise immer noch die hM: *Bork* (Fn 10), Rn 85; Fachausschuß Recht (Fn 25), 87; *Henckel* Insolvenzanfechtung, Rn 24 f; *Kirchhof* (Fn 16), Rn 20; *Mönning*, in: Nerlich/Römermann, Insolvenzordnung-Komm, § 17 InsO Rn 23; *Schmerbach* (Fn 25), Rn 27; *K. Schmidt*, in: Scholz, Komm zum GmbH-Gesetz, § 63 GmbHG Rn 8.

38 Vgl die entspr Kritik bei: *Häsemeyer* (Fn 6), Rn 7.21; *Temme* (Fn 3), 38 f.

Eröffnungsverfahrens prüft das Insolvenzgericht zunächst die Zulässigkeit des Antrags; dabei obliegt es dem antragstellenden Gläubiger, den Eröffnungsgrund (die Zahlungsunfähigkeit!) glaubhaft zu machen (§ 14 Abs 1 InsO). Im Falle der Zahlungseinstellung durch den Schuldner kann die Zahlungsunfähigkeit durch den Vortrag von Tatsachen glaubhaft gemacht werden, die den berechtigten Schluß zulassen, daß eine Zahlungseinstellung iSd § 17 Abs 2 S 2 InsO vorliegt. Während nach dem bish Verständnis (vor dem Hintergrund der Regelung des § 102 Abs 2 KO) die Zahlungseinstellung nur dann für die Zahlungsunfähigkeit des Schuldners zu sprechen vermochte, wenn vom Vorliegen aller Tatbestandsmerkmale der Zahlungsunfähigkeit auszugehen war, erlaubt die Vermutungsregelung des § 17 Abs 2 S 2 mittlerweile eine andere Deutung; eine Zahlungseinstellung iSd § 17 Abs 2 S 2 liegt nämlich immer vor, wenn der Schuldner seinen Zahlungspflichten nicht mehr nachkommt, und zwar unabhängig von den Gründen. Die glaubhaft gemachte Zahlungseinstellung läßt ihrerseits die Zahlungsunfähigkeit vermuten; dem Schuldner bleibt es natürlich vorbehalten, diese Vermutung zu widerlegen.

Gleichwohl wird das Gericht das Insolvenzverfahren nur eröffnen, wenn es vom Vorliegen der Zahlungsunfähigkeit des Schuldners überzeugt ist. Die Zahlungseinstellung iSd § 17 Abs 2 S 2 InsO ist unter der so aufgestellten Vermutungsregel tatsächliches Erkennungsmerkmal der Zahlungsunfähigkeit, nicht aber Eröffnungsgrund für das Insolvenzverfahren.[39] (Welche Bedeutung hätte andernfalls die Vermutungsregel des § 17 Abs 2 S 2 InsO?) Im Rahmen der Prüfung der Begründetheit des Insolvenzantrages befaßt sich das Insolvenzgericht nochmals mit der Frage der Zahlungsunfähigkeit und ermittelt, ob die Zahlungseinstellung tatsächlich auf einem Mangel an Zahlungsmitteln beruht und nicht nur vorübergehender Natur ist. Gelingt den Gläubigern die Glaubhaftmachung der Zahlungseinstellung, wird das Insolvenzgericht allerdings nur ernsthaften Zweifeln an der Zahlungsunfähigkeit des Schuldners nachgehen müssen.[40]

[39] Darauf verweisen auch: *Häsemeyer* (Fn 6), Rn 7.21; *Kuhn/Uhlenbruck* (Fn 6), § 30 KO Rn 2.

[40] Dies entspricht dem allgem Verständnis: *Häsemeyer* (Fn 6), Rn 7.21; *Temme* (Fn 3), 39.

Anzeichen für das Vorliegen einer Zahlungseinstellung sind die Nichtzahlung oder die unregelmäßige Zahlung von Löhnen, Gehältern, Sozialbeiträgen und Steuern, die wiederholte Hingabe ungedeckter Schecks, häufig auftretende Wechselproteste und Zahlungsklagen sowie Pfändungen durch den Gerichtsvollzieher und andere Vollstreckungsmaßnahmen, insb die Abgabe einer eidesstattlichen Versicherung durch den Schuldner.[41]

7. Die „böswillige" Zahlungsverweigerung

Die „böswillige" Zahlungsverweigerung durch den Schuldner stellt keine Zahlungsunfähigkeit dar.[42] So gilt zwar derjenige als zahlungsunfähig, der vorhandene Vermögenswerte nicht liquidieren will und deshalb nicht zahlen kann; dies gilt aber nicht für denjenigen, der Geld hat und willkürlich seine Zahlungspflichten nicht erfüllt. Verständlich wird diese Unterscheidung, wenn man sich vergegenwärtigt, daß der für die Zahlungsunfähigkeit maßgebliche Mangel an Geldmitteln auch bei (kurzfristiger) Liquidierbarkeit vorhandener Vermögenswerte bestehen kann, und der Eingriff in die Privatautonomie des Schuldners durch die insolvenzrechtliche Haftungsordnung nur gerechtfertigt ist, wenn die Gläubigerpositionen ernsthaft und unmittelbar gefährdet sind. Soweit der Schuldner seinen Zahlungspflichten trotz vorhandener Zahlungsmittel schlichtweg nicht nachzukommen beabsichtigt, sind die Gläubiger auf die Einzelzwangsvollstreckung zu verweisen. (Im US-amerikanischen Recht ist dagegen nur von Bedeutung, ob der Schuldner seine Schulden tatsächlich bezahlt.[43]) Allerdings liegt bei Zahlungsverweigerung durch den Schuldner nach dem hier vertretenen Verständnis zugleich eine Zahlungseinstellung iSd § 17 Abs 2 S 2 InsO vor; deshalb dürfte den Gläubigern die Glaubhaftmachung einer Zahlungsunfähigkeit im Eröffnungsverfahren zunächst gelingen. Gleichwohl wird das In-

[41] Weitere Bsp bei: Fachausschuß Recht (Fn 25), 87; *Kuhn/Uhlenbruck* (Fn 6), § 30 KO Rn 3 a-d; *Ulmer* (Fn 7), Rn 18; *Kirchhof* (Fn 16), Rn 24ff mwN. Zur Frage, wann die Nichterfüllung titulierter Forderungen als Zahlungseinstellung zu verstehen ist: *Rowedder* (Fn 12), Rn 6 a.

[42] Dies ist hM: *Kuhn/Uhlenbruck* (Fn 6), Rn 2 d; *Lutter/Hommelhoff* GmbH-Gesetz-Komm, § 64 GmbHG RdNr 5; *Uhlenbruck* (Fn 21), 234. AA für den Fall „gravierender" Zahlungsverweigerung: *H. K. Weber* (Fn 21), 68.

[43] Vgl hierzu: *Epstein/Nickles/White* Bankruptcy, 28.

solvenzverfahren nicht eröffnet, soweit nicht auch eine Insolvenz im materiellen Sinne vorliegt; und dies wird in aller Regel nur der Fall sein, wenn der Schuldner die Zahlungsverweigerung vorschiebt, um eine Zahlungsunfähigkeit zu verschleiern.

III. Die drohende Zahlungsunfähigkeit

Die drohende Zahlungsunfähigkeit ist Eröffnungsgrund für das Insolvenzverfahren und belegt die im Betrachtungszeitpunkt bevorstehende Gefährdung der bestehenden Gläubigeransprüche. Im Gegensatz hierzu bestätigt der Insolvenztatbestand der Zahlungsunfähigkeit die unmittelbare Gefährdung der Gläubigeransprüche zum gegenwärtigen Zeitpunkt, da es um die Frage der Erfüllbarkeit von Zahlungspflichten geht, die im Betrachtungszeitpunkt bereits bestehen und fällig sind. Der Eröffnungsgrund der drohenden Zahlungsunfähigkeit erlaubt dem Schuldner, eine sich deutlich abzeichnende Insolvenz bereits im Vorfeld abzufangen; dem sanierungswilligen Schuldner soll damit der Weg zu einem frühzeitigen Insolvenzantrag eröffnet werden.[44] (Zugleich verspricht sich der Gesetzgeber von der in § 18 Abs 2 InsO gegebenen Definition mehr Klarheit für das Konkursstrafrecht.[45]) Allerdings ist allein von der Einführung dieses Eröffnungsgrundes nicht zu erwarten, daß vermehrt Eigenanträge gestellt werden, geschweige denn zu einem früheren Zeitpunkt als bish. Nur im Zusammenspiel mit den neuen Regelungen der InsO, welche die gerichtliche Insolvenzabwicklung für den Schuldner attraktiver machen sollen, sind künftig mehr Eigenanträge des Schuldners zu erhoffen.

1. Die drohende Zahlungsunfähigkeit gem § 18 Abs 2 InsO

Der Schuldner droht zahlungsunfähig zu werden, wenn er voraussichtlich nicht in der Lage sein wird, die bestehenden Zahlungspflichten im Zeitpunkt ihrer Fälligkeit zu erfüllen (§ 18 Abs 2 InsO). Bei der Prüfung drohender Zahlungsunfähigkeit sind auch die nicht fälligen Zahlungspflichten des Schuldners zu berücksichtigen, wenn

[44] Erster Bericht der Kommission für Insolvenzrecht, Begr zu Leitsatz 1. 2. 5, 110f.

[45] Begr zu § 22 RegEInsO (Fn 5).

sie im Betrachtungszeitpunkt bereits bestehen.[46] Wird der Schuldner aus gegenwärtiger Sicht im Zeitpunkt der Fälligkeit dieser Zahlungspflichten zu ihrer Erfüllung voraussichtlich nicht in der Lage sein, droht Zahlungsunfähigkeit. Dabei ist das Merkmal des voraussichtlichen Zahlungsunvermögens so zu verstehen, daß der Eintritt der Zahlungsunfähigkeit wahrscheinlicher sein muß als deren Vermeidung.[47]

Folgende Anzeichen sprechen für eine drohende Zahlungsunfähigkeit:[48] Häufiges Nichteinlösen von Schecks durch die Banken, Androhung oder Vornahme der Kündigung von Bankkrediten, negatives Ergebnis von Kreditverhandlungen, Zunahme der Sicherungsvorkehrungen der Lieferanten und anderer Gläubiger, häufige Mahnungen und gerichtliche Mahnbescheide, (erfolglose) Vollstreckungsmaßnahmen, Ladung zur Abgabe einer eidesstattlichen Versicherung, Nichtbezahlung wiederkehrender Verbindlichkeiten für betriebsnotwendige Leistungen und Lieferungen sowie der Zusammenbruch eines wichtigen Kunden oder die Erwartung hoher Schadensersatz- oder Steuernachforderungen. Diese Anzeichen drohender Zahlungsunfähigkeit mögen für die Gläubiger zunächst von eher geringer Bedeutung sein, da nur dem Schuldner ein Insolvenzantragsrecht zusteht; die genannten Anzeichen sind aber zugleich Symptome einer bestehenden Unternehmenskrise und verdeutlichen die Notwendigkeit, im Rahmen einer bes Insolvenzprüfung sowohl die Zahlungsfähigkeit als auch die Überschuldungssituation des Schuldners näher zu beleuchten.

2. Die „Innenlösung" des § 18 Abs 1 InsO

Nach dem Gesetzeswortlaut und der erklärten Absicht des Gesetzgebers kann allein der Eigenantrag des Schuldners auf den Eröffnungsgrund der drohenden Zahlungsunfähigkeit gestützt werden.[49] (Der Tatbestand der drohenden Zahlungsunfähigkeit beruht auf den Über-

[46] Ebd.
[47] Ebd.
[48] Vgl hierzu: *Tiedemann*, in: Jähnke/Laufhütte/Odersky, Leipziger Komm, vor § 283 StGB Rn 142.
[49] Allgem Begr zum RegEInsO (Fn 5), 84.

legungen der Kommission für Insolvenzrecht, wobei der entspr Kommissionsvorschlag zur Einführung dieses Eröffnungsgrundes noch eine Antragsberechtigung der Gläubiger vorsah.[50]) Die Beschränkung des Antragsrechts auf den Schuldner erscheint wegen der Gefahr mißbräuchlicher Gläubigeranträge zunächst erforderlich; reichte nämlich die drohende Zahlungsunfähigkeit als Begründung für Gläubigeranträge aus, wäre zu befürchten, daß Gläubiger einen Insolvenzantrag als Druckmittel gegen den Schuldner einsetzten, um insolvenzwidrige Zwecke zu verfolgen.[51] Zugleich ist es aber nicht verständlich, den Eröffnungsgrund der drohenden Zahlungsunfähigkeit auf den Eigenantrag zu beschränken, um außergerichtliche Sanierungen im Vorfeld der Insolvenz nicht zu behindern.[52] Denn entweder man gestaltet das Insolvenzverfahren nach dem Vorbild eines schuldnerfreundlichen Sanierungsverfahrens und fördert damit Eigenanträge des Schuldners (so die erklärte Absicht des Gesetzgebers); dann sollte allerdings auch die frühzeitige Stellung von Gläubigeranträgen möglich sein. Oder man besinnt sich auf die (eher fraglichen) Vorteile einer außergerichtlichen Sanierung; dann ist es aber schlichtweg überflüssig, dem Schuldner die Stellung eines Insolvenzantrages zu einem Zeitpunkt zu erlauben, wenn weder Zahlungsunfähigkeit noch Überschuldung vorliegt und die Gläubigeransprüche nicht unmittelbar gefährdet sind.

Überzeugen kann nur das folgende Argument: Beim Gläubigerantrag geht es nicht um die möglichst frühzeitige, sondern um die rechtzeitige Auslösung eines Insolvenzverfahrens. Der Insolvenzantrag eines Gläubigers wäre bei drohender Zahlungsunfähigkeit verfrüht, weil die Gläubigeransprüche im Betrachtungszeitpunkt (noch) nicht unmittelbar gefährdet sind. Die drohende Zahlungsunfähigkeit beschreibt nämlich einen Zustand, der erst bei Hinzutreten weiterer Umstände zur materiellen Insolvenz des Schuldners (Insolvenzreife)

[50] Vgl: Erster Bericht der Kommission für Insolvenzrecht, Leitsatz 1. 2. 5, Abs 1, Abs 3.

[51] Diese Befürchtung äußert der Gesetzgeber; vgl die allgem Begr zum RegEInsO (Fn 5), 84.

[52] Dies ist aber ein vom Gesetzgeber vorgetragenes Argument für die Einführung des Eröffnungsgrundes der drohenden Zahlungsunfähigkeit! Vgl die Begr zu § 22 RegEInsO (Fn 5).

führt; sie zählt deshalb auch nicht zu den klassischen Insolvenztatbeständen wie die Zahlungsunfähigkeit und die Überschuldung. Somit können die Gläubiger ihren Insolvenzantrag selbst dann nicht auf drohende Zahlungsunfähigkeit stützen, wenn sie ein bes Interesse an der frühzeitigen Eröffnung eines Insolvenzverfahrens zu haben meinen.

3. Praktische Bedeutung der drohenden Zahlungsunfähigkeit

Der Eröffnungsgrund der drohenden Zahlungsunfähigkeit ermöglicht die Stellung eines Eigenantrages zu einem Zeitpunkt, zu dem noch keine Zahlungsunfähigkeit vorliegt. Ein Antragsrecht besteht nur auf Seiten des Schuldners, der andererseits nicht verpflichtet ist, bei drohender Zahlungsunfähigkeit einen Insolvenzantrag zu stellen.[53] Der Schuldner hat also bis zum Eintritt der Zahlungsunfähigkeit und/oder der Überschuldung die Wahl, entweder eine außergerichtliche Sanierung durchzuführen, oder die Eröffnung eines Insolvenzverfahrens wegen drohender Zahlungsunfähigkeit zu beantragen. Gleichwohl wird der Schuldner bei drohender Zahlungsunfähigkeit nur geneigt sein, einen Insolvenzantrag zu stellen, wenn er ein bes Interesse an der frühzeitigen Eröffnung eines Insolvenzverfahrens zu haben glaubt, und dies unabhängig davon, ob er (zudem) unter den Anwendungsbereich der Überschuldung fällt. (Insofern schließt die drohende Zahlungsunfähigkeit nicht nur eine Lücke, die wegen des beschränkten Anwendungsbereiches der Überschuldung bestehen mag.)

Praktische Bedeutung erlangt der Eröffnungsgrund der drohenden Zahlungsunfähigkeit zunächst im Bereich der Verbraucher- und Kleininsolvenz (§§ 304 ff InsO), gibt man dem Nichtkaufmann doch nunmehr die Gelegenheit, die ihn bedrückende Schuldenlast mit Hilfe eines geordneten Verfahrens der Restschuldbefreiung abzustreifen. (Die befürchtete Flut entspr Verfahrensanträge scheint bislang aber ausgeblieben zu sein.[54]) Sicherlich ist es sinnvoll, dem

[53] Das Fehlen einer Antragspflicht des Schuldners bemängeln ua: *Franke* ZfB 1984, 160, 163; *Hess* ZKW 1993, 390, 392; *Vormbaum/Baumanns* DB 1984, 1971, 1972.

[54] Davon wissen *Seagon/Wiester* (ZInsO 1999, 627, 632) zu berichten.

Schuldner nicht zuzumuten, mit der Stellung eines Eigenantrages bis zum Eintritt der Zahlungsunfähigkeit abzuwarten; die drohende Zahlungsunfähigkeit ist damit die „Überschuldung des kleinen Mannes".[55] Darüber hinaus können jedoch auch diejenigen Schuldner Insolvenzantrag wegen drohender Zahlungsunfähigkeit stellen, die nicht unter den Anwendungsbereich der Überschuldung fallen, aber als Einzelkaufleute oder persönlich haftende Gesellschafter einer Personenhandelsgesellschaft bei einem Verfahren über das eigene, persönliche Vermögen von der Mithaftung für die Gesellschaftsschulden befreit werden möchten.

Die Stellung eines Eigenantrages bei drohender Zahlungsunfähigkeit vermag auch im Bereich der Unternehmensinsolvenz einen vielfältigen Beitrag zu leisten:[56] Sie führt zu einem Vertrauensvorschuß bei den kreditgebenden Banken und den Lieferanten, die sich in der Folge an Sanierungsmaßnahmen (zB durch Verzicht auf einen Teil ihrer Forderungen oder durch die Gewährung einer zinslosen Stundung) beteiligen und einem neu eingesetzten Management ggf die Eigenverwaltung erlauben sollen. Die drohende Zahlungsunfähigkeit dient vor allem der Begründung und Begrenzung solcher Eigenanträge, mit denen der Schuldner das Insolvenzplan-Verfahren einzuleiten beabsichtigt, um eine Sanierung nach eigenen Vorstellungen durchzusetzen. Erkennt der Schuldner in der Krise, daß eine Insolvenz droht, sollte er mit der Erstellung eines Insolvenzplans beginnen, um sich sodann – bei drohender Zahlungsunfähigkeit – mitsamt Insolvenzplan in den Schutz einer gerichtlich überwachten Sanierung begeben zu können. (Mit der Stellung eines frühzeitigen Insolvenzantrages genügen die geschäftsführenden Gesellschaftsorgane im übrigen ihrer Sanierungsverantwortlichkeit gegenüber der Gesellschaft.) Sinnvoll ist die frühzeitige Beantragung der gerichtlichen Sanierung insb dann, wenn außergerichtliche Sanierungsbemühungen am Widerstand einzelner Gläubiger (Akkordstörer!) zu scheitern drohen;[57] das Insolvenzplan-Verfahren erlaubt nämlich die

[55] *Smid*, in: Smid, Insolvenzordnung-Komm, § 18 InsO Rn 1.
[56] Davon gehen auch *Braun/Riggert/Kind* (Die Neuregelungen der Insolvenzordnung in der Praxis, 83) aus. Anders beurteilen dies aber: *Haas* (Fn 1), 27; *Temme* (Fn 3), 123.
[57] Darauf macht auch *Uhlenbruck* (Gesellschaftsrechtliche Aspekte des neuen Insolvenzrechts, Rn 11) aufmerksam.

Sanierung des Unternehmens selbst dann, wenn einzelne Gläubigergruppen dem Insolvenzplan nicht zustimmen sollten.[58]

Eigenanträge wegen drohender Zahlungsunfähigkeit dürften also auch im Bereich der Unternehmensinsolvenz keine Seltenheit bleiben. (Die Möglichkeit der frühzeitigen Beantragung eines Insolvenzverfahrens scheint aber bislang nicht in dem vom Gesetzgeber erhofften Maße genutzt zu werden.[59]) Allerdings gibt *K. Schmidt* zu bedenken, daß es sich für die Geschäftsführer einer GmbH und die Vorstandsmitglieder einer AG vielfach anbiete, einen Eigenantrag wegen drohender Zahlungsunfähigkeit zu stellen, um einerseits einer etwaigen Insolvenzantragspflicht zu genügen und andererseits den manifesten „Selbstanzeigeeffekt" eines auf Überschuldung gestützten Insolvenzantrages zu vermeiden.[60] Gewiß, die von *K. Schmidt* beschriebenen Antragskonstellationen (Eigenantrag des Schuldners wegen drohender Zahlungsunfähigkeit bei zugleich vorliegender Überschuldung) dürften vereinzelt auftreten, zumal der Schuldner mit dem auf drohende Zahlungsunfähigkeit gestützten Eigenantrag seiner Insolvenzantragspflicht nachkommen kann.[61] Gleichwohl spricht dies nicht gegen den Eröffnungsgrund der drohenden Zahlungsunfähigkeit, gilt es doch auf jeden Fall die frühzeitige Stellung von Eigenanträgen zu fördern; dies spricht vielmehr für eine (nachträgliche) Überprüfung durch den Insolvenzverwalter und/oder die zuständige Staatsanwaltschaft, ob und ggf wie lange der Schuldner bereits vor (vermeintlich frühzeitiger) Stellung des Eigenantrages überschuldet gewesen ist.

Zugegebenermaßen ist auch bei frühzeitiger Stellung des Eigenantrages eine vom Schuldner geplante Sanierung nicht immer erfolgversprechend. Die Banken sind nämlich im Rahmen des Insolvenzeröffnungsverfahrens grundsätzlich zur Kündigung bereits gewährter Kredite berechtigt; das noch in § 137 Abs 2 RegEInsO vorgese-

[58] S Kap 2, Abschn III, 1.

[59] Dies wird festgestellt von: *Seagon/Wiester* (Fn 54), 628.

[60] So jedenfalls die Befürchtung von: *K. Schmidt*, in: K. Schmidt/Uhlenbruck, Die GmbH in Krise, Sanierung und Insolvenz, Rn 574.

[61] Dies ist unstr: *Kallmeyer* (Fn 19), Rn 4003, 4062; *K. Schmidt* Insolvenzordnung und Unternehmensrecht, Rn 11.

hene Verbot von Vereinbarungen, die bei einer Verschlechterung der Vermögensverhältnisse einer Vertragspartei der anderen das Recht einräumte, sich nach Eröffnung des Insolvenzverfahrens vom Vertrag zu lösen, ist nicht in die InsO übernommen worden.[62] Angesichts der bish Rspr äußert *Wittig* die berechtigte Vermutung, daß der auf drohende Zahlungsunfähigkeit gestützte Eigenantrag als Grund für eine Kündigung bereits gewährter Kredite ausreichen dürfte;[63] in diesem Fall wäre eine durch den Schuldner angestrebte Sanierung zweifellos zum Scheitern verurteilt.

4. Anforderungen an den Eigenantrag des Schuldners

Ebenso wie der Insolvenzantrag eines Gläubigers steht auch der auf drohende Zahlungsunfähigkeit gestützte Eigenantrag des Schuldners unter dem Vorbehalt eines Eröffnungsgrundes. Dies mag überraschen, dient doch das Insolvenzverfahren der Verwirklichung der Schuldnerhaftung und der gemeinschaftlichen Befriedigung der Gläubiger. Die Eröffnung eines Insolvenzverfahrens berührt jedoch immer auch die Interessen der Gläubiger, wenngleich die gerichtliche Insolvenzabwicklung unter dem Grundsatz der Gläubigergleichbehandlung steht; es ist aber durchaus möglich, daß der Schuldner nur deshalb einen Insolvenzantrag frühzeitig stellt, um sich von „lästigen" Verbindlichkeiten freizumachen oder mit Hilfe der Rückschlagsperre Vollstreckungen des letzten Monats vor Antragstellung auszuhebeln.[64] (Nach US-amerikanischem Recht ist dem Schuldner der Zugang zum Reorganisationsverfahren des Chapter 11 dagegen jederzeit möglich;[65] ähnliches sah im übrigen auch der Vorschlag der Kommission Rechnungswesen für ein „freiwilliges Insolvenzverfahren" vor.[66])

62 Zu den Gründen vgl den Bericht des RAussch zu § 137 RegEInsO; abgedr bei: Balz/Landfermann, Die neuen Insolvenzgesetze – Texte mit Einführung und den amtlichen Materialien, 2. Aufl, 348.

63 *Wittig*, in: K. Schmidt/Uhlenbruck, Die GmbH in Krise, Sanierung und Insolvenz, Rn 691.

64 So jedenfalls die Befürchtung von *Schmerbach* (Fn 25), § 18 InsO Rn 23, und *Uhlenbruck* (Fn 6), Rn 558.

65 Vgl: *Epstein/Nickles/White* (Fn 43), 16.

66 Stellungnahme der Kommission Rechnungswesen (Fn 8). Ebensolches sieht auch der Vorschlag von *Kölsch* (Vorverlegte Insolvenzauslösung – Gestaltungsmöglichkeiten unter besonderer Berücksichtigung prospektiver Insolvenztatbestände, 350) vor.

Allerdings hat der Schuldner im Rahmen des Insolvenzeröffnungsverfahrens zunächst weder den Eröffnungsgrund noch eine Gläubigerforderung glaubhaft zu machen.[67] Wird der Eigenantrag bei einer juristischen Person oder einer Gesellschaft ohne Rechtspersönlichkeit jedoch nicht von allen Mitgliedern des Vertretungsorgans gestellt, ist er gem § 15 Abs 2 S 1 InsO nur zulässig, wenn der Eröffnungsgrund glaubhaft gemacht wird; ein auf drohende Zahlungsunfähigkeit gestützter Eigenantrag ist in diesem Fall außerdem nur zulässig, wenn der oder die Antragsteller zur Vertretung berechtigt sind (§ 18 Abs 3 InsO). Freilich ist damit noch nicht die Frage beantwortet, inwieweit der Schuldner das Insolvenzgericht bei den Ermittlungen bzgl der Begründetheit des Eigenantrages zu unterstützen hat. Grundsätzlich muß das Insolvenzgericht auch beim Eigenantrag vom Vorliegen eines Eröffnungsgrundes überzeugt sein. Deshalb gilt die Auskunftspflicht des § 20 InsO auch für den Eigenantrag, der auf drohende Zahlungsunfähigkeit gestützt wird.[68] Demnach hat der Schuldner die Auskünfte zu erteilen, die für eine Entscheidung über den Insolvenzantrag erforderlich sind. Das Insolvenzgericht kann also vom Schuldner insb die Vorlage eines Finanzplans verlangen, der Aufschluß darüber gibt, ob Zahlungsunfähigkeit droht;[69] an diesen Finanzplan sind natürlich keine übertriebenen Anforderungen zu stellen. Sollte der Schuldner einer entspr Aufforderung nicht nachkommen und das Insolvenzgericht bei entspr Ermittlungen nicht unterstützen, verletzt er seine Pflichten als Antragsteller; in diesem Fall ist der auf drohende Zahlungsunfähigkeit gestützte Eigenantrag als unbegründet abzuweisen.[70] (Es bestehen keine weiteren Ermittlungspflichten des Gerichts, da bei drohender Zahlungsunfähigkeit die Gläubigeransprüche noch nicht unmittelbar gefährdet sind; etwas anderes gilt allerdings, wenn in der Zwischenzeit auch ein Gläubiger einen Insolvenzantrag wegen Zahlungsunfähigkeit und/oder Überschuldung gestellt hat.)

[67] S Kap 3, Abschn I, 2.

[68] Dies scheint nicht bestr zu werden; vgl zB: *Drukarczyk/Schüler* Die Eröffnungsgründe der InsO: Zahlungsunfähigkeit, drohende Zahlungsunfähigkeit und Überschuldung, Rn 39.

[69] Diese Möglichkeit spricht auch der Gesetzgeber an; vgl die Begr zu § 22 Reg EInsO (Fn 5), 115.

[70] Dies entspricht auch dem Verständnis von *Smid* (Fn 55), § 20 InsO Rn 21.

IV. Die Prüfung der Zahlungs(un)fähigkeit

Der Finanzplan bildet die Grundlage für die Untersuchung der Liquiditätssituation des Schuldners.[71] Durch den Vergleich zu erwartender Ein- und Auszahlungen ermöglicht der Finanzplan die Feststellung, ob der Schuldner in der Lage ist, die im Betrachtungszeitpunkt fälligen und die im Betrachtungszeitraum fällig werdenden Zahlungspflichten zu erfüllen.

1. Der Finanzplan als Grundlage für die Liquiditätsanalyse

Der Finanzplan ist mit der Sorgfalt eines ordentlichen Kaufmanns zu erstellen.[72] Dabei gilt folgendes:[73] Die bestehenden Zahlungspflichten und das verfügbare Finanzmittelpotential sind inventarmäßig zu erfassen. Dieser Finanzstatus ist sodann um die im Betrachtungszeitraum zu erwartenden Ein- und Auszahlungen in einen detaillierten Finanzplan zu erweitern; Ein- und Auszahlungen sind nach dem Bereich ihrer Zurechenbarkeit (Produktions-, Absatz- oder Leistungsbereich sowie neutraler Bereich und eigentlicher Finanzbereich) einzuteilen und unsaldiert in denjenigen Perioden des Betrachtungszeitraums zu erfassen, in denen sie anfallen oder zu begleichen sind. Bereits eingeleitete oder noch geplante Maßnahmen, die der Sicherung des finanziellen Gleichgewichts dienen (wie zB Kapitalerhöhungen und/oder die Aufnahme von Sanierungskrediten), sind nur einzubeziehen, wenn ihre erfolgreiche Durchführung hinreichend gesichert ist. Natürlich sind die Kapitalerhaltungsvorschriften zu beachten. Bei Unsicherheiten über die künftige Geschäftsentwicklung muß die im Rahmen des Finanzplans aufgestellte Prognose mehrwertig sein.[74]

Forderungen der Gesellschafter sind zu berücksichtigen, soweit ihr Rechtsgrund nicht im Gesellschaftsverhältnis zu finden ist. Gleiches

[71] Einzelheiten zur Finanzplanung bei: *Lücke* Finanzplanung und Finanzkontrolle, 13 ff; *Vieweg* Finanzplanung und Finanzdisposition, 15 ff; *Witte* Finanzplanung der Unternehmung, 46 ff.

[72] Vgl: *Drukarczyk/Schüler* (Fn 68), Rn 44 ff; Fachausschuß Recht (Fn 25), 86 f; *Kölsch* (Fn 65), 227 ff, insb 259, Abb 16.

[73] Vgl im einzelnen: *Drukarczyk/Schüler* (Fn 68), Rn 41.

[74] So die Forderung von: *Drukarczyk/Schüler* (Fn 68), Rn 50.

gilt aber auch für Gesellschafterforderungen, die ihren Ursprung im Gesellschaftsverhältnis haben (wie zB Gewinnansprüche und Rückzahlungsansprüche aus Einlagen), wenn deren Erfüllung nicht gegen die Auszahlungssperre des § 30 GmbHG verstößt.[75] Forderungen aus der Gewährung eigenkapitalersetzender Gesellschafterdarlehen bleiben außer Betracht, wenn sie bei analoger Anwendung der §§ 30, 31 GmbHG nicht zurückgezahlt werden dürfen.[76]

2. Der Zahlungsplan bei Zahlungsunfähigkeit

Der Zahlungsplan als Geldbestands- und Geldbewegungsrechnung stellt den Hauptinhalt des Finanzplans dar. Dient der Finanzplan der Feststellung der Zahlungsunfähigkeit iSd § 17 Abs 2 S 1 InsO, bezieht sich die Geldbestandsrechnung auf den Stichtag der Ermittlung der Zahlungsunfähigkeit und die Geldbewegungsrechnung auf den bish durch das Merkmal der Dauer konkretisierten Betrachtungszeitraum, der eine Abgrenzung zur vorübergehenden Zahlungsstockung ermöglicht. Demnach ist ein Planungshorizont von bis zu drei Wochen zugrundezulegen.[77]

Temme meint, wegen des neuen Verständnisses der Zahlungsunfähigkeit reiche es mittlerweile aus, wenn das Insolvenzgericht den fälligen Zahlungspflichten die Zahlungsmittel gegenüberstelle; eine Prognose über einen Zeitraum von bis zu drei Wochen sei nicht (mehr) erforderlich.[78] Sein Argument: Es sei nicht zu erwarten, daß die Gläubiger bereits in den ersten Tagen eines Zahlungsmitteldefizites Insolvenzantrag stellten; deshalb könne im Zeitpunkt der Ermittlung der Zahlungsunfähigkeit vom Verstreichen des og Kapitalbeschaffungszeitraums von drei Wochen ausgegangen werden. Diese Annahme trifft so aber gewiß nicht zu! Der Eröffnungsgrund der Zahlungsunfähigkeit muß am Ermittlungsstichtag vorliegen, wenn das Gericht über die Eröffnung des Insolvenzverfahrens entschei-

[75] Vgl: *Schulze-Osterloh*, in: Baumbach/Hueck, GmbH-Gesetz, § 63 GmbHG Rn 5; *Ulmer* (Fn 7), Rn 20.
[76] *Temme* (Fn 3), 22.
[77] S Abschn II, 4.
[78] *Temme* (Fn 3), 65 f.

det.[79] Zu diesem Zeitpunkt ist zu prüfen, ob innerhalb der nächsten drei Wochen mit der Wiederaufnahme der Zahlungen durch den Schuldner gerechnet werden kann. Diese Prognose erlaubt eine Abgrenzung zur vorübergehenden Zahlungsstockung und bezieht sich stets auf den Zeitraum, der dem Stichtag der Ermittlung der Zahlungsunfähigkeit folgt. (Dies scheint auch *Möhlmann* zu verkennen, behauptet er doch, der Schuldner sei im Betrachtungszeitpunkt zahlungsunfähig, wenn er nicht in der Lage gewesen sei, „über den Zeitraum der vergangenen zwei Wochen" seine Zahlungspflichten zu erfüllen.[80]) Das Insolvenzgericht kann bei seinen Ermittlungen im Rahmen des Eröffnungsverfahrens also durchaus zu dem Ergebnis gelangen, daß der Schuldner in der Vergangenheit bereits zahlungsunfähig war, zum gegenwärtigen Zeitpunkt, nämlich am Stichtag der Ermittlung der Zahlungsunfähigkeit, aber (wieder) zahlungsfähig ist, und eine unmittelbare Gefährdung der Gläubigeransprüche nicht (mehr) besteht, weil innerhalb der nächsten drei Wochen mit der Wiederaufnahme der Zahlungen durch den Schuldner zu rechnen ist. Der Insolvenzantrag des Gläubigers ist in diesem Fall als unbegründet abzuweisen. (Eine andere Frage ist, inwieweit im Rahmen von Ermittlungen der Staatsanwaltschaft außerdem geprüft wird, ob der Schuldner seiner Antragspflicht nicht oder nicht rechtzeitig nachgekommen ist; insoweit bedarf es der Feststellung des genauen Zeitpunktes, zu dem der Schuldner zahlungsunfähig wurde.)

3. Der Zahlungsplan bei drohender Zahlungsunfähigkeit

Die Frage der Zahlungsunfähigkeit des Schuldners bezieht sich im Rahmen des § 18 Abs 2 InsO auch auf solche Zahlungspflichten, die im Betrachtungszeitpunkt noch nicht fällig, aber bereits begründet sind. In diese Prüfung soll zwar die Entwicklung der Finanzlage des Schuldners bis zum spätesten Fälligkeitszeitpunkt der im Betrachtungszeitpunkt bereits bestehenden Zahlungspflichten einbezogen werden;[81] eine Beschränkung des Betrachtungszeitraums auf das

[79] Dies ist unstr; vgl ua: *Bork* (Fn 10), Rn 86; *Hess/Kropshofer* Komm zur Konkursordnung, § 102 KO Rn 15; *Kirchhof* (Fn 7), § 16 InsO Rn 14; *Kuhn/Uhlenbruck* (Fn 6), Rn 10.

[80] *Möhlmann* (Fn 25), 952.

[81] Vgl die Begr zu § 22 RegEInsO (Fn 5), 115.

laufende und das folgende Geschäftsjahr dürfte allerdings sinnvoll sein.[82] Nach dem gesetzgeberischen Willen sind bei der Prüfung drohender Zahlungsunfähigkeit auch die zu erwartenden Einzahlungen und die künftigen, noch nicht begründeten Zahlungspflichten zu berücksichtigen;[83] die zu erwartenden Einzahlungen sind also den Zahlungspflichten gegenüberzustellen, die bereits fällig sind oder bis zum Zeitpunkt der Letzt-Fälligkeit der bereits bestehenden Zahlungspflichten voraussichtlich fällig werden, unabhängig davon, ob diese im Betrachtungszeitpunkt bereits bestanden haben. Diesbzgl wird auf einen Widerspruch zwischen dem Gesetzeswortlaut des § 18 Abs 2 InsO und der Begr zum RegE aufmerksam gemacht:[84] Während der Wortlaut des § 18 Abs 2 InsO zu verstehen gibt, daß bei der Prüfung drohender Zahlungsunfähigkeit die bestehenden Zahlungspflichten als Passivposten im Finanzplan aufzunehmen sind, sollen nach Ansicht des Gesetzgebers auch die im Betrachtungszeitpunkt noch nicht begründeten Zahlungspflichten Berücksichtigung finden. Um diesen Widerspruch aufzulösen, soll entweder dem Gesetzeswortlaut oder der Begr zum RegEInsO der Vorrang eingeräumt werden.[85]

Bei der Prüfung drohender Zahlungsunfähigkeit sind jedoch zu unterscheiden: die im Betrachtungszeitpunkt bestehenden Zahlungspflichten, unabhängig vom Zeitpunkt ihrer Fälligkeit, sowie die im Betrachtungszeitpunkt noch nicht bestehenden Zahlungspflichten, die innerhalb des Betrachtungszeitraums entstehen und vor dem Datum der Letzt-Fälligkeit der im Betrachtungszeitpunkt bereits bestehenden Zahlungspflichten fällig werden.[86] Für letztere ist nach § 18 Abs 2 InsO nicht entscheidend, ob sie nach ihrer Entstehung durch den Schuldner auch tatsächlich erfüllt werden können; denn die Frage der Zahlungsunfähigkeit stellt sich nur hinsichtlich der im

[82] Dies dürfte hM sein: *Pape* (Fn 16), § 18 InsO Rn 6; *Temme* (Fn 3), 80f. Für einen Betrachtungszeitraum von nur einem Jahr: *Möhlmann* (Fn 25), 957.

[83] Begr zu § 22 RegEInsO (Fn 5), 115.

[84] So zB von: *Haas* (Fn 1), 10; *Penzlin* NZG 2000, 464, 468; *Temme* (Fn 3), 55.

[85] Für einen Vorrang des Gesetzeswortlautes: *Burger/Schellberg* (Fn 25), 264. Die hM schließt sich jedoch der Begr zu § 22 RegEInsO an; vgl zB: *Breutigam/Tanz* ZIP 1998, 717, 718; *Häsemeyer* (Fn 6), Rn 7.22; *Pape* (Fn 16), § 18 InsO Rn 7; *Picot/Aleth* Unternehmenskrise und Insolvenz, Rn 121.

[86] Diese Unterscheidung trifft auch *Temme* (Fn 3), 64.

Betrachtungszeitpunkt bereits bestehenden Zahlungspflichten. Entstehen innerhalb des Betrachtungszeitraums weitere Zahlungspflichten, sind sie vom Schuldner zu tilgen, soweit sie fällig werden; insofern sind sie auch geeignet, die Erfüllbarkeit der im Betrachtungszeitpunkt bereits bestehenden und später fällig werdenden Forderungen zu vereiteln. Der Zahlungsmittelbestand des Schuldners verringert sich nämlich durch die Auszahlungen, was zugleich Auswirkungen auf die Erfüllbarkeit der im Betrachtungszeitpunkt bereits bestehenden Zahlungspflichten haben kann. Die Beurteilung der Erfüllbarkeit der im Betrachtungszeitpunkt bereits bestehenden und (noch) nicht fälligen Zahlungspflichten verlangt also gezwungenermaßen die Berücksichtigung solcher Zahlungspflichten, die innerhalb des Betrachtungszeitraums entstehen und fällig werden. (Auch nach diesem Verständnis schützt der Eröffnungsgrund der drohenden Zahlungsunfähigkeit nur die aktuellen Gläubiger des Schuldners, nicht die potentiellen.[87])

4. Der Finanzbedarf-Deckungsplan

Weist der Zahlungsplan eine Liquiditätslücke auf, ist er durch eine prospektive Finanzierungsrechnung zu ergänzen, die den in einzelnen Bereichen auftretenden Finanzierungsbedarf und die Möglichkeiten der Deckung dieses Bedarfs aufzeigt. Dabei dürfen nicht ausgeschöpfte Spielräume der Beschaffung von Fremdkapital (durch Kreditaufnahme oder durch Zins- und Tilgungsmoratorien) und die Zufuhr von Eigenkapital nur berücksichtigt werden, wenn deren erfolgreiche Durchführung innerhalb des Betrachtungszeitraums hinreichend gesichert ist. Eine Kapitalbeschaffung ist auch durch Beleihung, sale-and-lease-back-Geschäfte oder Liquidation einzelner Vermögensgegenstände möglich.[88] Der Zahlungsplan ist in diesen Fällen den zu erwartenden Einzahlungen und neu begründeten Zahlungspflichten anzupassen. Die Verschiebung oder Vermeidung von Auszahlungen kann dagegen in der Krise nur selten einen Beitrag zur Wiederherstellung der Zahlungsfähigkeit leisten.

87 AA sind aber: *Burger/Schellberg* (Fn 25), 264.

88 Weitere Bsp bei: *Braun/Riggert/Kind* (Fn 56), 82; *Drukarczyk/Schüler* (Fn 68), Rn 54 f; Fachausschuß Recht (Fn 25), 88.

Wenn der Finanzplan eine Liquiditätslücke offenbart, die voraussichtlich nicht innerhalb des jeweiligen Betrachtungszeitraums geschlossen werden kann, gilt es zu unterscheiden: Bei drohender Zahlungsunfähigkeit sind die Gläubigeransprüche noch nicht unmittelbar gefährdet; es besteht weder eine Antragspflicht des Schuldners noch ein Antragsrecht der Gläubiger. Der zunächst zugrundegelegte Betrachtungszeitraum (von maximal zwei Geschäftsjahren) könnte also erweitert werden, um die Feststellung zu ermöglichen, ob und ggf zu welchem Zeitpunkt mit der Wiederaufnahme der Zahlungen durch den Schuldner zu rechnen ist. In diesem Fall sind auch die Zahlungspflichten zu berücksichtigen, die innerhalb des erweiterten Betrachtungszeitraums entstehen und fällig werden. Wird allerdings die Zahlungsunfähigkeit oder die künftige Zahlungsfähigkeit im Rahmen einer Fortbestehensprognose geprüft, geht es vorrangig um die Feststellung, ob eine Insolvenzantragspflicht des Schuldners besteht; in diesen Fällen ist die Erweiterung des ursprünglich zugrundegelegten jeweiligen Betrachtungszeitraums nicht zulässig, könnte doch sonst eine etwaige Antragspflicht vermieden werden. Eine Liquiditätslücke, die nicht innerhalb des og Kapitalbeschaffungszeitraums von drei Wochen geschlossen werden kann, führt zur Zahlungsunfähigkeit; droht die Zahlungsunfähigkeit innerhalb von zwei Geschäftsjahren, steht das negative Ergebnis der Fortbestehensprognose fest.

Kapitel 6: Die Überschuldung

Die Überschuldung stellt vor dem Hintergrund der Verwertungs- und Verteilungsfunktion des Konkurses auf die Unzulänglichkeit der Haftungsmasse für die vollständige Befriedigung der Gläubiger ab. Als Insolvenztatbestand erlaubt sie die Eröffnung des Insolvenzverfahrens zu einem Zeitpunkt, zu dem noch ausreichend Vermögensmasse zur Deckung der bestehenden Verbindlichkeiten vorhanden ist. Damit wird die Insolvenzantragspflicht des Schuldners gegenüber demjenigen Zeitpunkt vorverlegt, der durch den Insolvenztatbestand der Zahlungsunfähigkeit beschrieben wird; zugleich werden die Gläubiger vor einer (weiteren) Aufzehrung des Gesellschaftsvermögens geschützt. Der Tatbestand der Überschuldung formuliert die Pflicht beschränkt haftender und bilanzpflichtiger Schuldner, rechtzeitig einen Insolvenzantrag zu stellen; die geschäftsführenden Gesellschaftsorgane werden also zu einer gewissenhaften Prüfung der wirtschaftlichen Lage ihres Unternehmens angehalten. So sinnvoll der Insolvenztatbestand der Überschuldung auch sein mag, so gering ist bedauerlicherweise seine praktische Bedeutung für die Eröffnung von Insolvenzverfahren; in aller Regel kommt es auf den Überschuldungstatbestand erst nach Verfahrenseröffnung bzw nach Ablehnung eines Insolvenzantrages an, wenn die Staatsanwaltschaft wegen des Verdachts einer Wirtschaftsstraftat den Nachweis einer verspäteten Insolvenzantragstellung durch die geschäftsführenden Gesellschaftsorgane zu erbringen versucht.

I. Die besondere Funktion der Überschuldung

Überschuldung liegt vor, wenn das Vermögen des Schuldners die bestehenden Verbindlichkeiten nicht mehr deckt (§ 19 Abs 2 S 1 InsO). Der Insolvenztatbestand der Überschuldung stellt damit vor dem Hintergrund der Verwertungs- und Verteilungsfunktion des Konkurses auf die Unzulänglichkeit der Haftungsmasse für die vollständige Befriedigung der Gläubiger ab.

1. Überschuldung und beschränkte Haftung

Überschuldung liegt also vor, wenn die Gläubiger bei einer gedachten gleichzeitigen Vollstreckung in das Schuldnervermögen zumindest teilw nicht (mehr) befriedigt werden können. *R. H. Schmidt* meint, die Überschuldung sei als Konkursgrund eine „Fehlkonstruktion“; der Tatbestand der Überschuldung wäre nämlich auch dann verwirklicht, wenn keine Gefährdung der Gläubigerpositionen bestünde.[1] Dies trifft aber gewiß nicht zu! Überschuldete Unternehmen können zwar zahlungsfähig sein; denn solange den Geldkreditgebern eine bereits bestehende Überschuldung verborgen bleibt, werden sie dem Unternehmen weiterhin Kreditmittel zur Verfügung stellen. Indes ist eine Gefährdung der Gläubigeransprüche beim Insolvenztatbestand der Überschuldung nicht im Mangel an Zahlungsmitteln zu sehen, sondern darin, daß eine (beschränkt haftende) Kapitalgesellschaft nicht ausreichend Vermögensmasse vorzuweisen hat, um die bestehenden Verbindlichkeiten zu decken. Der Überschuldungstatbestand knüpft also an die beschränkte Haftung derjenigen Schuldner, die den Gläubigern weder mit privatem noch mit zukünftigem Vermögen haften. Insofern wird die Tatsache berücksichtigt, daß von beschränkt haftenden Unternehmensträgern für die Teilnahme am Rechts- und Geschäftsverkehr ein Mindestgrund- bzw Mindeststammkapital gefordert wird; allerdings ist diese rechtsformabhängige Mindesthöhe des Haftkapitals im Hinblick auf den tatsächlichen Geschäftsumfang im Einzelfall nicht ausreichend bemessen. Deshalb bedarf es der regelmäßigen Kontrolle der Schuldendeckungsfähigkeit des Unternehmensvermögens und der Prüfung der Überschuldung.

Der Insolvenztatbestand der Überschuldung ist vorrangig auf den Schutz der aktuellen Gläubiger mitsamt bestehenden Forderungen gegen das schuldnerische Unternehmen gerichtet, dient also nicht dem künftiger Gläubiger und deren potentieller Forderungen.[2] Die in den Statistiken ausgewiesenen Befriedigungsquoten für ungesicherte Gläubiger lassen zunächst Zweifel an dem Beitrag aufkommen, den der Insolvenztatbestand der Überschuldung für den Schutz von Gläubigeransprüchen zu leisten vermag.[3] Zuweilen wird

[1] *R. H. Schmidt* Ökonomische Analyse des Insolvenzrechts, 127, 131.

[2] AA sind: *H.-P. Müller/Haas* Bilanzierungsprobleme bei der Erstellung eines Überschuldungsstatus nach § 19 Abs. 2 InsO, Rn 3.

[3] Vgl zB die von *Drukarczyk* (Unternehmen und Insolvenz, 94) vorgebrachte Kritik.

deshalb in der Literatur die ersatzlose Streichung des Überschuldungstatbestandes verlangt.[4] Jedoch darf die Leistungsfähigkeit der Überschuldung nicht (vorrangig) daran gemessen werden, ob sich Eröffnungsanträge überhaupt auf diesen Insolvenztatbestand stützen und/oder zu welchen Befriedigungsquoten die sodann eröffneten Insolvenzverfahren für ungesicherte Gläubiger führen. Denn zumeist werden die Insolvenzanträge durch die Gläubiger mit (offenkundiger) Zahlungseinstellung begründet; eine ggf schon seit längerem bestehende Überschuldung bleibt den Gläubigern dagegen in aller Regel verborgen. Demnach versagt nicht die Überschuldung in ihrer Ausgestaltung als gläubigerschützender Insolvenztatbestand; vielmehr sind die betriebswirtschaftlichen Instrumente, die zur Feststellung der Überschuldung heranzuziehen sind, mangelhaft und in ihrem praktischen Nutzen zu verbessern. (Letzteres ist eine Forderung an die Betriebswirtschaftslehre!)

2. Der Anwendungsbereich des Überschuldungstatbestandes

Neben der Zahlungsunfähigkeit bildet die Überschuldung einen zusätzlichen Eröffnungsgrund für Insolvenzverfahren bei juristischen Personen (§ 19 Abs 1 InsO) sowie bei rechtsfähigen Vereinen, Stiftungen und Genossenschaften ohne unbeschränkte Nachschußpflicht (§ 98 Abs 1 Nr 2, Abs 3 GenG), bei kapitalistischen Personenhandelsgesellschaften ohne persönlich haftende natürliche Person als Gesellschafter und bei nichtrechtsfähigen Vereinen (§ 19 Abs 1, Abs 3 iVm § 11 Abs 1 S 2 InsO), ferner beim Nachlaß (§ 320 Satz 1 InsO) und beim Gesamtgut einer fortgesetzten Gütergemeinschaft (§ 332 Abs 1 InsO iVm § 320 Satz 1 InsO).

Die Eröffnung eines Insolvenzverfahrens über das Vermögen von Gesellschaften ohne Rechtspersönlichkeit ist im Falle der Überschuldung möglich, wenn kein persönlich haftender Gesellschafter eine natürliche Person ist (§ 19 Abs 3 S 1 InsO). Zwar enthielt bereits § 209 Abs 1 S 3 KO eine vergleichbare Regelung für offene Handels-

4 So ua von: *Egner/Wolff* AG 1978, 99, 109; *Fenske* AG 1997, 554, 559; *Kressin* Die Einleitung eines Insolvenzverfahrens für Unternehmen – Ursachen, Zeitpunkt, Gründe, 153; *M. Kühn* Insolvenzindikatoren und Unternehmenskrise, 265; *Schlosser* Die Eröffnung des Insolvenzverfahrens, 20.

gesellschaften und Kommanditgesellschaften; die Besonderheit der neuen Vorschrift ergibt sich jedoch aus dem Zusammenspiel mit der Legaldefinition der Gesellschaft ohne Rechtspersönlichkeit (§ 11 Abs 2 Nr 1 InsO), wonach ein Insolvenzverfahren mittlerweile auch über das Vermögen von BGB-Gesellschaften eröffnet werden kann. (Dies gilt natürlich nur für unternehmenstragende und vermögensverwaltende BGB-Gesellschaften, die ein Sondervermögen gebildet haben und deshalb insolvenzrechtsfähig sind;[5] BGB-Innengesellschaften sind dies grundsätzlich nicht.[6])

Natürliche Personen, gewöhnliche Personenhandelsgesellschaften und Einzelkaufleute fallen also nicht unter den Anwendungsbereich des Überschuldungstatbestandes. Damit verläuft – wie bish auch – eine „Trennungslinie" durch das Insolvenzrecht: Für den wirtschaftlich bedeutenden Teil der Unternehmensträger gilt der Insolvenztatbestand der Überschuldung, der übrige Teil wird wie Nichtkaufleute behandelt. Der Gesetzgeber vertraut noch immer auf die unbeschränkte Haftung und versteht den Insolvenztatbestand der Überschuldung im übrigen als (zugegebenermaßen notwendiges) Gegengewicht zur ausschließlichen Haftung des Unternehmensvermögens bei Kapitalgesellschaften. (Außerdem verspricht sich der Gesetzgeber von einer Ausdehnung der Insolvenzantragspflicht bei Überschuldung auf alle unternehmerisch tätigen Schuldner keine frühzeitige Eröffnung von Insolvenzverfahren.[7]) Die (vermeintlich) unbeschränkte Haftung wird in ihrer Bedeutung allerdings überschätzt: „So richtig es ist, daß beschränkte Haftung den Überschuldungstatbestand unentbehrlich macht, so unrichtig ist der Umkehrschluß, unbeschränkte Haftung mache ihn überflüssig."[8] Einen Beleg dafür, daß Haftung Kapital nicht zu ersetzen vermag, liefert die Statistik: Die Deckungsquoten ungesicherter Gläubiger in der Insolvenz von Unternehmensträgern unterscheiden sich kaum voneinander, und zwar unabhängig von der Rechtsform der jeweiligen Unternehmen; Gläubigerforderungen sind in der Insolvenz von persönlich und un-

[5] *K. Schmidt* Insolvenzordnung und Unternehmensrecht – Was bringt die Reform?, Rn 8.
[6] *Uhlenbruck* Gesellschaftsrechtliche Aspekte des neuen Insolvenzrechts, Rn 5.
[7] Vgl die allgem Begr zum RegEInsO, BT-Drs 12/2443 v 15. 4. 92, 84.
[8] *K. Schmidt* JZ 1982, 165, 172.

beschränkt haftenden Unternehmensträgern weder werthaltiger noch sicherer als in der Insolvenz von beschränkt haftenden. Die persönliche und unbeschränkte Haftung von Unternehmensträgern mindert nicht das Insolvenzausfallrisiko, sondern allenfalls das Insolvenzverursachungsrisiko.[9] Wenn die Haftungsverfassung der Unternehmensträger aber keinen Einfluß darauf hat, ob und in welcher Höhe die (ungesicherten) Gläubiger mit ihren Forderungen in einem etwaigen Insolvenzverfahren ausfallen, besteht auch kein Grund, nicht von allen unternehmerisch tätigen Schuldnern eine angemessene Eigenkapitalausstattung zu verlangen und den Anwendungsbereich des Insolvenztatbestandes der Überschuldung auf alle Unternehmensträger auszudehnen.[10]

II. Die zweistufige Überschuldungsprüfung

Der Insolvenztatbestand der Überschuldung wurde durch das Konkurs- und Vergleichsrecht nicht näher umschrieben; verschiedene gesellschaftsrechtliche Vorschriften legten aber eine Konkursantragspflicht für den Fall fest, daß das Vermögen einer Gesellschaft die Schulden nicht mehr deckte. Mittlerweile bestimmt § 19 InsO, wann Überschuldung vorliegt; gleichwohl bleibt die inhaltliche Ausgestaltung des Überschuldungstatbestandes eine juristische Frage, die es mit Hilfe betriebswirtschaftlicher Erkenntnisse und Methoden zu beantworten gilt.

1. Die Überschuldungsdefinition des § 19 Abs 2 S 1 InsO

Überschuldung liegt vor, wenn das Vermögen des Schuldners die bestehenden Verbindlichkeiten nicht mehr deckt (§ 19 Abs 2 S 1 InsO). Dieser Vermögenszustand ist durch die Gegenüberstellung von Vermögen und bestehenden Verbindlichkeiten zu einem bestimmten Stichtag zu ermitteln. Nach hM ist hierfür eine Sonderbi-

[9] So die zutreffende Feststellung von: *Haas* Die Eröffnungsgründe: Zahlungsunfähigkeit, drohende Zahlungsunfähigkeit, Überschuldung, 13.

[10] Diese Forderung ist übrigens nicht aus der jüngsten Vergangenheit: *Berkhemer* Der Insolvenzstatus – Betriebswirtschaftliche Grundlagen und Konsequenzen, 9; *Biermann* Die Überschuldung als Voraussetzung der Konkurseröffnung, 87ff; *Haas* (Fn 9), 14; *K. Schmidt* ZIP 1980, 233, 237; *Schürer* Der Tatbestand der Überschuldung im deutschen Insolvenzrecht, 90.

lanz zu erstellen, die sog Überschuldungsbilanz, deren Bewertungszweck allein darin liegt, durch die Gegenüberstellung von Vermögen und bestehenden Verbindlichkeiten vor dem Hintergrund der bes Funktion der Überschuldung eine Aussage über die Schuldendekkungsfähigkeit des Schuldnervermögens und den Gefährdungsgrad der Gläubigeransprüche zu treffen.[11] Für die Überschuldungsbilanz gelten andere Bilanzierungs- und Bewertungsgrundsätze als für die Handelsbilanz, dient letztere doch als Rechenschaftsbericht der Unternehmensführung der Befriedigung vielfältiger Informationsinteressen und gibt Auskunft über die Erreichung finanzieller Zielvorstellungen, welche die jeweiligen Interessengruppen mit ihrer Beteiligung am Unternehmen verbinden;[12] der Aussagegehalt der Handelsbilanz wird außerdem von steuerrechtlichen Bewertungsregeln geprägt. Handelsbilanzen haben deshalb nur eine beschränkte Aussagekraft, soweit es um die Feststellung einer Überschuldung iSd § 19 Abs 2 S 1 InsO geht.[13] Aus diesem Grunde sind für die Überschuldungsbilanz auch nicht die handelsrechtlichen Bilanzierungs- und Bewertungsregeln maßgebend;[14] somit gelten weder das Vorsichts- und das Anschaffungswertprinzip, noch das Realisations-

11 BGH BB 1958, 891; BGH St 15, 306, 309; BGH ZIP 1994, 701, 703; OLG Dresden GmbHR 1999, 620; *Arians* Sonderbilanzen, 228 f; *Drukarczyk/Schüler* Die Eröffnungsgründe der InsO: Zahlungsunfähigkeit, drohende Zahlungsunfähigkeit und Überschuldung, Rn 114; Fachausschuß Recht, Entwurf einer Verlautbarung: Empfehlungen zur Überschuldungsprüfung bei Unternehmen, abgedr in: FN-IDW 1995, 314, 317; *Kirchhof*, in: *Eickmann ua* Heidelberger Komm zur Insolvenzordnung, § 19 InsO Rn 17; *Kuhn/Uhlenbruck* Konkursordnung-Komm, § 102 KO Rn 3; *Lutter/Hommelhoff* GmbH-Gesetz-Komm, § 64 GmbHG Rn 9; *H.-P. Müller/Haas* (Fn 2), Rn 5; *Pape*, in: Kübler/Prütting, Komm zur Insolvenzordnung, § 19 InsO Rn 9; *Rowedder*, in: *Rowedder ua* GmbHG-Komm, § 63 GmbHG Rn 10; *Smid* Grundzüge des neuen Insolvenzrechts, § 3 Rn 31; *Uhlenbruck*, in: K. Schmidt/Uhlenbruck, Die GmbH in Krise, Sanierung und Insolvenz, Rn 599; *ders* Insolvenzrecht, Rn 406; *Vodrazka* Prüfung der Überschuldung und Unterbilanz, Sp 2025.

12 Vgl hierzu im einzelnen: *Budde/Steuber* AG 1996, 542 ff; *Coenenberg* Jahresabschluß und Jahresabschlußanalyse, 746 ff.

13 Anders scheinen dies *Lütkemeyer* (Die Überschuldung der GmbH, 291 ff, 301 f) und *Rausch* (Gläubigerschutz im Insolvenzverfahren, 178) zu beurteilen.

14 AA aber: *Vonnemann* BB 1991, 867, 870 ff; *ders* Die Feststellung der Überschuldung, Rn 206 ff. Auch *Drukarczyk* (ZGR 1979, 553, 579 f) empfahl in der Vergangenheit die Heranziehung handelsbilanzieller Werte für die Überschuldungsbilanz.

und das Imparitätsprinzip. (Hiervon ist allerdings die Tatsache zu unterscheiden, daß mangels spezieller gesetzlicher Vorgaben das Mengengerüst der Handelsbilanz als Ausgangspunkt für die Aufstellung einer Überschuldungsbilanz dient.[15]) Freilich ist damit noch nicht die Frage beantwortet, wie das Vermögen und die bestehenden Verbindlichkeiten des Schuldners in der Überschuldungsbilanz zu bewerten sind.

2. Die zweistufige Überschuldungsprüfung gem § 19 Abs 2 S 2 InsO

Das vorhandene Vermögen des Schuldners ist „realistisch" zu bewerten, um eine rechtzeitige Verfahrenseröffnung nicht zu gefährden.[16] Bei der Bewertung des Schuldnervermögens ist nach § 19 Abs 2 S 2 InsO „jedoch" die Fortführung des Unternehmens zugrunde zu legen, wenn sie nach den Umständen überwiegend wahrscheinlich ist. Nach hM sind in der Überschuldungsbilanz somit entweder Fortführungs- oder Liquidationswerte anzusetzen, und zwar in Abhängigkeit davon, ob eine Fortführung des Unternehmens überwiegend wahrscheinlich ist.[17] Es bedarf also einer zukunftsbezogenen Betrachtung der Unternehmenstätigkeit und -entwicklung, die einerseits eine Beurteilung über die wirtschaftliche Lebensfähigkeit des Unternehmens erlaubt, und andererseits zeigt, ob die Unternehmensfortführung Risiken für die aktuellen Gläubiger und deren Forderungen birgt. Im Rahmen einer zweistufigen Überschuldungsprüfung ist deshalb neben der statischen Überschuldungsbilanz auch eine Fortbestehensprognose zu erstellen, an Hand derer die wirt-

15 S Abschn IV, 1.

16 So die Begr zu § 23 RegEInsO (Fn 7), 115.

17 Diesem Verständnis der Überschuldungsprüfung haben sich angeschlossen: *Altmeppen* ZIP 1997, 1173, 1175; *Frühl Wagner* WPg 1998, 907 ff; *Höffner* BB 1999, 252, 253 ff; *Kirchhof* (Fn 11), Rn 14 f; *Lutter/Hommelhoff* (Fn 11), Rn 10. Bereits vor Inkrafttreten der InsO wurde eine zweistufige Überschuldungsprüfung befürwortet von: *Auler* DB 1976, 2169 f; *Bilo* GmbHR 1981, 73, 76; *Blumers* BB 1976, 1441, 1442; *Gurke* Verhaltensweisen und Sorgfaltspflichten von Vorstandsmitgliedern und Geschäftsführern bei drohender Überschuldung, 85; *Hirtz* Die Vorstandspflichten bei Verlust, Zahlungsunfähigkeit und Überschuldung einer Aktiengesellschaft, 64 f; *Kuhn/Uhlenbruck* (Fn 11), Rn 5 d ff; *Pribilla* KTS 1958, 1, 7; *Zilias* WPg 1977, 445, 448.

schaftliche Lebensfähigkeit des Unternehmens beurteilt werden kann.

Ist die Fortführung des Unternehmens nicht überwiegend wahrscheinlich, sind in der Überschuldungsbilanz Liquidationswerte anzusetzen.[18] Dies entspricht der Funktion der Überschuldung, die vor dem Hintergrund der Verwertungs- und Verteilungsfunktion des Konkurses auf die Unzulänglichkeit der Haftungsmasse für die vollständige Befriedigung der Gläubiger abstellt. Bei (unterstellter) Liquidation ist von der Beendigung der Geschäftstätigkeit und der anschließenden Zerschlagung des Unternehmens, also der Aufgabe der rechtlichen und wirtschaftlichen Einheit, auszugehen. Die einzelnen Vermögensgegenstände des Unternehmens sind deshalb nach ihrer jeweiligen Verwertungsmöglichkeit zu bewerten. (Ein möglicher Zukunftserfolg des Unternehmens bleibt dabei ebenso unberücksichtigt wie etwaige immaterielle Vermögenswerte.[19]) Bestätigt dagegen die Fortbestehensprognose die wirtschaftliche Lebensfähigkeit des Unternehmens, sind in der Überschuldungsbilanz Fortführungswerte anzusetzen.[20] (Ausgeklammert bleibt dabei zunächst die Frage, wie solche Fortführungswerte eigentlich zu bestimmen sind und welche Aussage sie überhaupt hinsichtlich der Gefährdung von Gläubigeransprüchen zu treffen vermögen.)

[18] Für den Ansatz von Liquidationswerten in der Überschuldungsbilanz unabhängig vom Ausgang einer Fortbestehensprognose: *Adler* Abwicklungsbilanzen, 78; *Biermann* (Fn 10), 68; *Dahl* GmbHR 1964, 112, 113; *Fettel* Überschuldung, Spalte 5465; *Klebba* BFuP 1953, 691, 702; *G. Kühn* DB 1970, 549, 551; *Swoboda* Finanzierungstheorie, 45; *F. Weber*, in: Jaeger, Konkursordnung-Komm, §§ 207, 208 KO Rn 20.

[19] Dies kritisieren zB: *Beeck* Die Konkursantragstellung als gläubigerspezifisches Entscheidungsproblem, 25; *Hirtz* (Fn 17), 63; *Hundertmark/Herms* BB 1972, 1118, 1119; *Siedschlag* Ansatzpunkte zu einer Reform des Insolvenzrechts, 85.

[20] Für den Ansatz von Fortführungswerten in der Überschuldungsbilanz unabhängig vom Ausgang einer Fortbestehensprognose: *Franzheim* NJW 1980, 2500, 2501; *Herget* AG 1974, 137, 138; *Hirsch* Zur Auslegung und Reform der Überschuldungsbestimmungen im Gesellschaftsrecht, 311 ff; *Mathews* WPg 1950, 250, 253; *Obermüller* DB 1973, 267, 269; *Rieger* Einführung in die Privatwirtschaftslehre, 233; *Schlüchter* MDR 1978, 265; *Sudhoff* NJW 1973, 1829; *Warneke* WPg 1949, 33, 34.

Eine bestimmte Prüfungsreihenfolge der beiden Elemente der zweistufigen Überschuldungsprüfung mag sich zwar nicht zwingend aus dem Gesetzeswortlaut ergeben, drängt sich aber durch den jeweiligen Zweck von Überschuldungsbilanz und Fortbestehensprognose geradezu auf: Der Ausgang der Fortbestehensprognose entscheidet über die in der Überschuldungsbilanz maßgeblichen Bilanzierungs- und Bewertungsgrundsätze; die Überschuldungsbilanz trifft eine Aussage über die Schuldendeckungsfähigkeit des Unternehmensvermögens vor dem Hintergrund der jeweiligen Verwertungsmöglichkeit. Sinnvollerweise ist deshalb zuerst eine Prognose über die Wahrscheinlichkeit der Fortführung des Unternehmens vorzunehmen, um anschließend die Überschuldungsbilanz unter dem Gesichtspunkt aufzustellen, der sich aus der Prognose ergeben hat; die Fortbestehensprognose ist also stets vor der Überschuldungsbilanz zu erstellen.[21] Ausgangspunkt der Überschuldungsprüfung ist nicht etwa eine Überschuldungsbilanz zu Liquidationswerten, die im Fall einer positiven Fortbestehensprognose sodann zu korrigieren wäre.[22] Eine solche „dreistufige" Überschuldungsprüfung steht zwar nicht im Widerspruch zur gesetzlichen Regelung, wird allerdings weder vom Wortlaut des § 19 Abs 2 InsO noch von der Begr zum RegEInsO bes gestützt; sie führt vielmehr zu unnötiger Mehrarbeit, ohne einen weiter gehenden methodischen Sinn zu erfüllen, wenngleich die geschäftsführenden Gesellschaftsorgane einen Einblick in die Schuldendeckungsfähigkeit des Unternehmensvermögens sowohl unter Ansatz von Fortführungswerten als auch unter Ansatz von Liquidationswerten erlangen. (Mit Hilfe der Überschuldungsbilanz soll jedoch nicht die optimale Verwertungsmöglichkeit des Unternehmensvermögens herausgefunden, sondern dessen Schuldendeckungsfähigkeit für die wahrscheinlichere der beiden Möglichkeiten geprüft werden.[23])

[21] Dieser Ansicht sind auch: *Drukarczyk/Schüler* (Fn 11), Rn 83; *Mönning*, in: Nerlich/Römermann, Insolvenzordnung-Komm, § 19 InsO Rn 17; *H.-P. Müller/Haas* (Fn 2), Rn 10; *Temme* Die Eröffnungsgründe der Insolvenzordnung, 117.

[22] So aber die Vorstellung von: *Bork* Einführung in das neue Insolvenzrecht, Rn 92 f; *Graf Brockdorff*, in: Huntemann/Graf Brockdorff, Der Gläubiger im Insolvenzverfahren, Kap 2, Rn 37; *Lutter* ZIP 1999, 641, 644; *Pape* (Fn 11), Rn 7 f; *Schmerbach*, in: Wimmer, Frankfurter Komm zur Insolvenzordnung, § 19 InsO Rn 6 a, 6 b; *Uhlenbruck* (Fn 11), Rn 600.

[23] Hierauf verweisen auch: *Drukarczyk/Schüler* (Fn 11), Rn 88.

Nun wird mit diesem Verständnis der Überschuldungsprüfung einerseits das Problem der Einseitigkeit der Bewertungsmethoden gelöst, andererseits den Erfordernissen einer zukunftsorientierten Überschuldungsfeststellung bei Unternehmen entsprochen. Gleichwohl mangelt es nicht an Kritik: So wird eingewendet, mit Prüfung der wirtschaftlichen Lebensfähigkeit des Unternehmens rücke die Fortbestehensprognose in den Mittelpunkt der (zweistufigen) Überschuldungsprüfung;[24] mit Erstellung der Prognose erübrige sich eine anschließende Prüfung der Schuldendeckungsfähigkeit des Unternehmensvermögens, zumal die Überschuldungsbilanz keine andere Aussage zu treffen in der Lage wäre als die Fortbestehensprognose.[25] Jedoch sollte mE nicht das Verständnis der zweistufigen Überschuldungsprüfung in Frage gestellt werden, sondern allenfalls das durch § 19 Abs 2 S 2 InsO gewählte. Bei näherer Betrachtung offenbaren sich nämlich drei Mängel, die zugleich dafür sprechen, im Falle der positiven Fortbestehensprognose auf die Erstellung einer Überschuldungsbilanz (zu Fortführungswerten) zu verzichten.

Erstens: Bei positiver Fortbestehensprognose, also im Falle wirtschaftlicher Lebensfähigkeit des Unternehmens, besteht zunächst keine unmittelbare Gefährdung der Gläubigeransprüche. Unterstellt man, daß im Rahmen der Fortbestehensprognose die künftige Zahlungsfähigkeit des Unternehmens geprüft wird, ist mit der Erfüllung der bestehenden Zahlungspflichten auch künftig zu rechnen; in diesem Fall besteht weder die Notwendigkeit, ein Insolvenzverfahren zu eröffnen, noch ist irgend jemand an der Einleitung der gerichtlichen Insolvenzabwicklung interessiert.[26] Es bedarf also nicht (mehr) der Aufstellung einer bes Überschuldungsbilanz, um die Aussage einer (positiven) Prognose zu bestätigen oder zu widerlegen. Die Über-

[24] So zB die Kritik von: *Klar* DB 1990, 2077; *Kressin* (Fn 4), 186; *Schüppen* DB 1994, 197, 199.

[25] So der Einwand von: *Arens* Ertragsorientierte Überschuldungsprüfung, 189; *Drukarczyk/Schüler* Zahlungsunfähigkeit, drohende Zahlungsunfähigkeit und Überschuldung als Insolvenzauslöser, Rn 78 f; *Egner/Wolff* (Fn 4), 104.

[26] Zu dieser Einschätzung gelangen sogar die Vertreter des hier kritisierten Verständnisses der zweistufigen Überschuldungsprüfung; vgl zB: *Haas* (Fn 9), 18 f; *Temme* (Fn 21), 119. Nur *Höffner* (BB 1999, 252, 254) ist der Ansicht, daß die Gläubiger auch in diesem Fall eine Verfahrenseröffnung wünschen.

schuldungsbilanz zu Fortführungswerten hat keine eigenständige Bedeutung neben der positiven Fortbestehensprognose.

Zweitens: Der Insolvenztatbestand der Überschuldung stellt vor dem Hintergrund der Verwertungs- und Verteilungsfunktion des Konkurses auf die Unzulänglichkeit der Haftungsmasse für die vollständige Befriedigung der Gläubiger ab. Welche Aussage vermag im Hinblick auf diese Funktion schon eine Überschuldungsbilanz zu Fortführungswerten zu treffen? (Ausgeblendet bleibt dabei die – ohnehin bislang nicht einmal ansatzweise befriedigend beantwortete – Frage, wie Fortführungswerte in einer Überschuldungsbilanz darzustellen sind.) Eine Überschuldungsbilanz zu Fortführungswerten gibt keinen Aufschluß über den Gefährdungsgrad der Gläubigeranspüche:[27] Sie bildet zwar (theoretisch) den Wert des Vermögens bei (unterstellter) Unternehmensfortführung ab, gewährt aber keinen Einblick in die tatsächliche Schuldendeckungsfähigkeit des Unternehmensvermögens; die Gläubiger sehen bei festgestellter Schuldenunterdeckung allenfalls, daß auch die Fortführung des schuldnerischen Unternehmens ihre Befriedigung zu gefährden scheint, können allerdings nicht einschätzen, ob und inwieweit sie das dem Unternehmen überlassene Kapital wiedererlangen. Im Hinblick auf die Funktion der Überschuldung sind in der Überschuldungsbilanz eigentlich stets Liquidationswerte anzusetzen. Dieser Erkenntnis scheint sich wohl auch die hM nicht verschließen zu können: Nach der zweistufigen Überschuldungsprüfung wäre nämlich von Überschuldung auszugehen, wenn bei positiver Fortbestehensprognose die Überschuldungsbilanz zu Fortführungswerten eine Schuldenunterdeckung (und damit eine Gläubigergefährdung unter dem Gesichtspunkt der Unternehmensfortführung) belegte; dessenungeachtet möchte die hM in diesem Fall eine Überschuldung aber nur dann bejahen, wenn zugleich eine Überschuldungsbilanz zu Liquidationswerten eine Schuldenunterdeckung ausweist.[28] Dies verdeutlicht drittens, daß die Überschuldungsbilanz zu Fortführungswerten auch keine eigenständige Bedeutung neben der Überschuldungsbilanz zu Liquidationswerten hat.

[27] Dieser Ansicht ist auch *Fenske* (Fn 4), 558.

[28] Vgl: *Haas* (Fn 9), 18; *Lutter* (Fn 22). Widersprüchlich zu dieser Frage äußern sich: *H.-P. Müller/Haas* (Fn 2), Rn 10 und Rn 20.

3. Die modifizierte zweistufige Überschuldungsprüfung

Bei positiver Fortbestehensprognose ist die zweistufige Überschuldungsprüfung deshalb auf das Wesentliche zu beschränken und auf die Aufstellung einer bes Überschuldungsbilanz (zu Fortführungswerten) zu verzichten. Bei wirtschaftlicher Lebensfähigkeit des Unternehmens ist die Einleitung eines Insolvenzverfahrens aus Gründen des Gläubigerschutzes nicht erforderlich, denn das Unternehmen wird auch künftig in der Lage sein, seine Zahlungspflichten fristgerecht zu erfüllen; die Gläubigeransprüche sind also nicht unmittelbar gefährdet. (Natürlich wird auch hier zunächst nur unterstellt, daß Prüfungsgegenstand der Fortbestehensprognose die künftige Zahlungsfähigkeit des Schuldners ist.) Wird jedoch das Unternehmen voraussichtlich nicht fortgeführt, bedarf es der Überprüfung der Schuldendeckungsfähigkeit des Unternehmensvermögens mittels einer bes Überschuldungsbilanz zu Liquidationswerten. Dieses Verständnis entspricht der modifizierten zweistufigen Überschuldungsprüfung, welcher sich auch der II. Zivilsenat des BGH angeschlossen hat.[29] (Eine Entscheidung des für Insolvenzsachen zuständigen IX. Zivilsenats steht allerdings noch aus.)

In diesem Verständnis besteht der Rechtsbegriff der Überschuldung aus zwei Elementen, nämlich der rechnerischen Überschuldung (die Überschuldungsbilanz zu Liquidationswerten belegt eine Schuldenunterdeckung) und der negativen Fortbestehensprognose; nur beide zusammen führen zu einer rechtlichen Überschuldung und begründen einerseits eine Insolvenzantragspflicht des Schuldners, andererseits ein Insolvenzantragsrecht der Gläubiger. Solange es dem Schuldner also gelingt, eine drohende Zahlungsunfähigkeit zu vermeiden, liegt keine (rechtliche) Überschuldung vor! Beide Elemente der Überschuldungsprüfung sind gleichwertig, eine bes Prüfungsrei-

[29] BGH ZIP 1994, 701, 702f; ZIP 1995, 23, 25; ZIP 1995, 819; ZIP 1997, 2008f; ZIP 1998, 1352, 1353; *K. Schmidt*, in: Scholz, Komm zum GmbH-Gesetz, § 63 GmbHG Rn 10; *ders* Wege zum Insolvenzrecht der Unternehmen, 50f; *Ulmer* KTS 1981, 469, 477ff; *ders*, in: Ulmer, Hachenburg – Großkomm zum GmbHG, § 63 GmbHG Rn 35f. Zust: *Kupsch* WPg 1982, 273, 277; *Penzlin* NZG 2000, 464, 467; *Rowedder* (Fn 11); *Schaub* DStR 1993, 1483, 1484f; *Schulze-Osterloh*, in: Baumbach/Hueck, GmbH-Gesetz, § 63 GmbHG Rn 8.

henfolge besteht nicht.[30] Die Überschuldungsbilanz zu Liquidationswerten muß also nicht zuerst aufgestellt werden;[31] denn weder spricht das Vorliegen einer rechnerischen Überschuldung gegen die wirtschaftliche Lebensfähigkeit eines Unternehmens, noch bestimmt der Grad der rechnerischen Überschuldung die Höhe der Wahrscheinlichkeit mangelnder Lebensfähigkeit. Sinnvollerweise sollte auch hier zuerst eine Fortbestehensprognose vorgenommen werden, zumal sich die Aufstellung einer Überschuldungsbilanz zu Liquidationswerten bei positiver Prognose erübrigt.

Dieses Verständnis der zweistufigen Überschuldungsprüfung verzichtet damit auf eine Vermögensbindungsregel, solange eine sorgfältig erstellte Fortbestehensprognose die wirtschaftliche Lebensfähigkeit des Unternehmens mit überwiegender Wahrscheinlichkeit bestätigt. Eine Vermögensbindungsregel besteht nur, wenn das Unternehmen nicht wirtschaftlich lebensfähig ist; in diesem Fall ist an Hand einer Überschuldungsbilanz zu Liquidationswerten zu prüfen, ob mangels Schuldendeckungspotentials eine unmittelbare Gläubigergefährdung vorliegt. Während also nach hM die Fortbestehensprognose lediglich Vorgabe für die Aktivenbewertung in der Überschuldungsbilanz ist, wird nach dem hier vertretenen Verständnis mit Hilfe der Fortbestehensprognose der Gefährdungsgrad der Gläubigeransprüche ermittelt; es wird geprüft, ob aus Gründen des Gläubigerschutzes die Aufstellung einer bes Überschuldungsbilanz zu Liquidationswerten erforderlich ist, die einen Einblick in die Schuldendeckungsfähigkeit des Unternehmensvermögens bei Liquidation gewährt. Auf diese Weise werden die Gläubiger bestmöglich geschützt, denn die (rechnerische) Überschuldung ist stets an Hand einer Überschuldungsbilanz zu Liquidationswerten zu ermitteln; zugleich wird dem allseitigen Interesse an der Fortführung wirtschaftlich lebensfähiger Unternehmen entsprochen.

Allerdings werden gegen dieses Verständnis der Überschuldungsprüfung zwei Einwände erhoben: Zunächst wird vorgebracht, bei nega-

[30] So auch: *K. Schmidt* (Fn 29); *Ulmer* (Fn 29), Rn 36; Kommission für Insolvenzrecht, Erster Bericht, Begr zu Leitsatz 1. 2. 6, 113. In der Vergangenheit noch aA: *K. Schmidt* AG 1978, 334, 338; *ders* (Fn 10), 235 f.

[31] AA aber: *Karollus* Die Fortbestehensprognose im Rahmen der Überschuldungsprüfung, 25 f; *Rowedder* (Fn 11), Rn 16.

tiver Fortbestehensprognose sei immer eine Gläubigergefährdung zu bejahen, mithin könnte (auch in diesem Fall) auf die Aufstellung einer bes Überschuldungsbilanz verzichtet werden.[32] Dem ist aber entschieden zu widersprechen! Bei negativer Fortbestehensprognose sind die bestehenden Gläubigeransprüche nämlich (noch) nicht unmittelbar gefährdet; zu diesem Zeitpunkt besteht in aller Regel nur ein Insolvenzantragsrecht des Schuldners wegen drohender Zahlungsunfähigkeit (§ 18 Abs 1 InsO). Vor dem Hintergrund der bes Funktion der Überschuldung sind bei negativer Fortbestehensprognose die Gläubigeransprüche nur dann unmittelbar gefährdet, wenn eine Überschuldungsbilanz zu Liquidationswerten zugleich belegt, daß das Unternehmensvermögen die bestehenden Verbindlichkeiten nicht (mehr) deckt.

Außerdem wird darauf verwiesen, daß § 19 Abs 2 S 2 InsO bei positiver Fortbestehensprognose lediglich die Bewertung des Schuldnervermögens unter dem Gesichtspunkt der Unternehmensfortführung erlaube; eine positive Fortbestehensprognose sei nur Vorgabe für die Vermögensbewertung in der Überschuldungsbilanz und könne nicht grundsätzlich eine Überschuldung ausschließen.[33] Die Entscheidung über das Vorliegen einer Überschuldung soll stets der bilanziellen Gegenüberstellung von Vermögen und bestehenden Verbindlichkeiten vorbehalten bleiben.[34] Der RAussch, auf dessen Anregung S 2 in § 19 Abs 2 InsO aufgenommen wurde, begründet seinen Vorschlag folgendermaßen: „Wenn eine positive Prognose stets zu einer Verneinung der Überschuldung führen würde, könnte eine Gesellschaft trotz fehlender persönlicher Haftung weiter wirtschaften, ohne daß ein die Schulden deckendes Kapital zur Verfügung steht. Dies würde sich erheblich zum Nachteil der Gläubiger auswirken, wenn sich die Prognose ... als falsch erweist."[35]

[32] So jedenfalls die Kritik von *Arens* (Fn 25) und *Klar* (Überschuldung und Überschuldungsbilanz, 49).

[33] Dies betonen jedenfalls: *Bork* (Fn 22), Rn 93; *Temme* (Fn 21), 115.

[34] Vgl die Begr zu § 23 RegEInsO (Fn 7), 115.

[35] Ausschußbericht zu § 23 Abs 2 RegEInsO, abgedr bei: Balz/Landfermann, Die neuen Insolvenzgesetze – Texte mit Einführung und den amtlichen Materialien, 2. Aufl, 226.

Freilich ist dies kein methodischer, sondern ein praktischer Grund, der bei positiver Fortbestehensprognose für die Aufstellung einer Überschuldungsbilanz zu Fortführungswerten zu sprechen scheint. Tatsächlich ist aber die Prüfung einer (rechnerischen) Überschuldung zu Fortführungswerten mit mehr Unsicherheiten behaftet als die Erstellung einer Fortbestehensprognose für einen überschaubaren Planungszeitraum.[36] Im übrigen mag sich eine positive Prognose im nachhinein zwar als unzutreffend erweisen und zu einem späteren Zeitpunkt anders beurteilt werden als vorher; das macht diese Prognose aber beileibe nicht „falsch". So wird man allenfalls zu der Einschätzung gelangen, daß die (positive) Fortbestehensprognose im Zeitpunkt ihrer Erstellung unrealistisch war. Es geht also vielmehr darum, ob die Prognose nach einem ex post zu prüfenden ex ante-Urteil (also mit dem zum damaligen Zeitpunkt verfügbaren Wissen) haltbar erscheint.[37] (Deswegen läßt eine eingetretene Zahlungsunfähigkeit nicht vermuten, daß seit dem Eintritt der rechnerischen Überschuldung auch eine rechtliche vorgelegen hat.[38]) Erweist sich eine positive Fortbestehensprognose nachträglich als nicht haltbar, tritt (rechtliche) Überschuldung ein, und zwar ex nunc.[39] Im übrigen ist eine positive Prognose durch die geschäftsführenden Gesellschaftsorgane zu begründen und zu belegen; es sind Unterlagen vorzulegen, die eine positive Annahme rechtfertigen.[40] Dies ergibt sich bereits aus der Pflicht der Geschäftsführung zur laufenden Beobachtung der wirtschaftlichen Verhältnisse des Unternehmens. Bei Vernachlässigung dieser Pflicht oder der leichtfertigten Annahme einer positiven Fortbestehensprognose drohen haftungsrechtliche Folgen wegen Insolvenzverschleppung. In Zweifelsfällen wird deshalb die Einschaltung eines unabhängigen Wirtschaftsprüfers vonnöten sein.[41]

36 Dieser Ansicht ist auch: *Penzlin* (Fn 29), 467 f.

37 So auch die Einschätzung von: OLG Düsseldorf GmbHR 1999, 1202; *Karollus* (Fn 31), 38 f; *K. Schmidt* (Fn 29), Rn 42.

38 AA aber: *Karollus* (Fn 31), 65; *K. Schmidt* (Fn 29).

39 *K. Schmidt*, in: K. Schmidt/Uhlenbruck, Die GmbH in Krise, Sanierung und Insolvenz, Rn 581.

40 Dies betonen auch: *Drukarczyk/Schüler* (Fn 11), Rn 99; *Karollus* (Fn 31), 40 f; *H.-P. Müller/Haas* (Fn 2), Rn 19.

41 Dies ziehen in Erwägung: BGH GmbHR 1999, 539, 545; OLG Düsseldorf GmbHR 1999, 1202; *Karollus* (Fn 31), 59.

So richtig das hier vertretene Verständnis der zweistufigen Überschuldungsprüfung ist, so besonnen sollte es in der Praxis umgesetzt werden, denn dies hat weitreichende Folgen insb im Zusammenhang mit der Insolvenzantragspflicht des Schuldners. Bei Überschuldung sind die Geschäftsführer einer GmbH und die Vorstandsmitglieder einer AG verpflichtet, unverzüglich einen Insolvenzantrag zu stellen, jedenfalls spätestens drei Wochen nach Eintritt der Insolvenzreife. Innerhalb der Antragshöchstfrist von drei Wochen ist jede ernsthafte und erfolgversprechende Sanierung der Gesellschaft zulässig. Dazu zählen vor allem solche Maßnahmen, welche die rechnerische Überschuldung zu beseitigen vermögen, zB die Zufuhr von Eigenkapital durch die Gesellschafter (im Wege der Kapitalerhöhung oder durch Zuzahlungen in das Eigenkapital nach § 272 Abs 2 Nr 5 HGB), im Falle der Gewährung eines eigenkapitalersetzenden Gesellschafterdarlehens aber nur bei gleichzeitiger Vereinbarung eines Rangrücktritts.[42]

Es kommen jedoch – entgegen der hM! – auch solche Maßnahmen in Betracht, welche die künftige Zahlungsfähigkeit der Gesellschaft wiederherstellen.[43] Bei der Aufnahme von Fremdkapital in Form von weiteren Krediten sind zwar die entspr Rückzahlungsforderungen der Kreditgeber stets in der Überschuldungsbilanz zu passivieren, so daß eine bereits eingetretene Schuldenunterdeckung nicht entfällt. Allerdings besteht nach dem hier vertretenen Verständnis eine Insolvenzantragspflicht nur im Falle der rechtlichen Überschuldung, wenn neben der rechnerischen Überschuldung die Fortbestehensprognose negativ ist und die Zahlungsunfähigkeit droht. Wird die künftige Zahlungsfähigkeit wiederhergestellt, ist das Unternehmen wirtschaftlich lebensfähig; eine Antragspflicht wegen Überschuldung besteht dann nicht (mehr), und zwar unabhängig von der Aussage einer Überschuldungsbilanz zu Liquidationswerten. (Dies ist folgerichtig, entspricht aber bedauerlicherweise nicht dem Verständnis der hM!) Erhält die überschuldete Gesellschaft keine neuen Kredite (und dies dürfte immer dann der Fall sein, wenn sie wegen mangelnder Ertragsfähigkeit und zu geringem Eigenkapital als nicht mehr kreditwürdig einzustufen ist), verbleibt nur die Möglichkeit,

[42] Abschn IV, 7.
[43] Dieser Ansicht ist konsequenterweise auch: *Ulmer* (Fn 29), Rn 49.

eine bilanzielle Schuldenunterdeckung durch die Zufuhr von Eigenkapital, ggf durch Beteiligung einzelner Gläubiger am Unternehmen, und/oder durch einen (teilw) Forderungsverzicht der Gläubiger zu beseitigen.

Vor dem Hintergrund der Möglichkeit, daß einzelne Strafgerichte dem Überschuldungsverständnis des § 19 Abs 2 S 2 InsO folgen könnten, empfiehlt *K. Schmidt*, iZw auch bei positiver Fortbestehensprognose nicht auf die Aufstellung einer Überschuldungsbilanz (zu Fortführungswerten) zu verzichten.[44] Gleichwohl bleibt zu hoffen, daß der BGH seiner bish Rspr und dem auch hier vertretenen Verständnis der zweistufigen Überschuldungsprüfung – aus den besten Gründen! – treu bleibt.[45]

III. Die Fortbestehensprognose

Nach hM bestimmt der Ausgang der Fortbestehensprognose, wie das Vermögen und die bestehenden Verbindlichkeiten des Schuldners in der Überschuldungsbilanz zu bewerten sind. Nach dem hier vertretenen Verständnis wird mit der Fortbestehensprognose der Gefährdungsgrad der Gläubigeransprüche gemessen; es wird ermittelt, ob aus Gründen des Gläubigerschutzes die Aufstellung einer bes Überschuldungsbilanz zu Liquidationswerten erforderlich ist, um einen Einblick in die Schuldendeckungsfähigkeit des Schuldnervermögens für den Fall der Unternehmensliquidation zu gewinnen.

1. Der Inhalt der Fortbestehensprognose

Die Fortbestehensprognose ist positiv, wenn die Fortführung des Unternehmens beabsichtigt ist und das Unternehmen wirtschaftlich lebensfähig erscheint.[46] Deshalb bedarf es stets der Absicht der Gesellschafter und/oder der geschäftsführenden Gesellschaftsorgane,

44 *K. Schmidt* (Fn 39).

45 *Höffner* (Fn 17), 253, meint, dies sei angesichts des eindeutigen Votums des Gesetzgebers nicht möglich. *Penzlin* (Fn 29), 468, fordert deshalb eine Gesetzesänderung. Der Gesetzgeber wird sich aber kaum dazu veranlaßt sehen, seine Fehlentscheidung in Sachen Überschuldungsprüfung nachträglich zu korrigieren.

46 Begr zu § 23 RegEInsO (Fn 7), 115.

das Unternehmen weiterzuführen; die Liquidation des Unternehmens ist somit auch bei fehlender Fortführungsabsicht zu unterstellen. Die Prognose beschränkt sich aber nicht nur auf die Prüfung subjektiver Absichten;[47] vielmehr ist die wirtschaftliche Lebensfähigkeit des Unternehmens an Hand objektiver Merkmale zu untersuchen und darüber zu entscheiden, ob (nach hM) die Fortführung des Unternehmens wahrscheinlicher ist als dessen Liquidation, bzw (nach der hier vertretenen Auffassung) eine drohende Gefährdung der aktuellen Gläubigeransprüche besteht, welche die Aufstellung einer Überschuldungsbilanz zu Liquidationswerten erforderlich macht. Auf jeden Fall ist ein Urteil über die wirtschaftliche Lebensfähigkeit des Unternehmens zu treffen.[48]

Die Rspr verlangt überzeugende Anhaltspunkte, die eine positive Fortbestehensprognose rechtfertigen, gesteht den antragspflichtigen Personen aber einen Beurteilungsspielraum zu. Bei der Prognoseerstellung soll es schließlich nicht auf nachträgliche Erkenntnisse, sondern auf die (damalige) Sicht eines ordentlichen Geschäftsführers ankommen.[49] Darüber hinaus begnügt sich der BGH mit der Feststellung, eine Prognose sei jedenfalls dann negativ, wenn die Finanzkraft der Gesellschaft mit überwiegender Wahrscheinlichkeit mittelfristig nicht ausreiche, das Unternehmen fortzuführen.[50] Dabei wird die Prognose weitgehend an Hand solcher Indikatoren erstellt, die lediglich eine allgem Einschätzung der wirtschaftlichen Situation des Unternehmens ermöglichen: Wechselproteste, Kreditkündigungen oder hohe Steuerrückstände sollen auf eine drohende Zahlungsunfähigkeit schließen lassen und auf eine negative Fortbestehensprognose hinweisen; umgekehrt soll das Verhalten informierter Gläubiger für eine positive Prognose sprechen, so zB bei der Freigabe von Sicherheiten durch die Hausbank.[51]

[47] So aber: *Burger/Schellberg* BB 1995, 261, 266; *Burger/Buchhart* WPg 1999, 155, 156.

[48] Vgl: Fachausschuß Recht (Fn 11), 316; *Haas* (Fn 9), 21. Teilw wird auch von der Beurteilung der „Existenzfähigkeit" des Unternehmens gesprochen: *Kölsch* Vorverlegte Insolvenzauslösung – Gestaltungsmöglichkeiten unter besonderer Berücksichtigung prospektiver Insolvenztatbestände, 219.

[49] BGH GmbHR 1994, 539, 545; OLG Düsseldorf GmbHR 1999, 1202.

[50] BGH KTS 1995, 472, 473.

[51] Dieser Ansicht ist jedenfalls: *Temme* (Fn 21), 125.

Ein solches Werturteil, das sich letztlich nur auf allgem Krisenanzeichen stützt, sollte bei der Erstellung einer Fortbestehensprognose aber tunlichst vermieden werden. Vielmehr ist genau zu untersuchen, ob das Unternehmen auch künftig in der Lage ist, seine Zahlungspflichten zu erfüllen. Das Unternehmen sollte also nicht nur Überschüsse erzielen, die Überschüsse sollten zeitlich außerdem so anfallen, daß sie zu den jeweiligen Fälligkeitsterminen der Zahlungspflichten zur Verfügung stehen. Prüfungsgegenstand der Fortbestehensprognose ist damit die künftige Zahlungsfähigkeit des schuldnerischen Unternehmens.[52] (Ein Unternehmen ist zahlungsfähig, wenn es sowohl die Zinsen als auch die Tilgungsraten für die gewährten Fremdkapitalkredite aufzubringen in der Lage ist.[53])

In der Vergangenheit hatten sich *Drukarczyk/Schüler* für die Prüfung der künftigen Ertragsfähigkeit des Unternehmens ausgesprochen; im Rahmen der Fortbestehensprognose sollte die Ertragsfähigkeit an Hand einer Plan-Gewinn- und Verlustrechnung unter Beachtung der relevanten HGB-Vorschriften ermittelt werden.[54] Dagegen sprechen aber zwei Gründe: Erträge bilden nicht das Zahlungsvermögen einer Gesellschaft ab. (Dies zeigt sich zB beim Kauf einer Maschine mit Barmitteln, wenn der Anschaffungspreis in der Gewinn- und Verlustrechnung nicht sofort in voller Höhe als Aufwand verbucht wird, obwohl die entspr Mittel nicht mehr zur Schuldentilgung zur Verfügung stehen.) Außerdem erlaubt die Untersuchung der Ertragsfähigkeit lediglich einen Einblick in den Innenfinanzierungsspielraum eines Unternehmens; unberücksichtigt bleibt der gesamte Bereich der Außenfinanzierung, also Maßnahmen der Eigenkapitalzufuhr sowie

52 Dies entspricht der hA: OLG München GmbHR 1998, 281, 282; *Braun/Riggert/Kind* Die Neuregelungen der Insolvenzordnung in der Praxis, 86; *Drukarczyk/Schüler* (Fn 11), Rn 92; Fachausschuß Recht (Fn 11), 315 f; *Früh/Wagner* (Fn 17), 911; *Karollus* (Fn 31), 29; *Lutter/Hommelhoff* (Fn 11), Rn 11; *Mönning* (Fn 21), Rn 20; *Pape* (Fn11), Rn 16; *Schulze-Osterloh* (Fn 29), Rn 11; *Temme* (Fn 21), 123; *Ulmer* (Fn 29), Rn 37.

53 Vgl: *Dorndorf/Frank* ZIP 1985, 65, 74; *Harneit* Überschuldung und erlaubtes Risiko, 39; *Kölsch* (Fn 48), 226. *Höfner* (Die Überschuldung als Krisenmerkmal des Konkursstrafrechts, 191) scheint dies anders zu beurteilen.

54 *Drukarczyk/Schüler* (Fn 25), Rn 95 f. So im übrigen auch: *Kallmeyer* Die GmbH in der Insolvenz, Rn 4023; Kommission für Insolvenzrecht, Erster Bericht, Leitsatz 1. 2. 6, Abs 1 S 1; *H.-P. Müller/Haas* (Fn 2), Rn 12 und Rn 16.

die Gewährung von Gesellschafterdarlehen und sonstiger Fremdkapitalkredite.

Schließlich eignet sich auch die Rentabilität des Unternehmens nicht als Gegenstand der Fortbestehensprognose.[55] Die Eigenkapitalrentabilität ermöglicht nämlich keine Aussage über den Gefährdungsgrad der Gläubigeransprüche; sie zeigt lediglich, in welcher Höhe sich das eingesetzte Gesellschafterkapital verzinst. Die Gläubiger sind aber idR nicht an der (angemessenen) Verzinsung des Eigenkapitals der Gesellschafter interessiert, sondern vor allem an der Verzinsung und Rückzahlung des eigenen Kapitals.[56]

Die Fortbestehensprognose beinhaltet in dem hier vertretenen Verständnis eine Liquiditätsbetrachtung, die in vergleichbarer Form bei der Prüfung einer drohenden Zahlungsunfähigkeit vorzunehmen ist. Der Einwand, die Fortbestehensprognose führe in diesem Verständnis zu einer (teilw) Überschneidung von Überschuldung und drohender Zahlungsunfähigkeit, ist also zunächst nicht unberechtigt.[57] (Überraschenderweise ist der RAussch der festen Überzeugung, die von ihm gewählte zweistufige Überschuldungsprüfung sei geeignet, eine solche Überschneidung zu vermeiden;[58] worauf diese Annahme allerdings gestützt wird, verschweigt der RAussch.) Gleichwohl sind Überschuldung und drohende Zahlungsunfähigkeit nicht deckungsgleich: Denn auch nach dem hier vertretenen Verständnis beschränkt sich die zweistufige Überschuldungsprüfung nicht auf die Beurteilung der künftigen Zahlungs(un)fähigkeit eines Unternehmens, sondern umfaßt bei negativer Fortbestehensprognose zudem eine Untersuchung der Schuldendeckungsfähigkeit des Unternehmensvermögens an Hand einer Überschuldungsbilanz zu Liquidationswerten. Bei positiver Fortbestehensprognose bedarf es dagegen keiner Überschuldungsbilanz (zu Fortführungswerten); das Unternehmen ist wirtschaftlich lebensfähig, ggf auch kreditwürdig, und die Gläubiger müssen sich nicht um ihre Forderungen sorgen. Der Eröff-

55 AA sind aber: *Bähner* KTS 1988, 443, 446 f; *Egner/Wolff* (Fn 4), 102; *Kirchhof* (Fn 11), Rn 12; *Schaub* (Fn 29), 1486.

56 Diese Einschätzung teilen: *Harneit* (Fn 53); *Höfner* (Fn 53), 190 f.

57 Vgl zB die Kritik bei: *Haas* (Fn 9), 22; *Picot/Aleth* Unternehmenskrise und Insolvenz, Rn 101; *Temme* (Fn 21), 121.

58 Vgl den Ausschußbericht zu § 23 Abs 2 RegEInsO (Fn 35).

nungsgrund der drohenden Zahlungsunfähigkeit schließt zwar auch eine Lücke im beschränkten Anwendungsbereich des Überschuldungstatbestandes, beschreibt aber einen anderen Unternehmenszustand und zielt auf einen anderen Sachverhalt des Gläubigerschutzes als die Überschuldung. Während die drohende Zahlungsunfähigkeit an die Gefahr einer bevorstehenden Geldilliquidität knüpft, stellt die Überschuldung – ggf dargestellt durch eine bes Überschuldungsbilanz zu Liquidationswerten – vor dem Hintergrund der Verwertungs- und Verteilungsfunktion des Konkurses auf die Unzulänglichkeit der Haftungsmasse für die vollständige Befriedigung der Gläubiger zum gegenwärtigen Zeitpunkt ab. Belegt eine Überschuldungsbilanz zu Liquidationswerten, daß das Haftungsvermögen die bestehenden Verbindlichkeiten deckt, ist das Unternehmen nicht überschuldet; die aktuellen Gläubigerforderungen sind nicht unmittelbar gefährdet. (Und dennoch kann der Schuldner bereits zu diesem Zeitpunkt die Eröffnung des Insolvenzverfahrens wegen drohender Zahlungsunfähigkeit beantragen.)

Zugegebenermaßen haben die Geschäftsführer einer GmbH und die Vorstandsmitglieder einer AG damit die Möglichkeit, bei drohender Zahlungsunfähigkeit einen Insolvenzantrag auf § 18 Abs 1 InsO zu stützen, ohne vorher die Schuldendeckungsfähigkeit des Unternehmensvermögens an Hand einer Überschuldungsbilanz zu Liquidationswerten zu überprüfen. Die Stellung eines Eigenantrages ist bei drohender Zahlungsunfähigkeit nämlich immer zulässig; dies gilt auch dann, wenn eine Überschuldungsbilanz zu Liquidationswerten eine Schuldenunterdeckung ergäbe und eine Insolvenzantragspflicht des Schuldners bestünde. Gleichwohl ist es eine andere Frage, ob mit dem Eigenantrag, der auf drohende Zahlungsunfähigkeit gestützt wird, eine Überschuldungssituation verschleiert werden soll. Diese Frage vermag der Insolvenzverwalter zu beantworten, da er nachträglich zu ermitteln in der Lage ist, ob im Zeitpunkt der Verfahrenseröffnung auch eine Überschuldung vorgelegen hat.[59]

2. Der Finanzplan als Prognoserahmen

Der Finanzplan bildet den Rahmen für die Prüfung der wirtschaftlichen Lebensfähigkeit eines Unternehmens. Ausgehend vom Finanz-

[59] Diese Einschätzung teilen: *Drukarczyk/Schüler* (Fn 11), Rn 126.

mittelbestand beinhaltet er alle erwarteten Ein- und erforderlichen Auszahlungen des jeweiligen Betrachtungszeitraums auf der Grundlage von Plan-Gewinn- und Verlustrechnungen sowie Plan-Bilanzen, also einen Zahlungsplan, erweitert um die einzelnen Finanzierungsbereiche (und ggf abgestimmt mit einer Plan-Kapitalflußrechnung). Inhalt, Umfang und Detaillierungsgrad entsprechen dabei den Anforderungen an Finanzpläne, mit deren Hilfe die (drohende) Zahlungsunfähigkeit festgestellt wird.[60]

Der BGH stellt für den Prognosehorizont auf eine mittelfristige Finanzplanung ab und legt teilw einen Betrachtungszeitraum von fünf Monaten zugrunde; aus Gründen des Gläubigerschutzes sollte die Fortbestehensprognose aber vielmehr einen Betrachtungszeitraum umfassen, der sich zumindest auf das laufende und das nächste Geschäftsjahr bezieht, zwei Jahre aber nicht überschreitet.[61] Bei der Handelsbilanz gilt gem § 252 Abs 1 Nr 2 HGB die Annahme der Unternehmensfortführung als Regelfall (going-concern-Prinzip), und nur dann nicht, wenn der Fortführung tatsächliche oder rechtliche Gründe entgegenstehen.[62] Im Gegensatz dazu ist bei der Überschuldungsbilanz die Vermögensbewertung unter dem Gesichtspunkt der Unternehmensfortführung nur zulässig, wenn die Fortführung beabsichtigt und nach den Umständen überwiegend wahrscheinlich ist; die Fortführung darf iZw also nicht einfach unterstellt werden.[63]

Ergibt sich für den Betrachtungszeitraum eine Liquiditätslücke (idR wegen unzureichender Erträge), bedarf es einer prospektiven Finanzierungsrechnung, die den in einzelnen Bereichen auftretenden Finanzierungsbedarf und die Möglichkeiten der Deckung dieses Bedarfs aufzeigt; dies gilt für alle nicht ausgeschöpften Spielräume der

[60] S Kap 5, Abschn IV, 1.

[61] Dies ist hM: *Bähner* (Fn 55), 452; *Drukarczyk/Schüler* (Fn 11), Rn 94; Fachausschuß Recht (Fn 11), 316; *Karollus* (Fn 31), 35; *Kuhn/Uhlenbruck* (Fn 11), Rn 5 h; *Lutter/Hommelhoff* (Fn 11), Rn 11; *Temme* (Fn 21), 127; *Uhlenbruck* Die GmbH & Co. KG in Krise, Konkurs und Vergleich, 285; *Ulmer* (Fn 29), Rn 37.

[62] Vgl hierzu: *Janssen* WPg 1984, 341 ff; *Leffson* WPg 1984, 604 ff; *Moxter* WPg 1980, 345 ff.

[63] So auch: *H.-P. Müller/Haas* (Fn 2), Rn 14.

Beschaffung von Fremd- oder Eigenkapital.[64] Die Möglichkeit einer Außenfinanzierung darf aber nur berücksichtigt werden, wenn sie im Prognosezeitraum das festgestellte Finanzdefizit tatsächlich auszugleichen vermag. Die geschäftsführenden Gesellschaftsorgane sind insofern gehalten, die jeweilige Finanzierungsmöglichkeit nachzuweisen, so zB durch eine schriftliche Kreditzusage. Dasselbe gilt für andere Möglichkeiten der Kapitalbeschaffung, wie zB sale-and-lease-back-Geschäfte und Teilliquidationen; auch diese müssen tatsächlich beabsichtigt und innerhalb des Betrachtungszeitraums durchführbar sein.

Die künftige Zahlungsfähigkeit des Unternehmens ist unter Beachtung des Periodenverbundes zu beurteilen: Weist der Finanzplan für das folgende, nicht aber für das laufende Geschäftsjahr ein (anderweitig nicht ausgleichbares) Finanzdefizit aus, steht der Überschuß aus dem laufenden Geschäftsjahr einschließlich erzielbarer Zinserträge zur Deckung des Defizites im Folgejahr zur Verfügung;[65] reicht der Überschuß im konkreten Fall zur Schließung der Liquiditätslücke aus, ist die Fortbestehensprognose (für den gesamten Betrachtungszeitraum) positiv. Weist der Finanzplan für das laufende, nicht aber für das folgende Geschäftsjahr ein anderweitig nicht ausgleichbares Finanzdefizit aus, ist allerdings von der Zahlungsunfähigkeit für den gesamten Periodenverbund auszugehen; die Fortbestehensprognose ist dann negativ.[66] Kann eine Liquiditätslücke also (durch bes Maßnahmen oder mangels Kreditwürdigkeit) nicht innerhalb des Periodenverbundes geschlossen werden, steht das Ergebnis der Fortbestehensprognose endgültig fest: es ist negativ. Eine Erweiterung des Betrachtungszeitraums ist (anders als bei der Prüfung drohender Zahlungsunfähigkeit) nicht zulässig, da andernfalls eine Insolvenzantragspflicht wegen Überschuldung umgangen werden könnte.

[64] Dieser Ansicht sind mittlerweile auch: *Drukarczyk/Schüler* (Fn 11), Rn 92. AA sind aber: *Haas* (Fn 9), 22, Fn 102; *H.-P. Müller/Haas* (Fn 2), Rn 16.

[65] Dieser Ansicht sind auch: *Drukarczyk/Schüler* (Fn 11), Rn 109.

[66] AA sind *Drukarczyk/Schüler* (ebd), die davon ausgehen, daß ein erwarteter Finanzplanüberschuß des folgenden Geschäftsjahrs durch Beleihung für das laufende Geschäftsjahr antizipiert werden könne.

3. Eigenkapitalausweis und Fortbestehensprognose

Nach Ansicht der Kommission für Insolvenzrecht soll es auf das Ergebnis einer Fortbestehensprognose nicht ankommen, wenn eine nach den Grundsätzen ordnungsmäßiger Buchführung und Bilanzierung erstellte Handelsbilanz zeigt, daß das Eigenkapital des Unternehmens durch Verluste aufgezehrt ist.[67] Belege in diesem Fall eine Überschuldungsbilanz zu Liquidationswerten eine Schuldenunterdeckung, sei ein Insolvenzverfahren aus Gründen des Gläubigerschutzes unabhängig vom Ergebnis einer etwaigen Fortbestehensprognose zu eröffnen.[68] Nach dem Verständnis der Kommission erfordert eine positive Fortbestehensprognose also immer einen positiven Eigenkapitalausweis in der Handelsbilanz. (*Klar* glaubt außerdem, der Kommissionsvorschlag führe durch die Bezugnahme auf den Eigenkapitalausweis in der Handelsbilanz zur Verbindlichkeit der handelsrechtlichen Bilanzierungs- und Bewertungsgrundsätze für die Überschuldungsbilanz.[69] Diese Grundsätze sind zwar durchaus verbindlich, soweit die Handelsbilanz Auskunft über die Höhe des Eigenkapitals gibt; allein deswegen sind sie es aber nicht auch für die Überschuldungsbilanz.)

Der negative Eigenkapitalausweis in der Handelsbilanz ist fürwahr Hinweis für eine schwere Krise des Unternehmens. Dennoch können die verantwortlichen Gesellschaftsorgane auch noch zu diesem Zeitpunkt durch vielfältige Sanierungsmaßnahmen die wirtschaftliche Lebensfähigkeit des Unternehmens sichern oder wiederherstellen. Die Fortbestehensprognose kann also im Einzelfall trotz negativen Eigenkapitalausweises in der Handelsbilanz positiv sein; umgekehrt spricht auch ein positiver Eigenkapitalausweis nicht notwendigerweise dafür, daß das Unternehmen auf Dauer seine Zahlungspflichten zu erfüllen in der Lage ist. (Gleichwohl bleibt der Eigenkapitalausweis in der Handelsbilanz Ausgangspunkt für eine bes Überschuldungsprüfung.[70])

[67] Erster Bericht der Kommission für Insolvenzrecht, Leitsatz 1. 2. 6, Abs 1 S 2.
[68] Ebd, Begr zu o g Leitsatz, 112 f.
[69] Vgl: *Klar* (Fn 32), 70.
[70] S Kap 4, Abschn II, 2.

IV. Die Überschuldungsbilanz

Nach hM bestimmt der Ausgang der Fortbestehensprognose, wie das Vermögen und die bestehenden Verbindlichkeiten in der Überschuldungsbilanz zu bewerten sind. Nach dem hier vertretenen Verständnis der zweistufigen Überschuldungsprüfung kann bei positiver Fortbestehensprognose auf eine Überschuldungsbilanz (zu Fortführungswerten) verzichtet werden; ist jedoch das Ergebnis der Fortbestehensprognose negativ, muß eine Überschuldungsbilanz zu Liquidationswerten aufgestellt werden.

1. Bilanzierungs- und Bewertungsgrundsätze für die Überschuldungsbilanz

Die Bilanzierungs- und Bewertungsgrundsätze für die Überschuldungsbilanz sind am bes Zweck der Überschuldungsprüfung auszurichten.[71] Dies gilt auch für die Frage, welche Vermögensgegenstände und Verbindlichkeiten im einzelnen auf der Aktiv- und der Passivseite der Überschuldungsbilanz zu berücksichtigen sind. Grundlage für die Aufstellung der Überschuldungsbilanz ist das in der Handelsbilanz enthaltene Mengengerüst (vgl § 266 HGB).[72] In der Überschuldungsbilanz sind allerdings nur solche Vermögensgegenstände zu aktivieren, die im Insolvenzfall auch Bestandteil der Insolvenzmasse wären und der Verwertung zugunsten aller Gläubiger unterlägen, sowie nur solche Verbindlichkeiten zu passivieren, die im Falle der Verfahrenseröffnung gegenüber den Insolvenzgläubigern beständen.[73]

Deshalb sind Gegenstände, an denen ein Aussonderungsrecht besteht, grundsätzlich nicht auf der Aktivseite der Überschuldungsbilanz zu berücksichtigen; der gleichmäßigen Gläubigerbefriedigung im Insolvenzverfahren unterliegen nämlich nur solche Vermögensge-

71 Fachausschuß Recht (Fn 11).

72 Dies entspricht dem allgem Verständnis: *Drukarczyk/Schüler* (Fn 11), Rn 114; Fachausschuß Recht (Fn 11); *ders* Entwurf IDW Standard: Anforderungen an Insolvenzpläne (IDW ES 2), abgedr in: FN-IDW 1999, 90, 92; *H.-P. Müller/Haas* (Fn 2), Rn 5 und Rn 23.

73 Vgl die Begr zu § 23 RegEInsO (Fn 7), 115.

genstände, die im rechtlichen Eigentum des schuldnerischen Unternehmens stehen. Ebensowenig sind Forderungen des Unternehmens zu aktivieren, wenn sie erst mit Eröffnung des Insolvenzverfahrens zur Entstehung gelangen, wie zB Ansprüche aus einer erfolgreichen Insolvenzanfechtung durch den Insolvenzverwalter.[74] (Die Überschuldungsprüfung dient schließlich zunächst nur der Feststellung, ob ein Insolvenzverfahren zu eröffnen ist; insofern sind die Verfahrenseröffnung und deren Rechtsfolgen nicht bereits im Zeitpunkt der Insolvenzprüfung zu unterstellen.)

Auf der Passivseite der Überschuldungsbilanz sind nur die im Zeitpunkt der Überschuldungsprüfung bereits bestehenden und im Insolvenzfall zu bedienenden Verbindlichkeiten zu berücksichtigen.[75] Zwar macht die negative Fortbestehensprognose die Aufstellung einer Überschuldungsbilanz unter dem Gesichtspunkt der Unternehmensliquidation erforderlich; diese Liquidation wird aber nur unterstellt! Die Gegenüberstellung von Vermögen und bestehenden Verbindlichkeiten in der Überschuldungsbilanz ist gegenwartsbezogen; es geht also um die im Zeitpunkt der Überschuldungsprüfung bestehenden Verbindlichkeiten, nicht um die im Zeitpunkt der Verfahrenseröffnung (möglicherweise) bestehenden.[76] Verbindlichkeiten sind also dann nicht in der Überschuldungsbilanz, sondern bei Aufstellung einer Konkurseröffnungsbilanz zu berücksichtigen, wenn sie erst durch die Eröffnung des Insolvenzverfahrens ausgelöst werden (so zB die Kosten des Insolvenzverfahrens gem § 54 InsO); dies gilt im übrigen auch bei Ansatz von Liquidationswerten für den Fall der negativen Fortbestehensprognose.[77] (Die Konkurseröffnungsbilanz gewährt einen Überblick der Befriedigungsmöglichkeiten in einem bereits eröffneten Insolvenzverfahren und hat damit dessen Folgen zum Gegenstand.[78])

[74] Dies entspricht der hM: *Drukarczyk/Schüler* (Fn 11), Rn 114; *Temme* (Fn 21), 153.
[75] AA ist jedoch: *Hommelhoff* Eigenkapitalersetzende Gesellschafterdarlehen und Konkursantragspflicht, 254.
[76] Diese Unterscheidung treffen auch: *Drukarczyk/Schüler* (Fn 11), Rn 113.
[77] Diesbzgl aber aA: *Kuhn/Uhlenbruck* (Fn 11), Rn 6 s.
[78] Weitere Einzelheiten bei: *Plate* Die Konkursbilanz, 26ff.

Für die Passivseite der Überschuldungsbilanz gelten ebenso wie für die Aktivseite unterschiedliche Bilanzierungs- und Bewertungsgrundsätze in Abhängigkeit vom Ergebnis der zuvor erstellten Fortbestehensprognose.[79] Die abw Ansicht von *Haas*, für die Passiva der Überschuldungsbilanz hätten – anders als für die Aktiva – einheitliche Grundsätze unabhängig vom Prognoseausgang zu gelten, dürfte auf einem Mißverständnis beruhen.[80] Sowohl S 1 als auch S 2 des § 19 Abs 2 InsO verwenden zwar den Begriff des Vermögens, verstehen darunter aber Unterschiedliches: Während S 1 mit dem Begriff des Vermögens die Aktiva des Schuldners als Gegenstück zu den Verbindlichkeiten bezeichnet, umfaßt der Begriff des Vermögens in S 2 auch die Verbindlichkeiten des Schuldners, also Aktiva und Passiva; die Verbindlichkeiten – als Gegenstück zu den Aktiva – werden in S 2 deshalb nicht erwähnt. Hintergrund dieser sprachlichen Ungenauigkeit: § 19 Abs 2 InsO wurde durch den RAussch des Bundestages nachträglich um S 2 ergänzt.

2. Die Bewertung des Vermögens bei negativer Fortbestehensprognose

Nach hM gilt wie nach dem hier vertretenen Verständnis der zweistufigen Überschuldungsprüfung folgendes: Ist das Ergebnis der Fortbestehensprognose negativ, erfolgt eine Bewertung des Schuldnervermögens und der bestehenden Verbindlichkeiten in der Überschuldungsbilanz unter dem Gesichtspunkt der Liquidation des Unternehmens; es sind sodann Liquidationswerte anzusetzen. Dabei bestimmen die Form der unterstellten Liquidation und die Geschwindigkeit, mit der die Verwertung des Unternehmensvermögens erfolgt, den zu erwartenden Liquidationserlös und damit die Höhe der in der Überschuldungsbilanz anzusetzenden Vermögenswerte.

Zunächst bedarf es also der Feststellung, in welcher Weise die unterstellte Liquidation erfolgt: durch Zerschlagung des Unternehmens (dh durch Veräußerung einzelner Vermögensgegenstände) oder durch die Veräußerung der Aktiva im Ganzen (dh durch Veräuße-

[79] Dies ist hM: *Drukarczyk/Schüler* (Fn 11), Rn 118; *H.-P. Müller/Haas* (Fn 2), Rn 9.

[80] Vgl jedenfalls: *Haas* (Fn 9), 24.

rung des gesamten Unternehmens an eine Auffanggesellschaft iS einer „übertragenden Sanierung"). Im Rahmen der Überschuldungsprüfung ist auf Grundlage von Unternehmenskonzept und Finanzplanung von der jeweils wahrscheinlichen Verwertungsmethode auszugehen.[81] In aller Regel ist die Einzelveräußerung des Unternehmensvermögens zu unterstellen; konkrete Verwertungsmöglichkeiten, wie zB die Veräußerung des Unternehmens als Einheit an eine Auffanggesellschaft, erlauben aber ggf die Korrektur der zuvor ermittelten Einzelveräußerungswerte in Richtung eines Gesamtwertes.[82] (Die Vermögensbewertung unter dem Aspekt der Gesamtveräußerung ist allerdings nicht mit der Bewertung des Vermögens bei positiver Fortführungsprognose zu verwechseln.) Eine – auch nur vorübergehende – Unternehmensfortführung bei allmählicher Veräußerung einzelner Unternehmensteile und sorgfältiger Suche nach einem Erwerber führt natürlich zu einem höheren Liquidationswert als ein „Notverkauf" des Vermögens. Da im Rahmen der Überschuldungsprüfung die Unternehmensliquidation lediglich als Vorgabe für die Vermögensbewertung unterstellt wird, darf durchaus von einer planmäßigen Verwertung der Vermögensgegenstände ausgegangen werden; somit können in der Überschuldungsbilanz zumindest Substanzwerte angesetzt werden.[83] (Nach Ansicht der Kommission für Insolvenzrecht sind diejenigen Werte zu aktivieren, die bei einer mit der Sorgfalt eines ordentlichen Kaufmanns betriebenen Abwicklung zu erwarten wären.[84])

3. Die Bewertung des Vermögens bei positiver Fortbestehensprognose

Nach dem hier vertretenen Verständnis bedarf es bei positiver Fortbestehensprognose nicht der Aufstellung einer Überschuldungsbilanz (zu Fortführungswerten). Nach hM erlaubt eine positive Fortbestehensprognose lediglich, das Schuldnervermögen unter dem Ge-

81 Fachausschuß Recht (Fn 11), 318.

82 Dies ist wohl hM, aber keinesfalls unumstr; vgl: *Berkhemer* (Fn 10), 41; *Dahl* (Fn 18), 114; *W. Fischer* DB 1981, 1345, 1346; *Giebeler* Die Feststellung der Überschuldung einer Unternehmung, 83; *Temme* (Fn 21), 147f.

83 Vgl: *Auler* (Fn 17), 2170; *Haack* BB 1981, 883, 888f; *Rowedder* (Fn 11), Rn 12.

84 Kommission für Insolvenzrecht, Erster Bericht, Begr zu Leitsatz 1. 2. 6, 113.

sichtspunkt der Unternehmensfortführung zu bewerten. Wie solche Fortführungswerte allerdings zu bestimmen und in der Überschuldungsbilanz abzubilden sind, wurde bislang nicht einmal ansatzweise befriedigend beantwortet. (Deshalb ist *Gurke* zu widersprechen, wenn er behauptet, bei unterstellter Unternehmensfortführung seien alle betriebswirtschaftlich zulässigen Bewertungsverfahren für die Überschuldungsprüfung geeignet und könnten zu „guten Ergebnissen" führen.[85] Denn weder vermögen die vorhandenen Bewertungsmethoden die Schuldendeckungsfähigkeit des Unternehmensvermögens bei unterstellter Fortführung in der Überschuldungsbilanz vernünftig abzubilden, noch ist es Sinn der Überschuldungsprüfung, „gute" Ergebnisse zu liefern. Die Überschuldungsbilanz dient der Feststellung der Überschuldung; welche Ergebnisse könnten diesbzgl schon als „gut" bezeichnet werden?)

Ein Teil der Literatur bestimmt Fortführungswerte nach dem Betrag, der für betriebsnotwendige Vermögensgegenstände des Unternehmens zum Einsatz im Produktionsprozeß und damit zu deren Wiederbeschaffung aufgewendet werden müßte.[86] Unter Berücksichtigung etwaiger Abschläge für technische Mängel oder Überalterung sollen also die Wiederbeschaffungswerte für Vermögensgegenstände gleicher Art angesetzt werden; nicht betriebsnotwendige Gegenstände sollen dagegen mit dem Liquidationswert aktiviert werden.[87] Gegen dieses Verständnis sprechen aber drei Gründe: Erstens stellt die Summe der Wiederbeschaffungswerte einzelner Vermögensgegenstände nicht den Gesamtwert eines Unternehmens bei Fortführung dar.[88] (Im Grundsatz ändert sich daran auch nichts, wenn über den bloßen Wiederbeschaffungswert einzelner Vermögensgegenstände hinaus noch ein Firmenwert Berücksichtigung findet.[89]) Zweitens ermöglicht die Ermittlung der Kosten eines (theoretischen)

[85] *Gurke* (Fn 17), 100f.

[86] *Bork* (Fn 22), Rn 92; *Braun/Riggert/Kind* (Fn 52), 84; *Graf Brockdorff* (Fn 22); *Kallmeyer* (Fn 54), Rn 4025; *H.-P. Müller/Haas* (Fn 2), Rn 20; *W. Müller* Unterbilanz und Überschuldung, Rn 26.

[87] Vgl: *W. Müller* (Fn 86).

[88] So die Kritik von: *Drukarczyk/Schüler* (Fn 11), Rn 121; *Münstermann* Wert und Bewertung der Unternehmung, 18.

[89] Für den Ansatz eines solchen Geschäftswertes spricht sich zB *W. Müller* (Fn 86), Rn 25, aus.

Betriebsaufbaus keinen Rückschluß auf den Gefährdungsgrad der Gläubigeransprüche bei Fortführung des Unternehmens.[90] Eine Überschuldungsbilanz, bei der unter dem Gesichtspunkt der Unternehmensfortführung die Wiederbeschaffungswerte von betriebsnotwendigen Vermögensgegenständen aktiviert werden, bildet nämlich nicht die Schuldendeckungsfähigkeit des Unternehmensvermögens ab; denn es wird weder eine Aussage über die Ertragsfähigkeit des Unternehmens getroffen, noch darüber, ob mit dem vorhandenen Vermögen die bestehenden Verbindlichkeiten beglichen werden können. Die Überschuldungsbilanz zu Wiederbeschaffungswerten hat also keine eigenständige Bedeutung neben der positiven Fortbestehensprognose. Weist die Überschuldungsbilanz eine Schuldenunterdeckung aus, erkennen die Gläubiger zwar, daß bei Fortführung des Unternehmens ihre Forderungen gefährdet sind; unbeantwortet bleibt aber die Frage, ob und inwieweit sie das dem Unternehmen überlassene Kapital wiedererlangen.[91] (Deshalb verlangt die hM für diesen Fall zusätzlich die Aufstellung einer Überschuldungsbilanz zu Liquidationswerten!) Drittens ist der Ansatz von Liquidationswerten für nicht betriebsnotwendige Vermögensgegenstände mit dem Gesichtspunkt der Unternehmensfortführung nicht vereinbar und verfälscht im Einzelfall sogar die Aussage einer Überschuldungsbilanz.

Ein Teil der Lehre bestimmt den Fortführungswert von Unternehmen mit Hilfe der Ertragswertmethode; der so ermittelte Unternehmensgesamtwert soll dann den bestehenden Verbindlichkeiten gegenübergestellt werden.[92] Der Ertragswertmethode liegt der Gedanke zugrunde, daß das Schuldendeckungspotential eines Unternehmens in dessen Fähigkeit liegt, durch Herstellung und Absatz betrieblicher Leistungen Erträge (zur Abdeckung der Schulden) zu

[90] Dies kritisieren auch: *Burger/Schellberg* (Fn 47); *W. Fischer* (Fn 82); *Klar* (Fn 24), 2079; *Plate* DB 1980, 217, 221.

[91] Vgl hierzu auch die Kritik von: *Egner/Wolff* (Fn 4), 103; *Giebeler* (Fn 82), 90; *Kressin* (Fn 4), 183; *M. Kühn* (Fn 4), 150f; *Penzlin* (Fn 29), 466; *Temme* (Fn 21), 130.

[92] So zB: *Burger/Schellberg* (Fn 47); *Picot/Aleth* (Fn 57), 106; *Temme* (Fn 21), 131ff, 144. Vereinzelt wird auch die Ansicht vertreten, die Überschuldungsprüfung habe immer auf diese Weise zu erfolgen, unabhängig vom Ausgang einer Fortbestehensprognose: *Arens* (Fn 25), 189, 215; *W. Fischer* (Fn 82), 1348ff.

erwirtschaften; das Vermögen wird insofern nicht nur als die Gesamtheit der einem Unternehmen zur Verfügung stehenden Sachgüter und Rechte verstanden, sondern als Inbegriff der wirtschaftlichen Fähigkeiten des Vermögensträgers.[93] (Im Gegensatz hierzu bestimmt *Klar* den Unternehmensgesamtwert iS einer „kapazitätsorientierten" Überschuldungsprüfung nach dem Nutzungswert des Unternehmensvermögens.[94]) Mithin werden alle bilanziell erfaßbaren Wirtschaftsgüter materieller und immaterieller Art ebenso berücksichtigt wie sonstige Faktoren, die den Unternehmenswert beeinflussen können (zB Know-how, Organisation, Ruf, Kundenstamm und Standort des Unternehmens). Der Ertragswert spiegelt damit den durch die einzelnen Vermögensgegenstände geleisteten Beitrag zum Gesamterfolg eines Unternehmens bei dessen Fortführung wider. Da sich der so ermittelte Gesamtwert aber nicht den einzelnen Vermögensgegenständen verursachungsgerecht zuordnen läßt, beschränkt sich die Überschuldungsbilanz in diesem Fall auf eine Gegenüberstellung von Unternehmensgesamtertrag und bestehenden Verbindlichkeiten.[95]

Allerdings geht die ertragsorientierte Unternehmensbewertung von anderen Zielvorstellungen aus als die Überschuldungsprüfung: Ausgangspunkt der Unternehmensbewertung ist nämlich die unterstellte Investitionsentscheidung eines Käufers; für diesen ist das Unternehmen nur so viel wert, wie er in eine alternative Kapitalanlage investierte, um den gleichen Ertrag zu erwirtschaften. Entspr wird der Ertragswert durch Addition und Diskontierung der geschätzten (künftigen) Jahreserträge auf den Bewertungszeitpunkt ermittelt und als Barwert in der Überschuldungsbilanz dargestellt.[96] (Im Rahmen der Überschuldungsprüfung wird jedoch zT auf eine Abzinsung der künftigen Erträge verzichtet.[97]) Ein auf diese Weise ermittelter

[93] Zu den Einzelheiten: *Knapp* DB 1971, 1121, 1123; *Schäfer* Die Unternehmung, 110ff; *Seicht* Die kapitaltheoretische Bilanz und die Entwicklung der Bilanztheorien, 363ff.

[94] *Klar* (Fn 32), 200; *ders* (Fn 24), 2079.

[95] Gerade diese Tatsache kritisieren: *Egner/Wolff* (Fn 4), 103; *Klar* (Fn 32), 56; *Kressin* (Fn 4), 189; *Kupsch* BB 1984, 159, 162; *Plate* (Fn 90).

[96] Zu den Einzelheiten: *Mellerowicz* Der Wert der Unternehmung als Ganzes, 49ff.

[97] So zB von: *Götz* ZInsO 2000, 77, 79f; *Temme* (Fn 21), 132ff, 144f.

Gesamtwert soll die Kaufpreisfindung durch die Vertragsparteien eines Unternehmenskaufs erleichtern. In der Krise sind die Bewertungsgrößen für die Ertragswertermittlung dagegen einseitig von den Vorstellungen des Schuldners geprägt. Außerdem ergeben sich die zu erwartenden Erträge eines Unternehmens (jedenfalls langfristig betrachtet) aus der Differenz zwischen künftigen (Umsatz-)Ein- und Auszahlungen, also aus dem Einzahlungsüberschuß.[98] Demnach beschreibt die Überschuldungsbilanz (in diesem Verständnis) den gleichen Sachverhalt wie eine (positive) Fortbestehensprognose und die drohende Zahlungsunfähigkeit, wenngleich ein positiver Ertragswert lediglich zu bestätigen vermag, daß innerhalb des Betrachtungszeitraums Überschüsse zu erwarten sind, ohne die zeitliche Übereinstimmung zwischen Ertragszuflüssen und den Fälligkeitsterminen der bestehenden Verbindlichkeiten berücksichtigen zu können.[99] In diesem Verständnis verkümmert die Überschuldungsbilanz also zur bloßen Bestätigungs- und Kontrollrechnung einer positiven Fortbestehensprognose.[100] (Dies gilt im übrigen unabhängig davon, ob sich Fortbestehensprognose und ertragswertorientierte Überschuldungsprüfung durch den jeweils zugrundegelegten Betrachtungszeitraum unterscheiden.)

4. Die Aktivseite der Überschuldungsbilanz

Forderungen der Gesellschaft sind in der Überschuldungsbilanz nur aktivierbar, wenn sie realisierbar und vollwertig sind; bei jeder Forderung ist also die Durchsetzbarkeit zu prüfen.[101] Bestehen Zweifel an der Zahlungsfähigkeit des Dritt-Schuldners oder an der Beweisbarkeit der Forderung der Gesellschaft, hat eine Wertberichtigung zu erfolgen; in der Überschuldungsbilanz darf sodann nur der voraussichtlich erzielbare Forderungsbetrag aktiviert werden.[102] Auch Forderungen gegen Anteilseigner der Gesellschaft sind nur berücksichtigungsfähig, wenn sie durchsetzbar und vollwertig sind; die

98 Darauf verweisen auch: *Burger/Schellberg* (Fn 47); *Temme* (Fn 21), 144.

99 Dies ist ein weiterer Mangel der Ertragswertmethode; vgl die Kritik bei: *Arens* (Fn 25), 203; *Haas* (Fn 9), 19; *Temme* (Fn 21), 144 f.

100 Dies räumt sogar *Temme* (Fn 21), 145, ein, der sich im übrigen für die Heranziehung der Ertragswertmethode bei der Überschuldungsprüfung ausspricht.

101 *Uhlenbruck* (Fn 11), Rn 606.

102 *Temme* (Fn 21), 153.

Realisierung der Ansprüche darf also wegen der Vermögensverhältnisse der Anteilseigner nicht aussichtslos erscheinen.[103] (Ansprüche gegen Anteilseigner sind zB ausstehende Einlagen, Ansprüche auf beschlossene Nachschüsse und Forderungen aus § 9 GmbHG sowie vertragliche Verlustdeckungs- oder Garantieansprüche aus Gewinn- und Verlustübernahmeverträgen oder aus Werthaltigkeitsgarantien und harten, gegenüber der Gesellschaft abgegebenen Patronatserklärungen; zudem gesetzliche Ansprüche insb konzernrechtlicher Art, zB die Verlustdeckung wegen qualifizierter Konzernierung einer GmbH, Schadensersatz gem §§ 117, 317 AktG, Ansprüche auf Rückgängigmachung verdeckter oder verbotener Gewinnausschüttung oder solche auf Erstattung eines zur Unzeit getilgten eigenkapitalersetzenden Darlehens.) Forderungen aus schwebenden Geschäften sind nur aktivierbar, wenn mit ihrer Erfüllung trotz möglicher Insolvenz noch zu rechnen ist; in diesem Fall sind auch die entspr Verbindlichkeiten zu passivieren.[104] Forderungen, die erst mit Eröffnung des Insolvenzverfahrens entstehen (so zB Ansprüche aus einer erfolgreichen Insolvenzanfechtung durch den Insolvenzverwalter), sind nicht zu berücksichtigen.[105]

Sach- und Finanzanlagen (Grundstücke, Gebäude und Maschinen sowie Beteiligungen und Wertpapiere) sind mit ihrem jeweiligen Verkehrs- oder Kurswert zu aktivieren. Vorräte (Roh-, Hilfs- und Betriebsstoffe sowie Halb- und Fertigerzeugnisse) sind nach der jeweiligen Veräußerungsmöglichkeit zu bewerten; besteht keine Nachfrage, ist der Schrottwert anzusetzen. (Sind Vorräte zB aus Gründen des Umweltschutzes zu beseitigen, entstehen Kosten, die es zu passivieren gilt.[106]) Eigene Geschäftsanteile finden in der Überschuldungsbilanz keine Berücksichtigung, soweit wegen der (unterstellten) Liquidation des Unternehmens ein Veräußerungserlös nicht zu erwarten ist.[107] Zudem ist weder die Komplementärhaftung der GmbH ein

[103] *Kallmeyer* (Fn 54), Rn 4029; *Uhlenbruck* (Fn 11), Rn 606.

[104] *Temme* (Fn 21), 153.

[105] Dies ist hM: *Kallmeyer* (Fn 54), Rn 4030; *Temme* (Fn 21), 153; *Uhlenbruck* (Fn 11), Rn 606.

[106] Hierauf verweist auch: *Temme* (Fn 21), 152.

[107] Vgl: *Kuhn/Uhlenbruck* (Fn 11), Rn 6 k; *W. Müller* (Fn 86), Rn 25; *Uhlenbruck* (Fn 11), Rn 605.

Aktivposten in der Überschuldungsbilanz der KG, noch die Kommanditistenhaftung ein Aktivposten in der Überschuldungsbilanz der GmbH & Co. KG.[108]

Bes Aufmerksamkeit wird der Frage der Aktivierbarkeit eines Firmenwertes gewidmet. ZT wird eine Aktivierbarkeit mit der Begründung abgelehnt, ein notleidendes Unternehmen habe ohnehin keinen (nennenswerten) Firmenwert.[109] Die hM spricht sich dagegen für die Aktivierung eines Firmenwertes aus, wenn die Möglichkeit besteht, daß das gesamte Unternehmen als Einheit veräußert wird und der erwartete Kaufpreis höher ist, als die Summe der einzelnen Vermögenswerte des Unternehmens,[110] die Firma einen bes werbewirksamen Namen trägt oder einen hervorragenden Ruf genießt.[111] (Bei positiver Fortbestehensprognose stellt sich diese Frage nicht in dieser Form; denn entweder erfolgt eine Unternehmensbewertung gesamtheitlich und schließt damit einen etwaigen Firmenwert ein, oder es wird ein bes Geschäftswert zu den Wiederbeschaffungswerten der einzelnen Vermögensgegenstände hinzugerechnet.) Sonstige immaterielle Vermögensgegenstände (Patente, Gebrauchsmuster und Warenzeichen) sind mit ihrem geschätzten Wert zu aktivieren, wenn sie selbständig verwertbar sind;[112] ist der immaterielle Vermögenswert jedoch an die Person des Schuldners gebunden (wie im Falle einer Konzession), kann er nicht berücksichtigt werden, es sei denn, das gesamte Unternehmen wird als Einheit veräußert.[113] Ebenso sind nicht selbständig verwertbare immaterielle Vermögenswerte nur zu aktivieren, wenn ganze Betriebe oder Betriebsteile veräußert werden und der geschätzte Verkaufspreis über der Summe der einzelnen Vermögenswerte der Betriebsgegenstände liegt; in diesem Fall ist der Differenzbetrag als Geschäftswert zu berücksichtigen.[114]

[108] Vgl: *Temme* (Fn 21), 158 f. Ersteres stellt *Uhlenbruck* (Fn 11), Rn 607, mittlerweile in Frage.
[109] So zB: *Auler* (Fn 17), 2171; *G. Kühn* (Fn 18), 552.
[110] Vgl: *Frühl Wagner* (Fn 17), 912, Fn 34; *Kallmeyer* (Fn 54), Rn 4027; *Kuhn/Uhlenbruck* (Fn 11), Rn 6 k; *W. Müller* (Fn 86), Rn 25. *K. Schmidt* (Fn 29), Rn 18.
[111] Vgl: *Kuhn/Uhlenbruck* (Fn 11), Rn 6 k; *Rowedder* (Fn 11), Rn 12; *Temme* (Fn 21), 150.
[112] *Kuhn/Uhlenbruck* (Fn 11), Rn 6 k.
[113] Vgl hierzu: *Temme* (Fn 21), 151.
[114] Vgl: *W. Müller* (Fn 86).

5. Die Aktivierung von Aus- und Absonderungsrechten in der Überschuldungsbilanz

In der Überschuldungsbilanz dürfen nur solche Vermögensgegenstände aktiviert werden, die im Insolvenzfall auch tatsächlich Bestandteil der Insolvenzmasse sind und der Verwertung zugunsten aller Gläubiger unterliegen. Vermögensgegenstände, deren Aussonderung ein Dritter gem § 47 InsO verlangen kann, sind deshalb nicht auf der Aktivseite der Überschuldungsbilanz zu Liquidationswerten zu berücksichtigen.[115] Dies gilt insb für Vermögensgegenstände, die sich im Besitz des Schuldners befinden und von ihm gemietet, geliehen oder verwahrt werden, allerdings im Eigentum eines Dritten stehen, darüber hinaus auch für solche Vermögensgegenstände, die dem Schuldner zur Sicherheit übereignet wurden. (Denn dem Sicherungsgeber steht in der Insolvenz des Sicherungsnehmers nach allgM ein Aussonderungsrecht am Sicherungsgut zu.) Gleichermaßen trifft dies für Leasinggüter in der Insolvenz des Leasingnehmers zu, da ein Aussonderungsrecht des Leasinggebers am Leasinggut besteht, und zwar unabhängig davon, ob es sich um Finanzierungs- oder Operating-Leasing handelt.

Dieser allgem Grundsatz sollte mE aber nicht für Gegenstände eines Kaufvertrages gelten, die dem Käufer unter Eigentumsvorbehalt geliefert wurden. Solche Gegenstände sind dem Betriebsvermögen des Käufers zuzurechnen; der Käufer nutzt sie nämlich wie eigene Gegenstände und haftet für ihren Verlust wie beim eigenen juristischen Eigentum. Diese Gegenstände sind deshalb als wirtschaftliches Eigentum des Käufers in dessen Handelsbilanz aufzuführen (§ 246 Abs 1 S 2 HGB); sie sollten ebendarum auch auf der Aktivseite der Überschuldungsbilanz berücksichtigt werden, freilich bei gleichzeitiger Passivierung der nach dem Kaufvertrag bestehenden und noch nicht erfüllten Verbindlichkeiten.[116] Zunächst scheint die Frage der

[115] Dieser Ansicht sind auch: *Drukarczyk/Schüler* (Fn 11); *H.-P. Müller/Haas* (Fn 2), Rn 23. AA ist *Kirchhof* (Fn 11), Rn 22, der sich für den vollen Ansatz von Aus- und Absonderungsrechten sowie der entspr Verbindlichkeiten ausspricht. Widersprüchlich zu dieser Frage äußert sich *Temme* (Fn 21), 145 und 160, der im übrigen nicht zwischen Aus- und Absonderungsrechten unterscheidet.

[116] AA sind diesbzgl: *H.-P. Müller/Haas* (Fn 2), Rn 23.

Aktivierbarkeit von Vorbehaltsgut in der Überschuldungsbilanz mit dem Wahlrecht des Insolvenzverwalters aus § 103 InsO zusammenzuhängen; denn der Verkäufer ist in der Insolvenz des Käufers nur dann berechtigt, den unter Eigentumsvorbehalt gelieferten Gegenstand auszusondern, wenn der Insolvenzverwalter die Erfüllung des Kaufvertrages ablehnt. Andernfalls, also bei gewählter Vertragserfüllung, erstarkt das Anwartschaftsrecht des Käufers mit Zahlung des vereinbarten Kaufpreises zum Vollrecht; das für den Schuldner erworbene Volleigentum unterliegt sodann der Verwaltungs- und Verfügungsbefugnis des Insolvenzverwalters. Unterstellte man bereits im Zeitpunkt der Aufstellung der Überschuldungsbilanz eine Entscheidung des Insolvenzverwalters, wäre zu unterscheiden: Bei Erfüllungsablehnung durch den Insolvenzverwalter dürfte das Vorbehaltsgut wegen des Aussonderungsrechts des Verkäufers nicht auf der Aktivseite der Überschuldungsbilanz berücksichtigt werden; statt dessen wäre einerseits der Anspruch auf Rückzahlung der bereits geleisteten Kaufpreisraten zu aktivieren, andererseits eine Rückstellung auf der Passivseite für etwaige Schadensersatzansprüche des Verkäufers wegen Nichterfüllung des Kaufvertrages zu bilden (§ 103 Abs 2 S 1 InsO). Bei gewählter Vertragserfüllung würde dagegen das Volleigentum nach Zahlung des vollen Kaufpreises erworben; es könnte ebendann in der Überschuldungsbilanz aktiviert werden.

Die Frage, ob ein schwebender Kaufvertrag des Schuldners weiterzuführen oder nur noch als Abwicklungsverhältnis zu behandeln ist, stellt sich allerdings erst nach Eröffnung des Insolvenzverfahrens; sie kann nur vom Insolvenzverwalter beantwortet werden, wobei er beim Vorbehaltseigentum sogar berechtigt ist, eine Entscheidung ggf bis zum Berichtstermin aufzuschieben (§ 107 Abs 2 S 1 InsO). Im Zeitpunkt der Aufstellung der Überschuldungsbilanz besteht jedenfalls (noch) kein Wahlrecht des Insolvenzverwalters; zu diesem Zeitpunkt wird zunächst nur ermittelt, ob ein Eröffnungsgrund vorliegt. Deshalb sind Vorbehaltsgüter in der Überschuldungsbilanz des Käufers auf der Aktivseite aufzuführen, freilich bei gleichzeitiger Passivierung der nach dem Kaufvertrag bestehenden und noch nicht erfüllten Verbindlichkeiten. Wird eine Überschuldung des Verkäufers geprüft, ist das Vorbehaltsgut aus denselben Gründen nicht in die Überschuldungsbilanz aufzunehmen; statt dessen sind die noch ausstehenden Raten auf den vereinbarten Kaufpreis zu aktivieren. (Auch hier erfolgt eine Beurteilung der Überschuldungssituation unabhängig von der Frage, ob der Kaufvertrag fortgeführt wird, zumal die Regelung des § 107 Abs 1 InsO das Wahlrecht des Insolvenzverwalters bei der Verkäuferinsolvenz insofern einschränkt, als der Käufer die Erfüllung des Kaufvertrages verlangen kann.)

Praktische Unterschiede zwischen der Aktivierung des Vorbehaltsgutes bei gleichzeitiger Passivierung der entspr (Rest-)Verbindlichkeiten und der Nicht-Aktivierung in der Überschuldungsbilanz ergeben sich in zwei Fällen: Wenn der erwartete Liquidationswert nach Abzug des Restkaufpreises höher ist als ein möglicher Rückzahlungsanspruch abzüglich eines etwaigen Schadensersatzanspruchs des Verkäufers, dann ist die Aktivierung des Vorbehaltsgutes in der Überschuldungsbilanz für den Käufer von Vorteil, erhöht doch diese Differenz den (bilanziellen) Gesamtwert des Vermögens; andernfalls wird der Insolvenzverwalter geneigt sein, die Vertragserfüllung abzulehnen.

Die og Ausnahme sollte mE auch für Leasinggüter gelten, wenn der Leasingvertrag eine Kaufoption vorsieht und die Option im Zeitpunkt der Aufstellung der Überschuldungsbilanz bereits wirksam durch den Leasingnehmer ausgeübt wurde. Das ausgeübte Optionsrecht begründet nämlich einen Kaufvertrag über das Leasinggut, der selbständig neben dem Leasingvertrag besteht. Damit ist die Rechtslage und wirtschaftliche Situation mit der beim Kauf unter Eigentumsvorbehalt vergleichbar, eine einheitliche Beurteilung der Aktivierbarkeit dieser Vermögensgegenstände in der Überschuldungsbilanz also sinnvoll. (Dies gilt sowohl für die Insolvenz des Leasingnehmers als auch für die des Leasinggebers, und unabhängig davon, ob der Leasinggeber das Leasinggut aus Gründen der Refinanzierung einem Dritten zur Sicherheit übereignet hat.)

Absonderungsberechtigte nehmen als Insolvenzgläubiger am Insolvenzverfahren teil und können sich nicht aus dem Sicherungsgut außerhalb des Insolvenzverfahrens befriedigen. Deshalb sind Vermögensgegenstände, die der abgesonderten Befriedigung eines Dritten unterliegen, wie zB dem Schuldner unter erweitertem oder verlängertem Eigentumsvorbehalt gelieferte Güter, in der Überschuldungsbilanz zu aktivieren. Gleiches gilt für Gegenstände, die einem Dritten zur Sicherheit übereignet wurden; dem Sicherungsnehmer steht nämlich in der Insolvenz des Sicherungsgebers nur ein Recht auf abgesonderte Befriedigung zu. Zugleich sind beim Vorbehaltskauf die noch ausstehenden Kaufpreisraten und bei der Sicherungsübereignung die noch ausstehenden Darlehensforderungen zu passivieren.

6. Die Passivseite der Überschuldungsbilanz

Alle im Zeitpunkt der Überschuldungsprüfung bestehenden Verbindlichkeiten der Gesellschaft sind mit ihrem Nennbetrag in der Überschuldungsbilanz zu passivieren, wenn sie bei Eröffnung des Insolvenzverfahrens aus der Insolvenzmasse zu befriedigen sind.[117] § 19 Abs 2 S 1 InsO stellt auf das Bestehen der Verbindlichkeiten ab; deshalb sind auch nicht fällige, bedingte oder unverzinslich betagte Zahlungspflichten des Schuldners zu berücksichtigen.[118] Im Einzelfall ist der Ansatz einer Verbindlichkeit davon abhängig, ob eine Inanspruchnahme tatsächlich droht; dem wird durch die Bildung einer entspr Rückstellung Rechnung getragen.[119] Das Eigenkapital ist kein Passivposten der Überschuldungsbilanz.[120]

Die Frage der Passivierung von Verfahrens- und Abwicklungskosten stellt sich nur bei negativer Fortbestehensprognose, wenn eine Überschuldungsbilanz zu Liquidationswerten zu erstellen ist. (Verfahrenskosten sind solche Kosten, die bei Eröffnung des Insolvenzverfahrens entstehen, wie zB Gerichts- und Verwalterkosten; Abwicklungskosten sind solche, die in Zusammenhang mit der Liquidation des Unternehmens stehen, so zB Ausbaukosten und Verkaufsspesen sowie nicht durch Erträge finanzierbare Verwaltungs- und Personalkosten.) Verfahrenskosten sind in der Überschuldungsbilanz auf je-

[117] *Uhlenbruck* (Fn 11), Rn 608.
[118] Dies ist hM: *Drukarczyk/Schüler* (Fn 11), Rn 116; *Uhlenbruck* (Fn 11), Rn 616.
[119] Vgl hierzu: *H.-P. Müller/Haas* (Fn 2), Rn 30.
[120] Dies ist unstr: *Fleischer* ZIP 1996, 773, 774; *Rowedder* (Fn 11), Rn 13; *Temme* (Fn 21), 161; *K. Schmidt* (Fn 29), Rn 26; *Uhlenbruck* (Fn 11), Rn 608. *Ulmer* (Fn 29), Rn 44.

den Fall nicht zu passivieren:[121] Bei negativer Fortbestehensprognose wird das Vermögen in der Überschuldungsbilanz zwar unter dem Gesichtspunkt der Unternehmensliquidation bewertet; die Liquidation wird aber nur unterstellt, um Grundlage für die Bewertung des Vermögens und der bestehenden Verbindlichkeiten zu sein. Im Zeitpunkt der Überschuldungsprüfung bestehen Verfahrenskosten noch nicht, sie entstehen erst mit Eröffnung des Insolvenzverfahrens. (Aus demselben Grunde sind auch die nachrangigen Forderungen gem § 39 Abs 1 Nr 1 und Nr 2 InsO nicht zu passivieren.) Andererseits sind Abwicklungskosten auf der Passivseite der Überschuldungsbilanz zu berücksichtigen;[122] sie stehen nämlich im unmittelbaren Zusammenhang mit der Liquidation, sind also Teil des zu ermittelnden Liquidationswertes. Je nach Art der unterstellten Unternehmensliquidation werden diese Kosten in unterschiedlicher Höhe anfallen und zu berücksichtigen sein.[123]

Ein Teil der Literatur spricht sich für die Passivierung derjenigen Kosten aus, die sich aus einem Sozialplan oder einem Interessenausgleich (§§ 112, 113 BetrVG) ergeben, und zwar unabhängig davon, ob eine (Teil-)Betriebsstillegung bereits beschlossen wurde, sofern jedenfalls entspr Sanierungsmaßnahmen aus wirtschaftlichen Gründen notwendig erscheinen.[124] Bei diesen Kosten handelt es sich aber um solche, die erst mit Eröffnung des Insolvenzverfahrens entstehen und ebendarum nicht zu passivieren sind;[125] diese Kosten sind im übrigen auch nicht Teil der im Liquidationsfall zu erwartenden Abwicklungskosten.[126] Sozialplanansprüche sowie Kosten eines Interessen- und Nachteilsausgleichs sind vielmehr nur zu passivieren, wenn die Betriebsstillegung und entspr Personalmaßnahmen bereits beschlossen sind sowie die Voraussetzungen der §§ 111 ff BetrVG vorliegen; denn nur dann handelt es sich um bestehende Verbindlichkeiten iSd § 19 Abs 2 S 1 InsO.[127]

[121] Hierzu bereits: Abschn IV, 1.
[122] Dieser Ansicht ist auch der Fachausschuß Recht (Fn 11), 318.
[123] Darauf machen *H.-P. Müller/Haas* (Fn 2), Rn 13, aufmerksam.
[124] So zB: *Gurke* (Fn 17), 66 ff; *W. Müller* (Fn 86), Rn 50 f.
[125] Dieser Ansicht ist auch: *Uhlenbruck* (Fn 11), Rn 603 und Rn 608.
[126] AA aber: *H.-P. Müller/Haas* (Fn 2), Rn 35.
[127] Dieser Ansicht sind auch: *Picot/Aleth* (Fn 57), Rn 99; *Temme* (Fn 21), 173.

Bei Verbindlichkeiten aus schwebenden Geschäften, mit deren Erfüllung auf Grund der wirtschaftlichen Krise des Unternehmens nicht mehr zu rechnen ist, sind etwaige Schadensersatzansprüche der Vertragspartei zu passivieren oder entspr Rückstellungen zu bilden.[128] Bei Rückstellungen, die wegen ungewisser Verbindlichkeiten zu bilden sind, gilt es aber zu unterscheiden: Ist die Höhe der Verbindlichkeit ungewiß, ist eine Rückstellung nur mit dem Betrag anzusetzen, der nach vernünftiger kaufmännischer Beurteilung notwendig erscheint (vgl § 253 Abs 1 S 2 HGB).[129] Bei Ungewißheit dem Grunde nach ist eine entspr Rückstellung nur zu bilden, wenn im Zeitpunkt der Überschuldungsprüfung mit einer Inanspruchnahme ernsthaft zu rechnen ist.[130] Laufende Pensionsverpflichtungen und unverfallbare Pensionsanwartschaften sind in der Überschuldungsbilanz mit ihrem vollem Barwert zu passivieren; es sind diejenigen Beträge zurückzustellen, die sich die Arbeitnehmer bereits erdient haben.[131] Ist das Unternehmen nicht mehr lebensfähig, finden weder Sanierungshilfen des Pensionssicherungsvereins noch die Realisierung von Kürzungsvorbehalten Berücksichtigung.[132] Verfallbare Pensionsanwartschaften sind weder bei positiver noch bei negativer Fortbestehensprognose zu passivieren.[133]

7. Die Passivierung von eigenkapitalersetzenden Gesellschafterdarlehen

Die hM sprach sich bislang für die Passivierung von eigenkapitalersetzenden Gesellschafterdarlehen in der Überschuldungsbilanz aus, wenn kein wirksamer Rangrücktritt vereinbart wurde.[134] Die Gegenmeinung sah keinen Grund für die Passivierung von Gesellschaf-

[128] Dies ist hM: *Bilo* GmbHR 1981, 104, 107; *Kuhn/Uhlenbruck* (Fn 11), Rn 6 r; *H.-P. Müller/Haas* (Fn 2), Rn 32; *Temme* (Fn 21), 174.
[129] Vgl hierzu: *Temme* (Fn 21), 164.
[130] Vgl: *H.-P. Müller/Haas* (Fn 2), Rn 31; *Temme* (Fn 21), 164 ff; *Uhlenbruck* (Fn 11), Rn 617.
[131] Vgl: *H.-P. Müller/Haas* (Fn 2), Rn 36; *Picot/Aleth* (Fn 57), Rn 99.
[132] *H.-P. Müller/Haas* (Fn 2), Rn 36; *Temme* (Fn 21), 167 f; *Ulmer* (Fn 29), Rn 48.
[133] Zu den Einzelheiten vgl: *Temme* (Fn 21), 170.
[134] *Fleck* Die Bilanzierung kapitalersetzender Gesellschafterdarlehen in der GmbH, 123 f; *Kuhn/Uhlenbruck* (Fn 11), Rn 6 u; *K. Schmidt* (Fn 29), Rn 27; *W. Müller* (Fn 86), Rn 31.

terdarlehen in der Überschuldungsbilanz, und zwar unabhängig davon, ob ein Rangrücktritt erklärt wurde, sofern die gewährten Darlehen von den geschäftsführenden Gesellschaftsorganen als eigenkapitalersetzend beurteilt wurden.[135] Gegen eine Passivierung von eigenkapitalersetzenden Gesellschafterdarlehen sprach bislang vor allem ein Argument:[136] Die Interessen der Gesellschafter-Gläubiger wurden durch das Konkursverfahren nicht geschützt; die sich aus der Gewährung von eigenkapitalersetzenden Gesellschafterdarlehen ergebenden Rückzahlungsansprüche konnten nur außerhalb eines Konkursverfahrens geltend gemacht werden. Vor diesem Hintergrund erschien es tatsächlich widersprüchlich, eigenkapitalersetzende Gesellschafterdarlehen in der Überschuldungsbilanz zu passivieren.

Allerdings hat dieses Argument mittlerweile an Bedeutung verloren, denn die Rückzahlungsansprüche aus eigenkapitalersetzenden Gesellschafterdarlehen nehmen nunmehr am Insolvenzverfahren teil (§ 39 Abs 1 Nr 5 InsO). Freilich werden die Interessen der Gesellschafter-Gläubiger nicht im gleichen Maße berücksichtigt wie die anderer Gläubiger; die Forderungen des § 39 InsO werden nämlich nur nachrangig beglichen, also erst nach den Forderungen anderer Insolvenzgläubiger, wenn das Insolvenzgericht überhaupt zur Forderungsanmeldung aufgefordert hatte (§ 174 Abs 3 S 1 InsO). Gleichwohl spricht sich der Gesetzgeber weiterhin für die Passivierung von eigenkapitalersetzenden Gesellschafterdarlehen in der Überschuldungsbilanz aus.[137] (Der Einwand mag ja berechtigt sein, die Begr zum RegEInsO sei nicht das Gesetz;[138] es gibt jedoch keinen Grund, den ausdrücklichen Willen des Gesetzgebers nicht wenigstens als Indiz für eine Passivierungspflicht zu werten.[139])

Zugegebenermaßen zielt die Regelung des § 39 InsO zunächst nicht auf die Besserstellung der Gesellschafter-Gläubiger im Insolvenzverfahren, sondern ist vor allem Ausdruck eines gewandelten Verständ-

135 Vgl: *Fleischer* (Fn 120), 779; *Ulmer* (Fn 29), Rn 46 a.
136 Zu weiteren Argumenten: *Fleischer* (Fn 120), 777 ff.
137 Vgl die Begr zu § 23 RegEInsO (Fn 7), 115.
138 So der von *Lutter* (ZIP 1999, 641, 646) erhobene Einwand.
139 AA: *H.-P. Müller/Haas* (Fn 2), Rn 41.

nisses der Gesellschaftsinsolvenz.[140] Das Insolvenzverfahren soll nämlich die Vollabwicklung des Unternehmensträgers ermöglichen; dies macht die Einbeziehung der Inhaber nachrangiger Forderungen in das Insolvenzverfahren notwendig. (Im Insolvenzverfahren wird zwar nur selten eine vollständige Befriedigung aller Gläubiger erfolgen; ein etwaiger Abwicklungsüberschuß sollte aber nicht an den Schuldner ausgekehrt, sondern zur Deckung der im Verfahren aufgelaufenen Zins- und Kostenforderungen der Insolvenzgläubiger sowie der Forderungen der Gesellschafter-Gläubiger aus eigenkapitalersetzenden Darlehen verwendet werden.) Darüber hinaus tragen nachrangige Forderungen nicht zum Verteilungskonflikt unter den Gläubigern bei.[141] Hieraus wird gefolgert, daß Gesellschafter-Gläubiger nicht Teil der Gruppe seien, derentwillen ein Insolvenzverfahren zu eröffnen wäre.[142] Eigenkapitalersetzende Gesellschafterdarlehen seien ebendeshalb nicht in der Überschuldungsbilanz zu passivieren.[143]

Dessenungeachtet sind eigenkapitalersetzende Gesellschafterdarlehen auch unter Geltung der InsO als Verbindlichkeiten in der Überschuldungsbilanz zu passivieren.[144] Zu unterscheiden ist nämlich zwischen der Tatsache, daß die Forderungen des § 39 InsO in einem eröffneten Insolvenzverfahren lediglich nachrangig befriedigt werden, und der Frage nach der Notwendigkeit einer Verfahrenseröffnung. Die Überschuldungsbilanz zu Liquidationswerten dient der

140 So der durchaus berechtigte Hinweis von: *Lutter* (Fn 22), 645 ff; *H.-P. Müller/Haas* (Fn 2), Rn 38; *K. Schmidt* Kapitalersatz und kein Ende, 297 ff.

141 Dies betonen ua: *Lutter* (Fn 22), 645; *H.-P. Müller/Haas* (Fn 2), Rn 39.

142 So: *Lutter* (Fn 22), 646 f; *Niesert* InVo 1998, 242, 243.

143 So die Auffassung von: OLG Stuttgart GmbHR 1998, 235; *Kleindiek*, in: von Gerkan/Hommelhoff, Handbuch des Kapitalersatzrechts, Rn 7.50; *Livonius* ZInsO 1998, 309, 311; *Lutter* (Fn 22), 646 f; *ders/Hommelhoff* (Fn 11), Rn 17 d; *Teller* Rangrücktrittsvereinbarungen zur Vermeidung der Überschuldung bei der GmbH, 171.

144 Dies ist hM: OLG Düsseldorf GmbHR 1999, 1202; *Altmeppen* (Fn 17), 1176; *R. Fischer* GmbHR 2000, 66, 67 f; *Kallmeyer* (Fn 54), Rn 4032; *Kirchhof* (Fn 11), Rn 26; *Maser* ZIP 1995, 1319, 1322; *H.-P. Müller/Haas* (Fn 2), Rn 44; *Pape* (Fn 11), Rn 14; *Picot/Aleth* (Fn 57), Rn 99; *Priester* ZIP 1994, 413 ff; *Schmerbach* (Fn 22), Rn 18; *K. Schmidt* (Fn 29), Rn 27; *Uhlenbruck* (Fn 11), Rn 611; *Wittig*, in: K. Schmidt/Uhlenbruck, Die GmbH in Krise, Sanierung und Insolvenz, Rn 339.

Feststellung, ob den Gläubigern ausreichend Haftungsmasse für die Befriedigung ihrer Ansprüche zur Verfügung steht; zu diesen Gläubigern zählen auch die Gesellschafter, wenn sie der Gesellschaft ein (eigenkapitalersetzendes) Darlehen gewährt haben. Der eigenkapitalersetzende Charakter eines Gesellschafterdarlehens führt nicht zum Erlöschen der Rückzahlungsforderung, zumal der Gesellschafter-Gläubiger seine Forderung nach Überwindung der Unternehmenskrise wieder geltend machen kann. Im übrigen: Berücksichtigte man die Forderungen auf Rückgewähr von eigenkapitalersetzenden Gesellschafterdarlehen nicht, wäre die Befriedigung dieser Forderungen in einem späteren Insolvenzverfahren nahezu ausgeschlossen; in diesem Fall bestätigte eine Überschuldungsbilanz eine Schuldenunterdeckung nämlich erst zu einem Zeitpunkt, zu dem das Unternehmensvermögen nicht einmal mehr die im Insolvenzverfahren vorrangig zu befriedigenden Forderungen deckte. Welchen Sinn hätte dann aber die Einbeziehung der Rückzahlungsforderungen aus eigenkapitalersetzenden Gesellschafterdarlehen in das Insolvenzverfahren? (In der beabsichtigten Vollabwicklung des Unternehmensträgers liegt dieser Sinn jedenfalls nicht, zumal die Teilnahmerechte der Gläubiger nachrangiger Forderungen im Insolvenzverfahren eingeschränkt sind.[145]) Werden auch die Rückzahlungsforderungen aus der Gewährung eigenkapitalersetzender Gesellschafterdarlehen in der Überschuldungsbilanz passiviert, liegt bei festgestellter Schuldenunterdeckung eine größere Haftungsmasse vor, was insb den vorrangig zu befriedigenden Gläubigern zugute kommen dürfte. (Demnach besteht der Grund für die Passivierung dieser Forderungen auch nicht in der rechtlichen Ungewißheit, ob ein eigenkapitalersetzendes Gesellschafterdarlehen oder eine Insolvenzforderung ohne Nachrang vorliegt.[146])

Eigenkapitalersetzende Gesellschafterdarlehen sind nur dann nicht in der Überschuldungsbilanz zu passivieren, wenn ein Rangrücktritt zwischen Gesellschafter und Gesellschaft vereinbart wurde.[147] Die Rangrücktrittserklärung ermöglicht vor allem den Gesellschaftern

[145] S Kap 2, Abschn I, 3.

[146] Dieser Auffassung sind aber: *K. Schmidt* (Fn 140), 298; *H.-P. Müller/Haas* (Fn 2), Rn 43 f; *W. Müller* (Fn 86), Rn 31.

[147] Zum Inhalt der Rangrücktrittsvereinbarung vgl: *Teller* (Fn 143), 102 ff.

einer GmbH, der Gesellschaft gewährte Darlehen durch einzelvertragliche Regelung dem haftenden Eigenkapital gleichzustellen, also das Zuführen oder Stehenlassen von Fremdmitteln zur formlosen Kapitalerhöhung. Durch Vereinbarung eines Rangrücktritts soll die Passivierung der vom Rangrücktritt betroffenen Forderung in der Überschuldungsbilanz und damit der Eintritt einer rechnerischen Überschuldung vermieden werden. Außerdem erlaubt eine solche Vereinbarung, die vom Rangrücktritt betroffene Rückzahlungsforderung wieder geltend zu machen, sobald eine Unterbilanz nicht mehr besteht; die Rangrücktrittserklärung berührt nämlich nicht den Bestand der Kreditforderung. (Deshalb bleiben auch die für die Forderung bestellten Sicherheiten und die Zinspflicht des Kreditnehmers bestehen.[148]) Für Vereinbarungen über den Nachrang von Forderungen bestimmt § 39 Abs 2 InsO, daß diese Forderungen iZw nach den nachrangigen Forderungen (also letztrangig) berichtigt werden. Diese Auslegungsregel dürfte aber für Rangrücktrittsvereinbarungen bei eigenkapitalersetzenden Gesellschafterdarlehen kaum praktische Bedeutung erlangen; denn in aller Regel wird eine gleichrangige Befriedigung mit den Forderungen aus § 39 Abs 1 Nr 5 InsO gewollt sein, zumal auch dann eine Passivierung in der Überschuldungsbilanz vermieden werden kann.[149] Die Rangrücktrittserklärung muß unwiderruflich sein und vorsehen, daß die Tilgung der Rückzahlungsforderung auch außerhalb des Insolvenzverfahrens erst nach Überwindung der Krise erfolgt, wenn das Gesellschaftsvermögen die Verbindlichkeiten übersteigt und eine Unterbilanz nicht (mehr) besteht. (Die Rückzahlung darf also nur zu Lasten künftiger Bilanzgewinne gehen – aus dem die Schulden übersteigenden Vermögen und nach Überwindung einer Krise – oder aus einem Abwicklungsüberschuß erfolgen.[150])

Zur Vermeidung der Passivierung bedarf es indes nicht, daß der Gesellschafter die Rückzahlungsforderung für den Fall der Eröffnung

[148] Vgl: *Crezelius*, in: K. Schmidt/Uhlenbruck, Die GmbH in Krise, Sanierung und Insolvenz, Rn 484; *Schrader* Die Besserungsabrede, 14 f.

[149] Diese Einschätzung teilen: *Kallmeyer* (Fn 54), Rn 4032; *K. Schmidt* (Fn 39), Rn 900; *Uhlenbruck* (Fn 11), Rn 613.

[150] Vgl hierzu: OLG Düsseldorf GmbHR 1999, 1202; *Kuhn/Uhlenbruck* (Fn 11), Rn 6 v; *K. Schmidt* (Fn 29), Rn 29; *Temme* (Fn 21), 192 ff; *Uhlenbruck* (Fn 11), Rn 613; *Wittig* (Fn 144), Rn 337.

eines Insolvenzverfahrens über das Vermögen der Gesellschaft erläßt.[151] Für die Notwendigkeit eines Forderungsverzichts durch Erlaß scheint zwar die (mißverständliche) Begr zu § 23 RegEInsO zu sprechen: Dem Bedürfnis der Praxis, durch Rangrücktritt eines Gläubigers den Eintritt einer Überschuldung zu vermeiden oder eine bereits eingetretene wieder zu beseitigen, könne dadurch entsprochen werden, daß die Forderung des Gläubigers für den Fall der Eröffnung eines Insolvenzverfahrens erlassen werde.[152] Verlangte man aber tatsächlich die Vereinbarung eines Erlasses, um die Passivierung der Rückzahlungsforderung zu vermeiden, verlöre die Regelung des § 39 Abs 2 InsO ihren Sinn; eine mit Eröffnung des Insolvenzverfahrens erlassene Forderung besteht nämlich nicht mehr und kann ebendeshalb auch nicht (letztrangig) am Insolvenzverfahren teilnehmen. Im übrigen ist es nicht erforderlich, die Forderung für den Fall der Eröffnung eines Insolvenzverfahrens zu erlassen, um die vorrangigen Gläubiger zu schützen; denn die erstrangigen Forderungen konkurrieren bei Verteilung der Insolvenzmasse nicht mit den nachrangigen.[153] Darüber hinaus führt ein Forderungsverzicht zum endgültigen Verlust der Kreditforderung und der bestellten Sicherheiten; akzessorische Sicherheiten werden frei, nicht-akzessorische sind freizugeben. Bei der Rangrücktrittsvereinbarung handelt es sich dagegen um einen Schuldänderungsvertrag, der den Bestand der Kreditforderung unberührt läßt; mit der Forderung bleiben auch die für sie bestellten Sicherheiten bestehen. (Bei Mißlingen der Sanierung ist aber eine abgesonderte Befriedigung aus diesen Sicherheiten entspr den Grundsätzen für eigenkapitalersetzende Darlehen nicht zulässig.[154]) Die Zinspflicht des Kreditnehmers bleibt bestehen, wobei der Kreditgeber die Zinsen nur rückwirkend geltend machen kann, wenn das Vermögen des Kreditnehmers die Verbindlichkeiten wieder übersteigt.[155]

[151] Dieser Ansicht sind auch: *R. Fischer* (Fn 144), 68; *H.-P. Müller/Haas* (Fn 2), Rn 47 f; *Niesert* (Fn 142), 243 f; *K. Schmidt* (Fn 140), 299; *Temme* (Fn 21), 196 ff; *Uhlenbruck* (Fn 11), Rn 613. Anders beurteilen dies: *Braun/Riggert/Kind* (Fn 52), 85; *Holzer*, in: Kübler/Prütting, Komm zur Insolvenzordnung, § 39 InsO Rn 22 b; *Picot/Aleth* (Fn 57), Rn 99; *Rowedder* (Fn 11), Rn 14.

[152] So die Begr zu § 23 RegEInsO (Fn 7), 115.

[153] So auch das Argument von: *Temme* (Fn 21), 197.

[154] Vgl hierzu: *Wittig* (Fn 144), Rn 337.

[155] *Wittig* (Fn 144), Rn 337.

Allerdings vermag die für die Insolvenzsituation zugeschnittene Rangrücktrittserklärung nichts daran zu ändern, daß die betr Forderung weiterhin in der Handelsbilanz zu passivieren ist, denn das Darlehen bleibt trotz Rangrücktritts als Verbindlichkeit der Gesellschaft bestehen; zudem sind die Bedingungen für die Befriedigung der betr Forderung im Anhang zu erläutern.[156] (Nur der endgültige Verzicht auf die Forderung führt in der Handelsbilanz zur Ausbuchung der entspr Verbindlichkeit.)

[156] Vgl: *Crezelius* (Fn 148), Rn 486; *Kleindiek* (Fn 43), Rn 7.20f; *W. Müller* (Fn 86), Rn 38; *Schrader* (Fn 148), 115ff, 117; *Wittig* (Fn 144).

Anhang: Checkliste

A. Krisenerkennung und Krisenbeurteilung

I. Erfolgs- und finanzwirtschaftliche Krisenindikatoren

1. Ertragsfähigkeit geschwächt oder verloren
   > Umsatzerlöse deutlich rückläufig
   > Umsatzrentabilität erheblich unter Branchendurchschnitt und/oder stark zurückgegangen
   > Erträge stark gesunken oder nachhaltige Verluste
   > Nettozinsaufwandsquote (Zinssaldo in Prozent vom Umsatz) gestiegen
   > Zinsdeckung (Umsatzertrag zu Zinsaufwand) stark gefallen
2. Kreditwürdigkeit verschlechtert oder verloren
   > Unterkapitalisierung: haftendes Kapital unzureichend bzgl Art, Umfang und Risiken der Geschäftstätigkeit
   > Eigenkapitalquote deutlich unter Branchendurchschnitt und/oder nachhaltig gesunken
   > Eigenkapital in einem Zustand fortschreitender Gefährdung der Unternehmensexistenz:
     – Rücklagen durch Verluste weitgehend in Anspruch genommen (drohende Unterbilanz)
     – Unterbilanz: haftendes Kapital durch Verluste teilw reduziert
     – Unterbilanz in Höhe von mehr als 50 vH des haftenden Kapitals (drohende handelsbilanzielle Überschuldung)
     – Überschuldung zu Handelsbilanzwerten: Verluste übersteigen das haftende Kapital
   > Verschuldungsgrad ungewöhnlich hoch oder deutlich gestiegen
   > Anlagevermögen überwiegend durch Fremdkapital gedeckt
   > Finanzierungsstruktur mit erheblicher Fristeninkongruenz zwischen Vermögen und Schulden
3. Statische Liquidität unzureichend oder gefährdet
   > Liquide Mittel unzureichend:

- Liquidität ersten Grades („Barliquidität“: liquide Mittel im Verhältnis zu kurzfristigem Fremdkapital) unter 1
- Bestand an liquiden Mitteln am oder unterm Minimum

> kurzfristige Finanzmittel unzureichend: Liquidität zweiten Grades (monetäres Umlaufvermögen im Verhältnis zu kurzfristigem Fremdkapital) unter 1

4. Innenfinanzierungskraft reduziert oder negativ

> Cash-flow (Umsatzüberschuß) gesunken oder negativ

> Struktur des Cash-flow aufwandsbetont, nicht ertragsbetont (Abschreibungen und langfristige Rückstellungen überwiegen)

> Schuldentilgungsfähigkeit (Verhältnis Cash-flow zu Schulden) nachhaltig zurückgegangen, Entschuldungsdauer (Verhältnis Schulden zu Cash-flow) entspr gestiegen

> Kapitalrückflußquote (Cash-flow in Prozent des investierten Kapitals) deutlich unter Branchendurchschnitt und/oder nachhaltig gesunken

II. Krisenerschwerende Faktoren

1. Finanzierungsspielraum ausgeschöpft

> Außenfinanzierung durch Gläubiger:

- Kreditlinien voll genutzt, nicht verfügbar oder gekündigt
- Bestellung von Sicherheiten nicht mehr möglich

> Außenfinanzierung durch Eigentümer:

- keine Eigenkapitalzuschüsse zu erwarten
- Finanzplankredite bereits in Anspruch genommen
- Gesellschafterdarlehen bereits gewährt
- Bestehen von Auszahlungssperren

2. Zahlungsverkehr gestört

> Zahlungen erfolgen verspätet und/oder erst nach Mahnung

> vorübergehende Zahlungsstockungen

> schleppender Zahlungseingang: Kundenforderungen im Vergleich zur Umsatzentwicklung stärker gestiegen (Einzahlungen geringer als Umsatzerlöse) und/oder enthal-

ten einen hohen Anteil an überfälligen bzw ausfallgefährdeten Posten
> sonstige Krisenanzeichen (zB ungedeckte Schecks, Wechselproteste und Pfändungen)
3. Vermögenslage: mangelnde Flexibilität
> stille Reserven nicht vorhanden oder bereits realisiert
> nicht betriebsnotwendiges Vermögen nicht vorhanden oder nicht kurzfristig liquidierbar
4. Erfolgslage beeinträchtigt durch künftige Belastungen
> Risiken im Auftragsbestand und/oder aus schwebenden Geschäften
> langfristige, unkündbare Zahlungsverpflichtungen
> vertraglich vereinbarte Verlustübernahme

B. Erforderliche Maßnahmen in der Krise

In der Krise, bei Vorliegen einer Unterbilanz oder spätestens bei Eintritt eines Verlustes in Höhe der Hälfte des Stamm- oder Grundkapitals:

I. Prüfung der Zahlungsunfähigkeit

1. Aufstellung eines Zahlungsplans
> Inhalt: vorhandene Liquidität, erwartete Einzahlungen und laufende Auszahlungen
> Betrachtungszeitraum: bis zu drei Wochen
2. Schließung einer Liquiditätslücke
> Entlastung des Zahlungsplans:
– Beschleunigung der Einzahlungen (Forderungseinzug, Anzahlungen)
– Reduzierung der Auszahlungen (Einsparungen, Verschiebungen)
– mit Gläubigerbeteiligung: Zins- und/oder Tilgungsstundung; Zinsreduzierung
> Verbesserung der Liquidität:
– Veräußerung nicht betriebsnotwendigen Vermögens
– „sale-and-lease-back“ von Vermögensgegenständen
– Forderungsverkauf (Factoring)
– persönliche Sicherheiten und/oder Darlehen der Gesellschafter
– mit Gläubigerbeteiligung: Freigabe von Sicherheiten und/oder neue Kredite

> Inanspruchnahme offener Kreditlinien als Überbrückung, soweit diese im Prognosezeitraum wieder zurückführbar

⇒ *bei **Zahlungsunfähigkeit**: Antragspflicht des Schuldners & Antragsrecht der Gläubiger*

II. Überschuldungsprüfung

1. Fortbestehensprognose: Prüfung der wirtschaftlichen Lebensfähigkeit; droht die Zahlungsunfähigkeit?
   > Finanzplan mit Betrachtungszeitraum laufendes und folgendes Geschäftsjahr
   - Beurteilung der Zahlungs(un)fähigkeit unter Beachtung des Periodenverbundes
   - Erweiterung des Betrachtungszeitraums nicht zulässig

   > bei vorhandener Liquiditätslücke: Feststellung des Finanzmittelbedarfs durch eine prospektive Finanzierungsrechnung

   > Schließung der Liquiditätslücke durch entspr Maßnahmen (s o)

   ⇒ ***negative Fortbestehensprognose** macht die Aufstellung einer bes Überschuldungsbilanz zu Liquidationswerten erforderlich; zudem Antragsrecht des Schuldners wegen drohender Zahlungsunfähigkeit*

   ⇒ ***positive Fortbestehensprognose**: Aufstellung einer Überschuldungsbilanz zu Fortführungswerten (hM); nach dem hier vertretenen Verständnis keine bevorstehende Gefährdung der Gläubigeransprüche, deshalb Aufstellung einer Überschuldungsbilanz entbehrlich*
2. Überschuldungsbilanz: Prüfung der Schuldendeckungsfähigkeit des Unternehmensvermögens
   > stichtagsbezogene Gegenüberstellung von Vermögen und Verbindlichkeiten:
   - bei positiver Fortbestehensprognose: Bewertung nach Fortführungsgesichtspunkten (hM)
   - bei negativer Fortbestehensprognose: Bewertung nach Liquidationsgesichtspunkten

   ⇒ *bei festgestellter Schuldenunterdeckung: Antragspflicht des Schuldners & Antragsrecht der Gläubiger wegen **Überschuldung***

3. Abwendung der Verfahrenseröffnung durch Beseitigung der Überschuldung innerhalb der Antragshöchstfrist von drei Wochen
   > durch Erhöhung des Vermögens über Eigenkapitalersatz bzw -sanierung und/oder Verminderung der Schulden:
     – eigenkapitalersetzende Maßnahmen: eigenkapitalersetzende Gesellschafterdarlehen (bei Vereinbarung eines Rangrücktritts), Sanierungszuschüsse mit Besserungsschein und Ausgabe von Genußscheinen (Wertpapiere/verbriefte Gläubigerrechte an Reingewinn oder Liquidationserlös)
     – eigenkapitalsanierende Maßnahmen: Eigenkapitalzufuhr durch die Altgesellschafter, Beteiligung von Neugesellschaftern (Sanierungsprivileg!) und/oder vereinfachte Kapitalherabsetzung und -erhöhung
     – Reduzierung der Schulden durch Sanierung mit Gläubigerbeteiligung: Erlaß oder Teilerlaß von Verbindlichkeiten, Forderungsverzicht gegen Besserungsschein, Umwandlung von Schulden in Eigenkapital (Debt-equity swap)
   > (entgegen der hM) durch Maßnahmen, die der Beseitigung der drohenden Zahlungsunfähigkeit dienen

Literatur

Adler, Hans Die Abwicklungsbilanzen der Kapitalgesellschaft, Stuttgart 1956.

Altmeppen, Holger Probleme der Konkursverschleppungshaftung, in: ZIP 1997, 1173 ff.

Arens, Norbert Ertragsorientierte Überschuldungsprüfung, Frankfurt am Main 1991.

Arians, Georg Sonderbilanzen – Bilanzen aus besonderem Anlaß und Grundsätze ordnungsmäßiger Bilanzierung, München 1984.

Auler, Wolf-D. Der Überschuldungsstatus als Bewertungsproblem, in: DB 1976, 2169 ff.

Bähner, Eberhard Die Fortbestehensprognose im Rahmen der zweistufigen Überschuldungsrechnung, in: KTS 1988, 443 ff.

Baird, Douglas The Elements of Bankruptcy, Westbury/New York 1993.

Balz, Manfred Die Ziele der Insolvenzordnung, in: Kölner Schrift zur Insolvenzordnung, Das neue Insolvenzrecht in der Praxis, hrsg von: Arbeitskreis für Insolvenz- und Schiedsgerichtswesen e. V., 2. Aufl, Herne/Berlin 2000, 3 ff.

Baumbach, Adolf ua Zivilprozeßordnung mit Gerichtsverfassungsgesetz und anderen Nebengesetzen, 52. Aufl, München 1994.

Baumbach/Hueck (Hrsg) GmbH-Gesetz: Gesetz betreffend die Gesellschaften mit beschränkter Haftung, 16. Aufl, München 1996.

Beeck, Volker Die Konkursantragstellung als gläubigerspezifisches Entscheidungsproblem – Notwendigkeit und planerische Gestaltung der Entscheidungsfindung im Vorfeld der Schuldnerinsolvenz, Schwarzenbek 1978.

Berkhemer, Helmut Der Insolvenzstatus – Betriebswirtschaftliche Grundlagen und Konsequenzen, Weinheim 1955.

Beuter, Hubert Insolvenzrechtsreform – Eine unendliche Geschichte, in: Allgemeine Kredit – aktuell Nr. 39, Juni 1993, 1 ff.

Biermann, Manfred Die Überschuldung als Voraussetzung der Konkurseröffnung, Berlin 1963.

Bilo, Franz Zum Problemkreis der Überschuldung im strafrechtlichen Bereich, in: GmbHR 1981, 73 ff und GmbHR 1981, 104 ff.

Bittmann, Folker Zahlungsunfähigkeit und Überschuldung nach der Insolvenzordnung (Teil 1), wistra 1998, 321 ff.

Bitz, Michael/Hemmerde, Wilhelm/Rausch, Werner Gesetzliche Regelungen und Reformvorschläge zum Gläubigerschutz – Eine ökonomische Analyse, Berlin/Heidelberg 1986.

Blumers, Wolfgang Überschuldung als Konkursgrund bei der GmbH & Co. KG, in: BB 1976, 1441 ff.

Bohlen, Edgar Der Sicherheiten-Pool – Die Untersuchung der Rechtswirksamkeit des Sicherheiten-Pools unter Berücksichtigung wirtschaftlicher Aspekte, Bielefeld 1984.

Bork, Reinhard Einführung in das neue Insolvenzrecht, 2. Aufl, Tübingen 1998.

ders Der Insolvenzplan, in: ZZP 1996, 473 ff.

Borup, Peter Die eingetretene Zahlungsunfähigkeit aus der Sicht der Betriebswirtschaftslehre und das Problem ihrer Meßbarkeit, in: BB 1986, 1883 ff.

Braun, Eberhard Der Kreditrahmen gem. § 264 InsO als Finanzierungsinstrument des Sanierungsplans – Papiertiger oder weiterer „Kostenbeitrag" für absonderungsberechtigte Gläubiger?, in: Kölner Schrift zur Insolvenzordnung, Das neue Insolvenzrecht in der Praxis, hrsg von: Arbeitskreis für Insolvenz- und Schiedsgerichtswesen e. V., 2. Aufl, Herne/Berlin 2000, 1137 ff.

ders/Riggert, Rainer/Kind, Thomas Die Neuregelungen der Insolvenzordnung in der Praxis – Schwerpunkte für Richter, Rechtspfleger, Gläubiger und andere Verfahrensbeteiligte mit Musterverfügungen, Stuttgart ua 1999.

Bretzke, Wolf-Rüdiger Wann ist ein Unternehmen insolvent?, in: DBW 1985, 405 ff.

Breutigam, Axel/Tanz, Matthias Einzelprobleme des neuen Insolvenzanfechtungsrechts, in: ZIP 1998, 717 ff.

Budde, Wolfgang Dieter/Steuber, Elgin Rechnungslegung im Spannungsfeld zwischen Gläubigerschutz und Information der Gesellschafter, in: AG 1994, 542 ff.

Burger, Anton Zahlungsschwierigkeiten und ihre insolvenzrechtliche Bedeutung, in: AG 1988, 286 ff.

ders Zahlungsunfähigkeit und drohende Zahlungsunfähigkeit nach der geplanten Insolvenzordnung, in: DB 1992, 2149 ff.

ders/Buchhart, Anton Zur Notwendigkeit des neuen Insolvenztatbestands „drohende Zahlungsunfähigkeit", in: WPg 1999, 155 ff.

ders/Schellberg, Bernhard Die Auslösetatbestände im neuen Insolvenzrecht, in: BB 1995, 261 ff.

Canaris, Claus-Wilhelm Kreditkündigung und Kreditverweigerung gegenüber sanierungsbedürftigen Bankkunden, in: ZHR 1979, 113 ff.

Casper, Matthias/Ullrich, Kristin Zur Reichweite des Sanierungsprivilegs in § 32a Abs. 3 S. 3 GmbHG, in: GmbHR 2000, 472 ff.

Coenenberg, Adolf G. Jahresabschluß und Jahresabschlußanalyse – Betriebswirtschaftliche, handels- und steuerrechtliche Grundlagen, 16. Aufl, Landsberg am Lech 1997.

Dahl, Sven Die Bewertung bei der Ermittlung der Überschuldung einer GmbH nach § 63 GmbHG, in: GmbHR 1964, 112 ff.

Delhaes, Wolfgang Die Stellung, Rücknahme und Erledigung verfahrensleitender Anträge nach der Insolvenzordnung, in: Kölner Schrift zur Insolvenzordnung, Das neue Insolvenzrecht in der Praxis, hrsg von: Arbeitskreis für Insolvenz- und Schiedsgerichtswesen e. V., 2. Aufl, Herne/Berlin 2000, 141 ff.

Dinstühler, Klaus-Jürgen Kreditrahmenabreden gem. den §§ 264 ff InsO – Ein Beitrag des neuen Insolvenzrechts zur Sanierung von Unternehmen?, in: ZInsO 1998, 243 ff.

Dörner, Dietrich/Bischof, Stefan Zweifelsfragen zur Berichterstattung über die Risiken der künftigen Entwicklung im Lagebericht, in: WPg 1999, 445 ff.

Dörrie, Robin Das Sanierungsprivileg des § 32a Abs. 3 Satz 3 GmbHG, in: ZIP 1999, 12 ff.

Drukarczyk, Jochen Bilanzielle Überschuldungsmessung – Zur Interpretation der Vorschriften von § 92 Abs. 2 AktG und § 64 Abs. 1 GmbHG, in: ZGR 1979, 553 ff.

ders Unternehmen und Insolvenz – Zur effizienten Gestaltung des Kreditsicherungs- und Insolvenzrechts, Wiesbaden 1987.

ders/Schüler, Andreas Die Eröffnungsgründe der InsO: Zahlungsunfähigkeit, drohende Zahlungsunfähigkeit und Überschuldung, in: Kölner Schrift zur Insolvenzordnung, Das neue Insolvenzrecht in der Praxis, hrsg von: Arbeitskreis für Insolvenz- und Schiedsgerichtswesen e. V., 2. Aufl, Herne/Berlin 2000, 95 ff.

dieselben Zahlungsunfähigkeit, drohende Zahlungsunfähigkeit und Überschuldung als Insolvenzauslöser, in: Kölner Schrift zur Insolvenzordnung, Das neue Insolvenzrecht in der Praxis, hrsg von: Arbeitskreis für Insolvenz- und Schiedsgerichtswesen e. V., 1. Aufl, Herne/Berlin 1997, 57 ff.

ders/Duttle, Josef/Rieger, Reinhard Mobiliarsicherheiten – Arten, Verbreitung, Wirksamkeit, Köln 1985.

Drygala, Tim/Drygala, Anja Wer braucht ein Frühwarnsystem?, in: ZIP 2000, 297 ff.

Eckardt, Dieter Die Ausübung von Mobiliarsicherheiten in der Unternehmenskrise, in: ZIP 1999, 1734 ff.

Eckardt, Diederich Die Feststellung und Befriedigung des Insolvenzgläubigerrechts, in: Kölner Schrift zur Insolvenzordnung, Das neue Insolvenzrecht in der Praxis, hrsg von: Arbeitskreis für Insolvenz- und Schiedsgerichtswesen e. V., 2. Aufl, Herne/Berlin 2000, 743 ff.

Egner, Henning/Wolff, Gerhardt Zur Unbrauchbarkeit des Überschuldungstatbestandes als gläubigerschützendes Instrument, in: AG 1978, 99 ff.

Eickmann, Dieter ua Heidelberger Kommentar zur Insolvenzordnung, Heidelberg 1999.

Eilers, Stephan/Wienands, Hans-Gerd Zur steuerlichen Behandlung von eigenkapitalersetzenden Gesellschafterdarlehen und Gesellschaftersicherheiten auf der Ebene des Gesellschafters, in: GmbHR 1998, 618 ff.

Epstein, David G./Nickles, Steve H./White, James J. Bankruptcy, St. Paul (Minn.) 1993.

Erle, Bernd Der Bestätigungsvermerk des Abschlußprüfers, Düsseldorf 1990.

Fenske, Ralf Zur Unbrauchbarkeit des Überschuldungstatbestandes, in: AG 1997, 554 ff.

Fettel, Johannes Überschuldung, in: Handwörterbuch der Betriebswirtschaft, Band IV, hrsg von: Hans Seischab, Karl Schwantag, 3. Aufl, Stuttgart 1962, Sp. 5463 ff.

Feuerborn, Sabine Rechtliche Probleme der Unternehmensfortführung durch den Sequester und den vorläufigen Insolvenzverwalter, in: KTS 1997, 171 ff.

Fischer, Roland Die Bedeutung eines Rangrücktritts für den Überschuldungsstatus einer GmbH, in: GmbHR 2000, 66 ff.

Fischer, Werner Dynamische Überschuldungsprüfung als Insolvenzindikator, in: DB 1981, 1345 ff.

Fleck, Hans-Joachim Die Bilanzierung kapitalersetzender Gesellschafterdarlehen in der GmbH, in: Handelsrecht und Steuerrecht, Festschrift für Georg Döllerer, hrsg von: Brigitte Knobbe-Keuk, Franz Klein, Adolf Moxter, Düsseldorf 1988, 109 ff.

Fleischer, Holger Eigenkapitalersetzende Gesellschafterdarlehen und Überschuldungsstatus, in: ZIP 1996, 773 ff.

Flessner, Axel Das rechtspolitische Für und Wider eines Sanierungsrechts, in: ZIP 1981, 1283 ff.

ders Sanierung und Reorganisation – Insolvenzverfahren für Großunternehmen in rechtsvergleichender und rechtspolitischer Untersuchung, Tübingen 1982.

Franzheim, Horst Das Tatbestandsmerkmal der Krise im Bankrottstrafrecht, in: NJW 1980, 2500 ff.

Früh, Hans-Joachim/Wagner, Wolfgang Überschuldungsprüfung bei Unternehmen, in: WPg 1998, 907 ff.

Fuchs, Karlhans Verbraucherinsolvenzverfahren und Restschuldbefreiung, in: Kölner Schrift zur Insolvenzordnung, Das neue Insolvenzrecht in der Praxis, hrsg von: Arbeitskreis für Insolvenz- und Schiedsgerichtswesen e. V., 2. Aufl, Herne/Berlin 2000, 1679 ff.

Funke, Rainer Der Insolvenzplan des Entwurfs der Insolvenzordnung im Lichte der Erfahrungen mit dem amerikanischen Reorganisations- und Schuldenregulierungsrecht, in: Festschrift für Herbert Helmrich zum 60. Geburtstag, hrsg von: Klaus Letzgus ua, München 1994, 627 ff.

Gerhardt, Walter Aspekte zur Wechselwirkung zwischen Konkursrecht und Wirtschaftsleben, in: Festschrift für Friedrich Weber zum 70. Geburtstag am 19. Mai 1975, hrsg von: Erhard Bökelmann, Wolfram Henckel, Günther Jahr, 181 ff.

ders Verfügungsbeschränkungen in der Eröffnungsphase und nach Verfahrenseröffnung, in: Kölner Schrift zur Insolvenzordnung, Das neue Insolvenzrecht in der Praxis, hrsg von: Arbeitskreis für Insolvenz- und Schiedsgerichtswesen e. V., 2. Aufl, Herne/Berlin 2000, 193 ff.

von Gerkan, Hartwin/Hommelhoff, Peter (Hrsg) Handbuch des Kapitalersatzrechts, Köln 2000.

Gessner, Volkmar ua Die Praxis der Konkursabwicklung in der Bundesrepublik Deutschland – Eine rechtssoziologische Untersuchung, Köln 1978.

Giebeler, Norbert Die Feststellung der Überschuldung einer Unternehmung unter besonderer Berücksichtigung der Beziehungen zur Zahlungsunfähigkeit, Frankfurt am Main 1982.

Götz, Alexander Die nicht endende Diskussion um den Überschuldungstatbestand, in: ZInsO 2000, 77 ff.

Gottwald, Peter Die Rechtsstellung dinglich gesicherter Gläubiger, in: Insolvenzrecht im Umbruch – Analysen und Alternativen, Würzburger Arbeitstagung der Vereinigung der Zivilprozeßrechtslehrer zum Referentenentwurf einer Insolvenzordnung, hrsg von: Dieter Leipold, Köln ua 1991, 197 ff.

ders/Adolphsen, Jens Die Rechtsstellung dinglich gesicherter Gläubiger in der Insolvenzordnung, in: Kölner Schrift zur Insolvenzordnung, Das neue Insolvenzrecht in der Praxis, hrsg von: Arbeitskreis für Insolvenz- und Schiedsgerichtswesen e. V., 2. Aufl, Herne/Berlin 2000, 1043 ff.

Grote, Hugo Verbraucherinsolvenz nach einem halben Jahr: Plädoyer für die Abschaffung des Schuldenbereinigungsverfahrens, in: ZInsO 1999, 383 ff.

Grub, Volker Die Stellung des Schuldners im Insolvenzverfahren, in: Kölner Schrift zur Insolvenzordnung, Das neue Insolvenzrecht in der Praxis, hrsg von: Arbeitskreis für Insolvenz- und Schiedsgerichtswesen e. V., 2. Aufl, Herne/Berlin 2000, 671 ff.

Gurke, Michael Verhaltensweisen und Sorgfaltspflichten von Vorstandsmitgliedern und Geschäftsführern bei drohender Überschuldung, Berlin 1982.

Haack, Michael Bewertungsprobleme bei der Überschuldungsfeststellung, in: BB 1981, 883 ff.

Haas, Ulrich Die Eröffnungsgründe: Zahlungsunfähigkeit, drohende Zahlungsunfähigkeit, Überschuldung, in: Insolvenzrecht 1998, Tagungsband zum RWS-Forum am 11. und 12. Oktober 1998 in Berlin, hrsg von: Wolfram Henckel, Gerhart Kreft, Köln 1999, 1 ff.

Habersack, Mathias Der Finanzplankredit und das Recht der eigenkapitalersetzenden Gesellschafterhilfen, in: ZHR 1997, 457 ff.

Häsemeyer, Ludwig Die Gleichbehandlung der Konkursgläubiger, in: KTS 1982, 507 ff.

ders Insolvenzrecht, 2. Aufl, Köln ua 1998.

Hanau, Peter/Berscheid, Ernst-Dieter Übertragende Sanierung vor und in der Insolvenz, in: Kölner Schrift zur Insolvenzordnung, Das neue Insolvenzrecht in der Praxis, hrsg von: Arbeitskreis für Insolvenz- und Schiedsgerichtswesen e. V., 2. Aufl, Herne/Berlin 2000, 1541 ff.

Harneit, Paul Überschuldung und erlaubtes Risiko, Köln 1984.

Hasselbach, Kai Die Geltendmachung von Gesamtschadensansprüchen der Gläubiger durch den Insolvenzverwalter, in: DB 1996, 2213 ff.

Hax, Herbert/Marschdorf, Hans-J. Anforderungen an ein Insolvenzrecht aus betriebswirtschaftlicher Sicht, in: BFuP 1983, 112 ff.

Heilmann, Hans/Smid, Stefan Grundzüge des Insolvenzrechts – Eine Einführung in die Grundfragen des Insolvenzrechts und die Probleme seiner Reform, 2. Aufl, München 1994.

Henckel, Wolfram Insolvenzanfechtung, in: Kölner Schrift zur Insolvenzordnung, Das neue Insolvenzrecht in der Praxis, hrsg von: Arbeitskreis für Insolvenz- und Schiedsgerichtswesen e. V., 2. Aufl, Herne/Berlin 2000, 813 ff.

ders Referat, in: Verhandlungen des 51. Deutschen Juristentages, Band II: Sitzungsberichte, hrsg von: Ständige Deputation des Deutschen Juristentages, – Teil O: Sitzungsbericht über die Verhandlungen der Abteilung Kreditsicherung über das Thema: Empfehlen sich gesetzliche Maßnahmen zur Reform der Mobiliarsicherheiten?, 8 ff.

Henssler, Martin Die verfahrensrechtlichen Pflichten des Geschäftsführers im Insolvenzverfahren über das Vermögen der GmbH und der GmbH & Co. KG, in: Kölner Schrift zur Insolvenzordnung, Das neue Insolvenzrecht in der Praxis, hrsg von: Arbeitskreis für Insolvenz- und Schiedsgerichtswesen e. V., 2. Aufl, Herne/Berlin 2000, 1283 ff.

Henze, Hartwig/Bauer, Karen Pflichtenstellung und Haftung des GmbH-Geschäftsführers im früheren und gegenwärtigen Insolvenzrecht, in: Kölner Schrift zur Insolvenzordnung, Das neue Insolvenzrecht in der Praxis, hrsg von: Arbeitskreis für Insolvenz- und Schiedsgerichtswesen e. V., 2. Aufl, Herne/Berlin 2000, 1311 ff.

Herget, Rudolf Das Zurücktreten mit Forderungen bei Überschuldung der Aktiengesellschaft, in: AG 1974, 137 ff.

Hess, Harald/Kropshofer, Birger Kommentar zur Konkursordnung, 4. Aufl, Neuwied 1993.

Hess, Harald/Weis, Michaela Der Insolvenzplan, in: WM 1998, 2349 ff.

Hirsch, Ernst E. Zur Auslegung und Reform der Überschuldungsbestimmungen im Gesellschaftsrecht, in: Beiträge zum Arbeits-, Handels- und Wirtschaftsrecht, Festschrift für Alfred Hueck zum 70. Geburtstag, hrsg von: Rolf Dietz, Hans Carl Nipperdey, Eugen Ulmer, München/Berlin 1959, 307 ff.

Hirte, Heribert Das Kapitalersatzrecht nach Inkrafttreten der Reformgesetzgebung, in: ZInsO 1998, 147 ff.

ders Die vereinfachte Kapitalherabsetzung bei der GmbH, in: Kölner Schrift zur Insolvenzordnung, Das neue Insolvenzrecht in der Praxis, hrsg von: Arbeitskreis für Insolvenz- und Schiedsgerichtswesen e. V., 2. Aufl, Herne/Berlin 2000, 1253 ff.

Hirtz, Herbert Die Vorstandspflichten bei Verlust, Zahlungsunfähigkeit und Überschuldung einer Aktiengesellschaft – Eine betriebswirtschaftliche Untersuchung, Düsseldorf 1966.

Höffner, Dietmar Überschuldung: Ein Tatbestandsmerkmal im Schnittpunkt von Bilanz-, Insolvenz- und Strafrecht (Teil II), in: BB 1999, 252 ff.

Höfner, Klaus-Dieter Die Überschuldung als Krisenmerkmal des Konkursstrafrechts, Frankfurt am Main 1981.

Hoffmann, Günther Zahlungsunfähigkeit und Zahlungseinstellung, MDR 1979, 713 ff.

Hommelhoff, Peter Eigenkapitalersetzende Gesellschafterdarlehen und Konkursantragspflicht, in: Handelsrecht und Steuerrecht, Festschrift für Georg Döllerer, hrsg von: Brigitte Knobbe-Keuk, Franz Klein, Adolf Moxter, Düsseldorf 1988, 245 ff.

Hundertmark, Dedo/Herms, Volkmar Zur Überschuldung von Kapitalgesellschaften, in: BB 1972, 1118 ff.

Huntemann, Eva Maria/Graf Brockdorff, Christian (Hrsg) Der Gläubiger im Insolvenzverfahren, Berlin/New York 1999.

Jackson, Thomas H. The Logic and Limits of Bankruptcy Law, Cambridge, Mass./London 1986.

Jaeger, Ernst (Hrsg) Konkursordnung mit Einführungsgesetzen – Kommentar, Erster Band: §§ 1–70 KO, 8. Aufl, Berlin 1958; Zweiter Band, 1. Halbband: §§ 71–206 KO, 8. Aufl, Berlin/New York 1973.

Jäger, Karl-Heinz Die Zahlungsunfähigkeit im neuen Insolvenzrecht, in: BB 1997, 1575 ff.

ders Die Zahlungsunfähigkeit nach geltendem und nach geplantem Recht, in: DB 1986, 1441 ff.

Jähnke, Burkhard/Laufhütte, Heinrich Wilhelm/Odersky, Walter (Hrsg) Leipziger Kommentar – Großkommentar zum StGB, 21. Lieferung: §§ 283–283 d, 11. Aufl, Berlin 1996.

Jährig, Alfred ua Handbuch des Kreditgeschäfts, 5. Aufl, Wiesbaden 1989.

Janssen, Friedrich Carl Überlegungen zum „Going concern concept“, in: WPg 1984, 341 ff.

Kallmeyer, Harald Die GmbH in der Insolvenz, in: GmbH-Handbuch, Loseblattsammlung, Stand: März 1999, Band II, hrsg von: Centrale für GmbH Dr. Otto Schmidt, Rn 4000 ff.

ders Ungelöste Probleme des Eigenkapitalersatzrechts: Sanierung, Finanzplan und Nutzungsüberlassung, in: GmbHR 1998, 307 ff.

Kaltmeyer, Christoph Der Insolvenzplan als Sanierungsmittel des Schuldners – Unter Berücksichtigung des EGInsOÄndG v. 19. 12. 1998 (Teil I), in: ZInsO 1999, 255 ff.

Karollus, Martin Die Fortbestehensprognose im Rahmen der Überschuldungsprüfung, Wien 1997.

Kilger, Joachim Referat, in: Verhandlungen des 51. Deutschen Juristentages, Band II: Sitzungsberichte, hrsg von: Ständige Deputation des Deutschen Juristentages, – Teil O: Sitzungsbericht über die Verhandlungen der Abteilung Kreditsicherung über das Thema: Empfehlen sich gesetzliche Maßnahmen zur Reform der Mobiliarsicherheiten?, 33 ff.

Kirchhof, Hans-Peter Die Zahlungseinstellung nach § 17 Abs. 2 Satz 2 InsO, in: Kölner Schrift zur Insolvenzordnung, Das neue Insolvenzrecht in der Praxis, hrsg von: Arbeitskreis für Insolvenz- und Schiedsgerichtswesen e. V., 2. Aufl, Herne/Berlin 2000, 285 ff.

Klar, Michael (B.) Änderungen in der Auslegung des Überschuldungstatbestandes – Ein Beitrag zur Reform des Insolvenzrechts, in: DB 1990, 2077 ff.

ders Überschuldung und Überschuldungsbilanz, Köln ua 1987.

Klasmeyer, Bernd/Elsner, Ben P./Ringstmeier, Andreas Ausgewählte Probleme bei der Verwertung von Mobiliarsicherheiten, in: Kölner Schrift zur Insolvenzordnung, Das neue Insolvenzrecht in der Praxis, hrsg von: Arbeitskreis für Insolvenz- und Schiedsgerichtswesen e. V., 2. Aufl, Herne/Berlin 2000, 1083 ff.

Klebba, W. Die Feststellung der Überschuldung, in: BFuP 1953, 691 ff.

Kleffner, Thomas Erhaltung des Stammkapitals und Haftung nach §§ 30, 31 GmbHG, Berlin 1994.

Knapp, Lotte Was darf der Kaufmann als seine Vermögensgegenstände bilanzieren?, in: DB 1971, 1121 ff.

Kölsch, Karsten Vorverlegte Insolvenzauslösung – Gestaltungsmöglichkeiten unter besonderer Berücksichtigung prospektiver Insolvenztatbestände, Köln 1988.

Kressin, Kurt Die Einleitung eines Insolvenzverfahrens für Unternehmen – Ursachen, Zeitpunkt und Gründe, – Eine Untersuchung unter betriebswirtschaftlichen und juristischen Aspekten, Frankfurt aM 1990.

Krystek, Ulrich Unternehmenskrisen – Beschreibung, Vermeidung und Bewältigung überlebenskritischer Prozesse in Unternehmungen, Wiesbaden 1987.

Kübler, Bruno M./Prütting, Hanns (Hrsg) InsO – Kommentar zur Insolvenzordnung, Band I und Band II, Loseblattsammlung, Stand: Februar 2000, Köln 2000.

Kühn, Günter Bewertungprobleme bei Feststellung der Überschuldung einer GmbH, in: DB 1970, 549 ff.

Kühn, Manfred Insolvenzindikatoren und Unternehmenskrise, Bergisch Gladbach/Köln 1991.

Kuhn, Georg/Uhlenbruck, Wilhelm Konkursordnung – Kommentar, 11. Aufl, München 1994.

Kupsch, Peter Bilanzierungsproblematik und Vorstandspflichten bei Verlust in Höhe der Hälfte des Grundkapitals und bei Überschuldung, in: WPg 1982, 273 ff.

ders Zur Problematik der Überschuldungsmessung, in: BB 1984, 159 ff.

Landfermann, Hans-Georg Massearmut und Insolvenzrechtsreform, in: KTS 1989, 763 ff.

ders Allgemeine Wirkungen der Insolvenzeröffnung, in: Kölner Schrift zur Insolvenzordnung, Das neue Insolvenzrecht in der Praxis, hrsg von: Arbeitskreis für Insolvenz- und Schiedsgerichtswesen e. V., 2. Aufl, Herne/Berlin 2000, 159 ff.

Leffson, Ulrich Die Going-Concern-Prämisse bei Unsicherheit über den Fortbestand der Unternehmung, in: WPg 1984, 604 ff.

Leipold, Dieter Die Eigenverwaltung mit Sachwalter und die Eigenverwaltung bei Kleinverfahren, in: Insolvenzrecht im Umbruch – Analysen und Alternativen, Würzburger Arbeitstagung der Vereinigung der Zivilprozeßrechtslehrer zum Referentenentwurf einer Insolvenzordnung, hrsg von: Dieter Leipold, Köln ua 1991, 165 ff.

Limmer, Peter Unternehmensumstrukturierungen vor und in der Insolvenz unter Einsatz des Umwandlungsrechts, in: Kölner Schrift zur Insolvenzordnung, Das neue Insolvenzrecht in der Praxis, hrsg von: Arbeitskreis für Insolvenz- und Schiedsgerichtswesen e. V., 2. Aufl, Herne/Berlin 2000, 1219 ff.

Livonius, Barbara Passivierung von Forderungen mit Rangrücktritt im Überschuldungsstatus nach der Insolvenzordnung, in: ZInsO 1998, 309 ff.

Lohkemper, Wolfgang Zur Haftung des Erwerbers beim Betriebsübergang im Insolvenzeröffnungsverfahren, in: ZIP 1999, 1251 ff.

ders Die Zwangsvollstreckung während der Sequestration und in einem vorläufigen Insolvenzverfahren, in: ZIP 1995, 1641 ff.

Lücke, Wolfgang Finanzplanung und Finanzkontrolle, Wiesbaden 1962.

ders Liquidität, Liquidierbarkeit und Tilgbarkeit, in: DB 1984, 2361 ff., 2420 ff.

Lütkemeyer, Jörg Die Überschuldung der GmbH – Ein Beitrag zum Recht der Unternehmensbewertung, Gelsenkirchen 1983.

Lutter, Marcus Haftungsrisiken des Geschäftsführers einer GmbH, in: GmbHR 1997, 329 ff.

ders Zahlungseinstellung und Überschuldung unter der neuen Insolvenzordnung, in: ZIP 1999, 641 ff.

ders/Hommelhoff, Peter GmbH-Gesetz – Kommentar, 15. Aufl, Köln 2000.

Lwowski, Hans-Jürgen/Heyn, F. Benedict Die Rechtsstellung des absonderungsberechtigten Gläubigers nach der Insolvenzordnung, in: WM 1998, 473 ff.

Maser, Peter Gesellschafterdarlehen in der Krise der GmbH, in: ZIP 1995, 1319 ff.

ders/Sommer, Alexander Persönliche Haftung des GmbH-Geschäftsführers in der Insolvenz der Gesellschaft, in: BB 1996, 65 ff.

dieselben Die Neuregelung der „Sanierenden Kapitalherabsetzung" bei der GmbH, in: GmbHR 1996, 22 ff.

Mathews, Kurt Zahlungsunfähigkeit, Zahlungseinstellung und Überschuldung im Konkurs- und Vergleichsrecht, in: WPg 1950, 250 ff.

Maus, Karl Heinz Der Insolvenzplan, in: Kölner Schrift zur Insolvenzordnung, Das neue Insolvenzrecht in der Praxis, hrsg von: Arbeitskreis für Insolvenz- und Schiedsgerichtswesen e. V., 2. Aufl, Herne/Berlin 2000, 931 ff.

Mellerowicz, Konrad Der Wert der Unternehmung als Ganzes, Essen 1952.

Meyer-Cording, Ulrich Die Bedeutung der Eröffnungstatbestände für die Funktion des Konkurses, in: ZIP 1989, 485 ff.

ders Mehr Klarheit für die Insolvenztatbestände!, in: BB 1985, 1925 ff.

Möhlmann, Thomas Der Nachweis eingetretener und drohender Zahlungsunfähigkeit im neuen Insolvenzverfahren – Anforderungen und Aufgaben für Steuerberater und Wirtschaftsprüfer, in: WPg 1998, 947 ff.

Moxter, Adolf Ist bei drohendem Unternehmenszusammenbruch das bilanzrechtliche Prinzip der Unternehmensfortführung aufzugeben?, in: WPg 1980, 345 ff.

Müller, Hans-Peter/Haas, Ulrich Bilanzierungsprobleme bei der Erstellung eines Überschuldungsstatus nach § 19 Abs. 2 InsO, in: Kölner Schrift zur Insolvenzordnung, Das neue Insolvenzrecht in der Praxis, hrsg von: Arbeitskreis für Insolvenz- und Schiedsgerichtswesen e. V., 2. Aufl, Herne/Berlin 2000, 1799 ff.

Müller, Welf Unterbilanz und Überschuldung der Aktiengesellschaft, in: WP-Handbuch 1996, Band I: Handbuch für Rechnungslegung, Prüfung und Beratung, hrsg von: Institut der Wirtschaftsprüfer in Deutschland e.V., 11. Aufl, Düsseldorf 1996, Abschnitt T.

Münstermann, Hans Wert und Bewertung der Unternehmung, Wiesbaden 1966.

Naumann, Dieter Die Aufsicht des Insolvenzgerichts über den Insolvenzverwalter, in: Kölner Schrift zur Insolvenzordnung, Das neue Insolvenzrecht in der Praxis, hrsg von: Arbeitskreis für Insolvenz- und Schiedsgerichtswesen e. V., 2. Aufl, Herne/Berlin 2000, 431 ff.

Nerlich, Jörg/Römermann, Volker (Hrsg) Insolvenzordnung (InsO) – Kommentar, Loseblattsammlung, Stand: Januar 1999, München 1999.

Niesert, Burkhard Die Passivierung von eigenkapitalersetzenden Gesellschafterdarlehen mit Rangrücktritt im Überschuldungsstatus nach der Insolvenzordnung, in: InVo 1998, 242 ff.

Obermüller, Manfred Änderungen des Rechts der kapitalersetzenden Darlehen durch KonTraG und KapAEG, in: ZInsO 1998, 51 ff.

ders Auswirkungen der Insolvenzrechtsreform auf das Kreditgeschäft, in: ZKW 1993, 394 ff.

ders Auswirkungen der Insolvenzrechtsreform auf Kreditgeschäft und Kreditsicherheiten, in: WM 1994, 1869 ff.

ders Insolvenzrecht in der Bankpraxis, 5. Aufl, Köln 1997.

ders Konkursanmeldung bei Zahlungsunfähigkeit und Überschuldung, in: DB 1973, 267 ff.

ders/Livonius, Barbara Auswirkungen der Insolvenzrechtsreform auf das Kreditgeschäft, in: DB 1995, 27 ff.

Oetker, Friedrich Konkursrechtliche Grundbegriffe, – Band I: Die Gläubiger, Stuttgart 1891.

Oppenländer, Frank Die Finanzplanüberlassung – eine Herausforderung für die Beratungspraxis, in: GmbHR 1998, 505 ff.

Pape, Gerhard Ablehnung und Erfüllung schwebender Rechtsgeschäfte durch den Insolvenzverwalter, in: Kölner Schrift zur Insolvenzordnung, Das neue Insolvenzrecht in der Praxis, hrsg von: Arbeitskreis für Insolvenz- und Schiedsgerichtswesen e. V., 2. Aufl, Herne/Berlin 2000, 531 ff.

ders Die Eigenverwaltung des Schuldners nach der Insolvenzordnung, in: Kölner Schrift zur Insolvenzordnung, Das neue Insolvenzrecht in der Praxis, hrsg von: Arbeitskreis für Insolvenz- und Schiedsgerichtswesen e. V., 2. Aufl, Herne/Berlin 2000, 895 ff.

ders Keine Geltendmachung von „Neugläubigerschäden" durch den gerichtlich bestellten Insolvenzverwalter, in: KTS 1998, 367 ff.

Papke, Horst Zum Begriff der Zahlungsunfähigkeit, in: DB 1969, 735 ff.

Penzlin, Dietmar Kritische Anmerkungen zu den Insolvenzeröffnungsgründen der drohenden Zahlungsunfähigkeit und der Überschuldung (§§ 18 und 19 InsO), in: NZG 2000, 464 ff.

Peters-Lange, Susanne Die Betriebsfortführung im Insolvenzeröffnungsverfahren, in: ZIP 1999, 421 ff.

Pichler, Jens Unternehmenssanierung auf Grundlage des geänderten § 32 a GmbHG, in: WM 1999, 411 ff.

Picot, Gerhard/Aleth, Franz Unternehmenskrise und Insolvenz – Vorbeugung, Turnaround, Sanierung, München 1999.

Plate, Georg Eignung von Zahlungsunfähigkeit und Überschuldung als Indikatoren für die Insolvenzreife einer Unternehmung, in: DB 1980, 217 ff.

ders Die Konkursbilanz, Köln ua 1979.

Pribilla, Max E. Die Überschuldungsbilanz, in: KTS 1958, 1 ff, 17 ff.

Priester, Hans-Joachim Die Erhöhung des Stammkapitals mit kapitalersetzenden Gesellschafterdarlehen, in: Handelsrecht und Steuerrecht, Festschrift für Georg Döllerer, hrsg von: Brigitte Knobbe-Keuk, Franz Klein, Adolf Moxter, Düsseldorf 1988, 475 ff.

Prütting, Hanns Allgemeine Verfahrensgrundsätze der Insolvenzordnung, in: Kölner Schrift zur Insolvenzordnung, Das neue Insolvenzrecht in der Praxis, hrsg von: Arbeitskreis für Insolvenz- und Schiedsgerichtswesen e. V., 2. Aufl, Herne/Berlin 2000, 221 ff.

Rausch, Werner Gläubigerschutz im Insolvenzverfahren – Eine ökonomische Analyse einschlägiger rechtlicher Regelungen, Bergisch Gladbach 1985.

Remme, Werner/Theile, Carsten Die Auswirkungen von „KonTraG“ und „KapAEG“ auf die GmbH, in: GmbHR 1998, 909 ff.

Richter, Hans Der Konkurs der GmbH aus der Sicht der Strafrechtspraxis (II), in: GmbH 1984, 137 ff.

Rieger, Wilhelm Einführung in die Privatwirtschaftslehre, 2. Aufl, Erlangen 1959.

Riggert, Rainer Das Insolvenzplanverfahren – Strategische Probleme aus der Sicht der absonderungsberechtigten Banken, in: WM 1998, 1521 ff.

Rogusch, Michael Mindesteigenkapital, Haftungsbeschränkung und Gläubigerschutz bei der GmbH – Zur Problematik einer betriebswirtschaftlich begründeten Eigenkapitaluntergrenze einer GmbH als Anknüpfungspunkt für gläubigerschützende und die Haftung der GmbH-Gesellschafter erweiternde Maßnahmen, Frankfurt am Main 1979.

Roth, Günter H. Geschäftsführerpflichten und Gesellschafterhaftung bei Überschuldung der GmbH, in: GmbHR 1985, 137 ff.

Rowedder, Heinz ua Gesetz betreffend die Gesellschaften mit beschränkter Haftung (GmbHG) – Kommentar, 3. Aufl, München 1997.

Rümker, Dietrich Verhaltenspflichten der Kreditinstitute in der Krise des Kreditnehmers, in: KTS 1981, 493 ff.

Schäfer, Erich Die Unternehmung – Einführung in die Betriebswirtschaftslehre, 9. Aufl, Wiesbaden 1978.

Scharpf, Paul Die Sorgfaltspflichten des Geschäftsführers einer GmbH, in: DB 1997, 737 ff.

Schaub, Bernhard Die GmbH in der Krise – Kriterien für die Feststellung von Zahlungsunfähigkeit, Überschuldung und Kreditunwürdigkeit, in: DStR 1993, 1483 ff.

Schedlbauer, Hans Auslösung und Durchführung von Insolvenzprüfungen, in: DB 1984, 2205 ff.

Schlegel, Stephan Insolvenzantrag und Eigenverwaltungsantrag bei drohender Zahlungsunfähigkeit, in: ZIP 1999, 954 ff.

Schlosser, Peter Die Eröffnung des Insolvenzverfahrens, in: Insolvenzrecht im Umbruch – Analysen und Alternativen, Würzburger Arbeitstagung der Vereinigung der Zivilprozeßrechtslehrer zum Referentenentwurf einer Insolvenzordnung, hrsg von: Dieter Leipold, Köln ua 1991, 9 ff.

Schlüchter, Ellen Die Krise im Sinne des Bankrottstrafrechts, in: MDR 1978, 265 ff.

Schmidt, Karsten Finanzplanfinanzierung, Rangrücktritt und Eigenkapitalersatz – Zum System des Kapitalschutzes bei „funktionellem Eigenkapital", in: ZIP 1999, 1241 ff.

ders Gesellschaftsrecht, 3. Aufl, Köln ua 1997.

ders Insolvenzordnung und Unternehmensrecht – Was bringt die Reform?, in: Kölner Schrift zur Insolvenzordnung, Das neue Insolvenzrecht in der Praxis, hrsg von: Arbeitskreis für Insolvenz-

und Schiedsgerichtswesen e. V., 2. Aufl, Herne/Berlin 2000, 1199 ff.

ders Kapitalersatz und kein Ende, in: Insolvenzrecht 1998, Tagungsband zum RWS-Forum am 11. und 12. Oktober 1998 in Berlin, hrsg von: Wolfram Henckel, Gerhart Kreft, Köln 1999, 287 ff.

ders Konkursgründe und präventiver Gläubigerschutz – Ein Beitrag zur Diskussion um den Konkursgrund der Überschuldung, in: AG 1978, 334 ff.

ders Vom Konkursrecht der Gesellschaften zum Insolvenzrecht der Unternehmen, in: ZIP 1980, 233 ff.

ders Sinnwandel und Funktion des Überschuldungstatbestandes – Rechtspolitische Perspektiven der Verfahrenseröffnung im Insolvenzrecht, in: JZ 1982, 165 ff.

ders Unternehmenskonkurs – Unternehmensträgerkonkurs – Gesellschafterkonkurs, gesetzliche Grundentscheidungen zu den Koordinationsproblemen von Insolvenzrecht und Handelsrecht, in: Einhundert Jahre Konkursordnung 1877–1977, Festschrift des Arbeitskreises für Insolvenz- und Schiedsgerichtswesen e. V. Köln zum einhundertjährigen Bestehen der Konkursordnung vom 10. Februar 1877, hrsg von: Wilhelm Uhlenbruck, Bernd Klasmeyer, Bruno M. Kübler, Köln ua 1977, 247 ff.

ders Wege zum Insolvenzrecht der Unternehmen: Befunde, Kritik, Perspektiven, – Beiträge zum Insolvenzrecht Band 7, Köln 1990.

ders/Uhlenbruck, Wilhelm (Hrsg) Die GmbH in Krise, Sanierung und Insolvenz, Gesellschaftsrecht, Neues Insolvenzrecht, Steuerrecht, Arbeitsrecht, Bankrecht und Organisation bei Krisenvermeidung, Krisenbewältigung und Abwicklung, 2. Aufl, Köln 1999.

Schmidt, Reinhard H. Ökonomische Analyse des Insolvenzrechts, Wiesbaden 1980.

Schönke, Adolf/Schröder, Horst (Hrsg) Strafgesetzbuch – Kommentar, 24. Aufl, München 1991.

Scholz, Franz (Hrsg) Kommentar zum GmbH-Gesetz mit Anhang Konzernrecht, I. Band: §§ 1–44, 9. Aufl, Köln 2000.

ders (Hrsg) Kommentar zum GmbH-Gesetz mit Nebengesetzen und den Anhängen Konzernrecht, II. Band: §§ 45–85, 8. Aufl, Köln 1995.

Schrader, Nikolaus Die Besserungsabrede – Eine Untersuchung der zivil-, bilanz- und ertragsteuerrechtlichen Probleme, Heidelberg 1995.

Schüppen, Matthias Aktuelle Fragen der Konkursverschleppung durch den GmbH-Geschäftsführer, in: DB 1994, 197 ff.

Schürer, Heinz Der Tatbestand der Überschuldung im deutschen Insolvenzrecht, München 1962.

Seagon, Christopher/Wiester, Roland Erste praktische Erfahrungen mit der Insolvenzordnung aus Verwaltersicht, in: ZInsO 1999, 627 ff.

Seicht, Gerhard Die kapitaltheoretische Bilanz und die Entwicklung der Bilanztheorien, Berlin 1970.

Siedschlag, Wolfgang Ansatzpunkte zu einer Reform des Insolvenzrechts (Konkurs und Vergleich) anhand neuerer Erfahrungen, Freiburg 1971.

Sieger, Jürgen J./Aleth, Franz Finanzplankredite: Stand der Rechtsprechung und offene Fragen, in: GmbHR 2000, 462 ff.

Sinz, Ralf Leasing und Factoring im Insolvenzverfahren, in: Kölner Schrift zur Insolvenzordnung, Das neue Insolvenzrecht in der Praxis, hrsg von: Arbeitskreis für Insolvenz- und Schiedsgerichtswesen e. V., 2. Aufl, Herne/Berlin 2000, 593 ff.

Smid, Stefan Grundzüge des neuen Insolvenzrechts, 3. Aufl, München 1999.

ders Die Haftung des Insolvenzverwalters in der Insolvenzordnung – Kontinuität und Diskontinuität des Rechts der Haftung des Insolvenzverwalters, in: Kölner Schrift zur Insolvenzordnung, Das neue Insolvenzrecht in der Praxis, hrsg von: Arbeitskreis für Insolvenz- und Schiedsgerichtswesen e. V., 2. Aufl, Herne/Berlin 2000, 453 ff.

ders Das neue Insolvenzrecht – Probleme, Widersprüche, Chancen, in: BB 1999, 1 ff

ders (Hrsg) Insolvenzordnung (InsO) mit insolvenzrechtlicher Vergütungsordnung (InsVV) – Kommentar, Stuttgart/Berlin/Köln 1999.

ders Zum Recht der Planinitiative gem. § 218 InsO, in: WM 1996, 1249 ff.

ders Juristische Risiken der Insolvenzabwendung, in: Notleidende Kredite im Firmenkundengeschäft – Alte und neue Bundesländer, Loseblattsammlung, hrsg von: Institute for International Research.

ders/Rattunde, Rolf Der Insolvenzplan – Handbuch für das Sanierungsverfahren nach dem neuen Insolvenzrecht mit praktischen Beispielen und Musterverfügungen, Stuttgart/Berlin/Köln 1998.

Sprung, Rainer/Schumacher, Hubertus Die Zahlungsunfähigkeit als Konkurseröffnungsgrund (§ 68 KO), in: JBl 1978, 122 ff.

Steiner, Manfred Prognoseorientierte Insolvenzauslösungstatbestände, in: BFuP 1986, 420 ff.

Sudhoff, Heinrich Der Antrag auf Eröffnung des Konkurs- oder Vergleichsverfahrens, in: NJW 1973, 1829 ff.

Swoboda, Peter Finanzierungstheorie, Würzburg 1973.

Teller, Horst Rangrücktrittsvereinbarungen zur Vermeidung der Überschuldung bei der GmbH, 2. Aufl, Köln 1995.

Temme, Ulrich Die Eröffnungsgründe der Insolvenzordnung, Münster 1997.

Thomas, Heinz/Putzo, Hans Zivilprozeßordnung mit Gerichtsverfassungsgesetz und den Einführungsgesetzen, 16. Aufl, München 1990.

Trölitzsch, Thomas Die Amtsniederlegung von Geschäftsführern in der Krise der GmbH, in: GmbHR 1995, 857 ff.

Uhlenbruck, Wilhelm Gesellschaftsrechtliche Aspekte des Insolvenzrechts, in: Kölner Schrift zur Insolvenzordnung, Das neue Insolvenzrecht in der Praxis, hrsg von: Arbeitskreis für Insolvenz- und Schiedsgerichtswesen e. V., 2. Aufl, Herne/Berlin 2000, 1157 ff.

ders Gläubigerberatung in der Insolvenz – Ein Handbuch für die Praxis, Köln 1983.

ders Die GmbH & Co. KG in Krise, Konkurs und Vergleich – Die rechtlichen und betriebswirtschaftlichen Zusammenhänge bei Insolvenz der KG und der GmbH, 2. Aufl, Köln 1988.

ders Die neue Insolvenzordnung (II) – Auswirkungen auf das Recht der GmbH und GmbH & Co. KG, in: GmbHR 1995, 195 ff.

ders Insolvenzrecht – Grundriß für Studium und Praxis, Bonn 1979.

ders Probleme des Eröffnungsverfahrens nach dem Insolvenzrechts-Reformgesetz 1994, in: KTS 1994, 169 ff.

ders Die Rechtsstellung des vorläufigen Insolvenzverwalters, in: Kölner Schrift zur Insolvenzordnung, Das neue Insolvenzrecht in der Praxis, hrsg von: Arbeitskreis für Insolvenz- und Schiedsgerichtswesen e. V., 2. Aufl, Herne/Berlin 2000, 325 ff.

ders Zahlungsunfähigkeit und Überschuldung nach den Vorstellungen der Kommission für Insolvenzrecht, in: KTS 1986, 27 f.

Ulmer, Peter (Hrsg) Hachenburg – Großkommentar zum GmbHG, Dritter Band: §§ 53–85, 8. Aufl, Berlin/New York 1996.

ders Konkursantragspflicht bei Überschuldung der GmbH und Haftungsrisiken bei Konkursverschleppung, in: KTS 1981, 469 ff.

Vallender, Heinz Einzelzwangsvollstreckung im neuen Insolvenzrecht, in: ZIP 1997, 1993 ff.

Veit, Klaus-Rüdiger Die Definition der Zahlungsunfähigkeit als Konkursgrund, in: ZIP 1982, 273 ff.

Vieweg, Rolf Finanzplanung und Finanzdisposition – Moderne Methoden der Steuerung, Gütersloh/Berlin 1971.

Vodrazka, Karl Prüfung der Überschuldung und Unterbilanz, in: Handwörterbuch der Revision, hrsg von: Adolf G. Coenenberg, Klaus v. Wysocki, 2. Aufl, Stuttgart 1992, Sp 2018 ff.

Vonnemann, Wolfgang Die Feststellung der Überschuldung, Köln 1989.

ders Die Feststellung der Überschuldung, in: BB 1991, 867 ff.

ders Haftung von GmbH-Geschäftsführern wegen materieller Unterkapitalisierung, in: GmbHR 1992, 77 ff.

Vormbaum, Herbert Liquidität, in: Handwörterbuch der Betriebswirtschaft, Teilband 2: I – Q, hrsg von: Waldemar Wittmann, Werner Kern, Richard Köhler, Hans Ulrich Küpper, Klaus v. Wysocki, 5. Aufl, Stuttgart 1993, Sp. 2608 ff.

ders/Baumanns, Joseph Die rechtzeitige Auslösung von Insolvenzverfahren – Ein Kernproblem der Insolvenzrechtsreform, in: DB 1984, 1971 ff.

Warneke, Heinz Zur Frage der Überschuldung im Sinne des § 83 Abs. 2, Satz (2) AktG, in: WPg 1949, 33 ff.

Warrikoff, Alexander Gestaltungsmöglichkeiten im Insolvenzplan, in: KTS 1997, 527 ff.

Weber, Helmut Kurt Rentabilität, Produktivität, Liquidität der Unternehmung – Bedeutung, Ermittlung, Aussagewert, Stuttgart 1983.

Wehr, Thomas Zur Notwendigkeit einer „Reform der Reform“ der Verbraucherinsolvenz, in: ZIP 1999, 2000 ff.

Weisang, Andreas Eigenkapitalersetzende Gesellschafterdarlehen in der neueren Rechtsprechung (Teil I), in: WM 1997, 197 ff.

Weisemann, Ulrich/Smid, Stefan (Hrsg) Handbuch Unternehmensinsolvenz, Köln 1999.

Wellensiek, Jobst Die Aufgaben des Insolvenzverwalters nach der Insolvenzordnung, in: Kölner Schrift zur Insolvenzordnung, Das neue Insolvenzrecht in der Praxis, hrsg von: Arbeitskreis für Insolvenz- und Schiedsgerichtswesen e. V., 2. Aufl, Herne/Berlin 2000, 403 ff.

ders Sanieren oder liquidieren? – Unternehmensfortführung und -sanierung im Rahmen der neuen Insolvenzordnung, in: WM 1999, 405 ff.

Wenzel, Frank Rechtliche Risiken der Kreditinstitute bei der Unternehmenssanierung, in: Insolvenzrecht 1998, Tagungsband zum RWS-Forum am 11. und 12. Oktober 1998 in Berlin, hrsg von: Wolfram Henckel, Gerhart Kreft, Köln 1999, 233 ff.

Wimmer, Klaus (Hrsg) Frankfurter Kommentar zur Insolvenzordnung, Neuwied/Kriftel 1999.

Witte, Eberhard Finanzplanung der Unternehmung – Prognose und Disposition, 3. Aufl, Opladen 1983.

Wittig, Arne Financial Covenants im inländischen Kreditgeschäft, in: WM 1996, 1381 ff.

ders Kreditfinanzierung der Unternehmensfortführung im Insolvenzverfahren, in: DB 1999, 197 ff.

Wolf, Thomas Sind eigenkapitalersetzende Gesellschafterdarlehen ohne Rangrücktritt im Überschuldungsstatus zu passivieren?, in: DB 1995, 2277 ff.

Wüst, Günther Unterkapitalisierung und Überschuldung bei Beschränkthaftern, in: JZ 1985, 817 ff.

Zilias, Manfred Unterbilanz und Überschuldung der Aktiengesellschaft, in: WPg 1977, 445 ff.

Stichwortverzeichnis